당신의 주식은 안녕하십니까

깨지고 망가진 주식계좌 처음부터 리모델링하라!

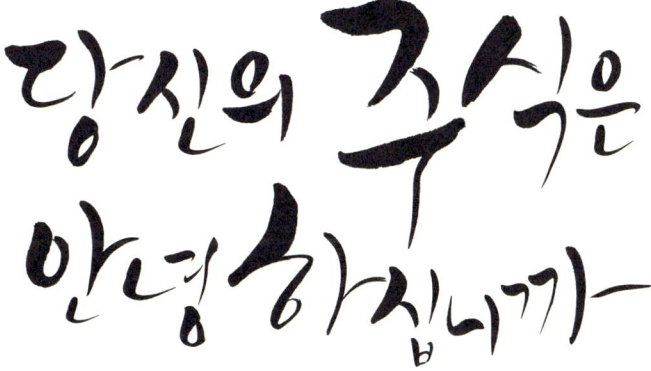

당신의 주식은 안녕하십니까

독고 최진석 · 김영석 지음

프롬북스
frombooks

주말에 대형 서점을 들러보면 재테크 서적 코너에 수많은 사람들이 북적이는 것을 볼 수 있다. 저마다 관심이 가는 책을 손에 들고 열독하는 광경을 보고 있노라면 가끔 '주식투자에 도전한다는 것이 단순히 책을 읽어 해결될 문제는 아닌데······' 하는 생각이 들곤 한다. 책을 읽지 말라는 이야기는 결코 아니다. 실제로 충실하게 공부하고 철저하게 준비하지 못한 상태에서 뛰어드는 것만큼 위험한 것도 없는 것이 바로 주식투자다. 다만 수많은 투자 관련 서적들 중에는 독자를 잘못된 길로 인도하는 나쁜 책들이 적지 않다는 점을 이야기하려는 것이다. 주식투자에 입문하는 사람들에게 마치 곧 대박을 안겨줄 것처럼 현혹하는 책들이 대표적인 나쁜 책이다.

이 책에도 기술했지만 주식투자에 있어 절대적인 방법은 없다. 그런데 다른 사람의 허황된 성공 후기를 읽는다고 무슨 도움이 되겠는가. 마치 대단한 비법인 양 포장된 투자기법 서적들도 마찬가지다. 정말 저자만 아는 비장의 기술을 수록했다 하더라도 세상에 공개되는 순간 이미 무기로서의 가치를 잃고 마는 것이 주식시장의 속성이다. 그렇다면 전문가에게 의존하는 것도 큰 도움은 못될 듯싶다. 결국 자신의 실력을 배양하는 것만이 치열한 주식시장에서 살아남을 수 있는 유일한 방법이다. 스스로 공부하려는 마인드 없이 쉬운 길을 가려는 시도가 한두 번은 통할지 몰라도 끝내 쓰라린 실패로 남을 것임은 자명한 일이다.

스스로 안다는 것, 이 책의 전체를 지배하는 핵심 개념이다. 그런데 어떻게 스스로 알아야 하는지를 모르는 사람들이 너무 많다는 점이 문제다. 그것이 바로 내가 이 책을 쓰게 된 동기다. 이 책을 집필하면서 나는 주식투자에 입문하는 사람들을 위한 실질적인 방법론을 담고자 노력했다. 의미 없는 현상들에 대한 설명으로 지면을 낭비하거나, 뉴스를 찾아 언제든 확인할 수 있는 사실들은 가급적 배제했다.

이 책을 읽는 독자는 조금 귀찮더라도 스스로 공부하는 습관을 갖길 희망한다. 어디서부터 어떻게 자료를 찾아야 할지 고민하고 시도하는 것 하나가 나중에는 큰 힘이 되리라 믿어 의심치 않는다. 그런 측면에서 문제에 대한 해답을 즉시 제시하기보다 스스로 고민하고 물음을 던지게 만드는 것이 이 책의 목적이다. 투자에 대한 비판 능력을 키우고 자기 스스로 모순과 합리화에 빠지지 않도록 연습하는 것이 이 책의 핵심 중 하나이기도 하다. 처음에는 다소 답답한 면이 있을지 몰라도 하나하나 따라가다 보면 '사고의 유연성'을 키우는 데 큰 도움이 되리라 믿는다.

초보자가 흔히 겪는 일이지만 한번 단맛을 보고 나면 너무나 쉬워 보이는 것이 주식투자이다. 반면에 투자 경험이 쌓이면서 어느 정도 시간이 지나면 이번에는 너무나 어렵게 생각되는 것 또한 주식투자이다. 주식투자를 하다 보면 누구나 혼란스럽고 힘든 시기를 한 번쯤은 겪게 마련이다. 중요한 것은 초심을 잃지 않고 끝까지 주식시장에서 살아남는 것이다. 어찌 보면 '투자'는 무모할 정도로 용감한 사람에게 어울리는 단어다. 투자의 세계는 항상 외로운 법이다. 어느 누가 대신해 줄 수 없는 스스로와의 싸움이기 때문이다.

주식시장에서 오랫동안 살아남으려면 오늘의 투자수익으로 기뻐하는 것을 경계해야 하지만, 오늘의 투자손실로 힘들어하는 것도 금물이다. 잘 나가는 펀드매니저들도 매일 수익을 얻는 것은 아니다. 잘 나가는 펀드도 매일 플러스 운용수익을 내는 것은 아니다. 하지만 그들이 버틸 수 있는 것은 오늘이 아닌 1달, 1년을 바라보기 때문이다.

개인투자자들은 힘들게 모은 소중한 돈으로 주식에 투자한다. 그러다 보니 감정 조절을 하지 못하고 투자를 망치는 경우를 너무나 많이 보았다. 반대로 소수에 불과하지만 최악의 경우에서 기적처럼 일어나는 사람들도 보았다. 내가 어느 쪽에 서 있게 될 것인지는 투자를 시작할 때의 마인드에 달려 있다고 할 수 있다. 여러분이 주식시장에 머무는 동안 초심을 잃지 않고, 안정적인 수익을 거두길 기원한다. 끝까지 주식시장에서 살아남는 법을 발견한다면 그보다 더 좋은 일은 없을 것이다.

이 책이 대박을 가져다주지는 못할 것이다. 하지만 실패하지 않도록 막아주는 부적 정도는 될 수 있으리라 확신한다. 끝으로 주식시장에서 오랜 시간을 견뎌낸 지식을 하나하나 솔직하게 담을 수 있도록 도와준 출판사 관계자 여러분에게 진심으로 감사드린다.

최진석·김영석 드림

| 차례 |

주식시장의 블루오션, IPO 장외주식 투자

당신의 주식은 안녕하십니까?

CHAPTER
1
—
편견과 오만
그리고 조급증이 만든
'전형적 초보 투자자'

당신은 '전형적 초보 투자자' 인가?

우리나라 투자자들의 투자습관을 관찰하다 보면 대체적인 공통점을 발견할 수 있다. 그중에서 전형적인 초보투자자들의 특성을 요약하면 무엇보다 사고의 획일성, 다양성에 대한 몰이해, 인내심 부족 등을 꼽을 수 있다. 그러다 보니 주식투자를 할 때도 과감하고 성급한 특성이 고스란히 드러난다. 문제는 이런 과감한 투자에 비해 성과가 너무나 초라하다는 점이다.

성공적인 주식투자를 위해 가장 필요한 것은 무엇일까? 투자에 대한 지식이나 넉넉한 투자자금을 떠올리는 사람도 있고, 거래할 증권사를 우선으로 꼽는 사람도 있을 것이다. 주식투자를 처음 시작하는 사람들의 심리 상태는 어떨까? 그 사람들에게 주식투자를 시작하게 된 동기를 묻는다면 당연히 '돈을 벌기 위해' 라고 대답할 것이다. 이

만큼 솔직한 대답은 없다. 돈이 아주 많다면 경영권을 확보하여 회사를 갖고 싶다는 마음이 들지도 모르지만, 그 끝은 결국 돈을 벌려는 목적에 다름 아니다. 좀 더 정확하게 말해 자본주의의 꽃인 주식투자를 설명하려면 '돈'이라는 핵심요소를 빼놓을 수 없는 것이다. 돈을 벌겠다는 사람이 하루 빨리 주식투자를 시작해 큰돈을 벌고 싶다는 생각을 하는 건 당연한 일이다. 이렇게 주식을 시작하는 사람이 전체 주식투자 인구의 90% 이상을 차지한다(개인투자자).

같은 돈으로 우리가 장사를 한다고 생각해 보자. 좀 더 구체적으로 당신에게 1억 원이라는 자금이 있다고 가정하자. 그 돈으로 당신은 '삼겹살집'과 '옷가게'를 할 수 있다. 잠시 책 읽기를 멈추고 천장을 보면서 둘 중 어떤 것을 선택할지 머릿속으로 떠올려보길 바란다. 일단 여기서는 삼겹살집을 선택한다고 가정하겠다. 만일 옷가게를 선택한다고 하더라도 이후 설명할 내용은 동일하다.

업종을 선택했다면 가장 먼저 무엇을 고려할 것인가? 이것을 생각할 때 순서가 중구난방이라면 투자에 대한 본능적인 감각이 다소 떨어진다고 봐도 무방하다. 이해를 돕기 위해 몇 가지를 제시할 테니 다음에서 할 일의 우선순위를 정해보자. 그것이 당신의 투자 감각에 대한 현실적이고 직관적인 지수를 나타내줄 수 있다.

머릿속으로 생각정리를 할 때 대부분의 사람들은 동시에 여러 가지 생각을 처리하는 데 미숙하다. 그것이 어떤 결정을 내려야 하는 일이라면 더욱 그렇다. 그래서 한 가지씩 순차적으로 생각을 정리하는 것이 일반적이다. 다음의 예시를 보고 가장 중요하게 생각하는 우선순위 1번을 떠올려보라. 그것이 무엇인지 생각해 보고 그 다음의 우선순위를 순차적으로 기록하자.

권리금 및 월세 분석	유동인구	경쟁회사
종업원 수 및 종업원 급여	식자재 구입처	인테리어
삼겹살 1인분 판매가격	사회적인 분위기	기본 제공 반찬 종류
대출 신청	전기, 수도 및 기타 운영비	오픈 시 홍보 상세 방법 및 비용
주류 및 음료의 가격	삼겹살 고깃집의 위치	프로모션 전략

이 표는 우리가 흔히 '장사'를 할 때 고려하는 요소들을 무작위로 나열한 것이다. 총 15개의 항목 중에서 가장 중요시 하는 것을 하나 뽑으라면 어떤 것을 선택할 것인가? 바로 답을 얻으려 하지 말고 다시 한 번 각 항목들을 자세히 살펴보길 바란다. 눈으로 읽고 지나가는 책은 결코 머릿속에 오래 남지 않는다. 책을 읽으면서도 스스로에게 질문을 던지고 계속 생각하도록 만들 때 진정 의미 있는 독서가 될 것이다. 이 중에 분명하고 명백한 답이 있으니 최대한 정신을 집중해 찾아보자.

이제 답을 찾았는가? 당신이 고른 답이 ① 인테리어, ② 기본 제공 반찬의 종류, ③ 전기, 수도 및 기타 운영비, ④ 주류 및 음료의 가격, ⑤ 종업원 수 및 종업원 급여, ⑥ 식자재 구입처, ⑦ 대출 신청, ⑧ 오픈 시 홍보 상세 방법 및 비용, ⑨ 삼겹살 1인분 판매가격 중에 있다면 주식투자에서의 승률은 20% 이내이다. 만일 권리금 및 월세 분석, 유동인구, 경쟁회사, 삼겹살집의 위치, 프로모션 전략 중에서 우선순위를 골랐다면 그 사람의 주식투자 승률은 50% 이내이다.

앞서 열거한 15가지 항목 중에서 직감적으로 가장 먼저 골라야 할 것은 바로 '사회적인 분위기'이다. 가장 모호한 단어가 가장 중요한 항목이라는 데 의문을 제기하는 사람들을 위해 지금부터 그 중요성에 대해 논해 보고자 한다.

앞서 예로 든 삼겹살집이 아니라 당구장이나 PC방, 또는 롤러스케이트장을 개업한다고 가정해 보자. 이것들은 사업의 성공기 및 정체기를 지나 지금은 쇠퇴기에 있는 업종들이다. 지금 내가 하는 가게가 당구장이나 PC방처럼 유행이 지나 서서히 몰락하고 있는 업종이라면 아무리 장사가 잘되는 곳이라도 치열한 경쟁과 적은 이윤에 허덕이게 될 것이다. 물론 가장 목이 좋은 곳을 골라 많은 비용을 투자한다면 어느 정도 수익을 낼지 모르겠지만, 그 비용과 시간을 다른 곳에 투자해 얻을 수 있는 수익을 고려한다면 그리 좋은 선택은 아닐 것이다.

왜 주식투자와 직접적인 상관이 없어 보이는 이야기를 장황하게 늘어놓는지 의아해하는 독자도 있을 것이다. 하지만 사업을 보는 안목이야말로 주식투자의 성패에 가장 직접적인 영향을 미치는 요소이다. 주식투자의 1원칙이 여기서 출발한다. 내가 들어가야 할 때와 들어가지 말아야 할 때를 구별하는 것, 그것이 주식투자의 1원칙이다. 투자의 적기에 들어가면 최소한의 노력으로 최대한의 성과를 얻을 수 있고, 그만큼의 위험(Risk)이 줄어들게 된다. 또한 시장의 분위기가 상승 중일 때는 자기 자신의 분석에 대해 나름의 생각대로 맞아 떨어질 가능성이 높아진다. 반면에 전체적으로 시장이 무너지고 있는 분위기에서 수익을 내려면 비정상적인 방법을 동원해야 하고, 그러한 무리수들이 결국에는 투자의 실패를 가져온다. 이를 한마디로 정리하면 '쉬는 것도 투자'라고 요약할 수 있다. 하지만 주식투자의 기대감에 부풀어 있는 초보자에게 처음부터 '쉬는 것도 투자'라고 하면 어떤 감흥도 주기 어려울 것이다.

강의에 나가면 수많은 질문이 쏟아지는데 나는 오히려 "지금이 주식투자를 할 때입니까?"라고 되묻곤 한다. 어떤 주식을 사야 할지에 대해 시원스러운 대답을 기다리고 있는 투자자들에게는 그야말로 황당한 질문일 것이다. 나는 강의를 나가도 주식에 투자할 시기가 아니면 먼저 어떤 주식을 사라는 말을 꺼내지 않는다. 실제로 이런 질문을 던지면 뒷좌석에 팔짱을 끼고 있다가 차가운 눈빛으로 한마디 꺼내는 사람이 으레 있기 마련이다. 그런 사람들의 90% 이상은 "진정한 주식의 고수라면 장이 어떻든 간에 수익을 내야 하는 것 아닌가요?"라고 묻는다. 맞는 말이다. 주식투자의 귀재라면 어떤 장이든 수익을 내야 한다. 이런 질문을 받으면 나는 질문을 던진 사람에게 다시 "수익을 내되, 도대체 얼마나 수익을 내야 주식투자를 잘한다고 생각하십니까?"라고 되묻는다.

자, 여기서 이 책을 읽고 있는 독자에게 똑같은 질문을 해보겠다. 전체 주식시장이 하락하고 있는 와중에 얼마나 수익을 내야 '잘한다'고 할 수 있을까? 만일 당신이 상위 0.01%에 해당하는 투자의 귀재라고 생각한다면 이 책을 덮어도 좋다. 이 책은 대다수의 초보 투자자를 대상으로 쓴 것이다. 이 책을 집필하면서 자료 수집에 특별히 많은 노력을 기한 것도 '성급한 일반화의 오류'를 범하지 않기 위해서이며, 초보 투자자에게 올바른 투자의 방향을 제시해야 한다는 사명감 때문이다. 따라서 이 책은 주식투자를 고려하거나 막 시작한 사람에게

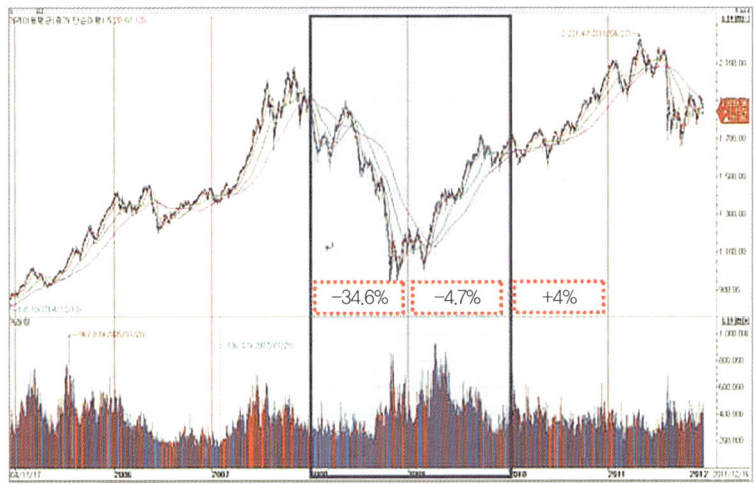

그림1 2005~2012년 우리나라 코스피지수 흐름

적합하다.

이제부터는 자기 자신을 좀 더 명확하게 바라볼 수 있도록 수치와 근거를 들어 이야기해 보겠다. 〈그림 1〉은 2005년부터 2012년까지의 우리나라 코스피지수 차트이다. 이 차트는 2008년 코스피지수가 사상 최고치를 기록한 후 붕괴되고 다시 회복하는 과정을 아주 극명하게 보여준다.

해당 박스의 수익률은 금융투자협회가 해마다 투자자들의 기대수익과 실제 수익에 대해 연초에 발표한 자료를 취합하여 정리한 것 중에 실제 개인투자자들의 수익률만 따로 연도별로 정리한 내용이다.

재미있는 것은 개인투자자들의 기대수익률이 최소 연 25% 이상이라는 점이다(최근 5년 평균, 기관투자자의 2배 이상). 차트를 살펴보자. 2008년도에 주식시장에 뛰어든 투자자들은 연 25%의 기대수익률을 얻고자 주식에 투자했을 것이다. 하지만 주식투자에 뛰어든 사람 가운데 수익을 낸 투자자는 7.8%에 불과했고, 나머지는 평균 −34.6%라는 엄청난 손실을 입었다. 이 같은 결과를 좀 더 실감나게 표현한다면 '1만 명 중에서 780명만 살아남았다'라고 하는 것이 적절할 것이다. 이는 '10명 중에는 한 명도 없고 100명 중에는 7명, 1000명 중에는 78명이 있다'라는 말과 같다. 내가 속한 위치를 10명씩 끊어 한 그룹을 만든다면, 내가 속한 그룹에서는 승리한 투자자가 없다는 말이 된다.

여기서 '나는 저 살아남은 780명 중에 한 명일 거야'라고 철썩 같이 믿는 독자가 있다면 한번 묻고 싶다. 회사 내부 행사든 외부 행사든 1만 명이 참석한 자리에 누군가가 당신에게 행운권을 준다고 가정해 보자. 당신이 당첨될 것이라고 확신할 수 있는가? "그것은 운이고 주식투자는 실력이지 않냐?"라고 반문할 수도 있다. 하지만 실력 안에는 운도 따라주어야 한다는 것을 주식투자를 하다 보면 자연히 알게 될 것이다. 적어도 이 책을 끝까지 읽다 보면 지금 당신이 '난 행운아니까'라고 생각하는 마음에 조금은 의심을 품을 수 있을 것이라 생각한다.

그렇다면 2008년에 엄청난 손실을 입은 개인투자자들은 손실을 만회했을까? 이듬해 주식시장은 큰 폭으로 올랐지만 개인투자자들은 오히려 −4.7%의 손실을 보았다. 시장이 하락할 때 기관투자자보다 더 큰 손실을 입고, 시장이 상승할 때도 오히려 손실을 보는 이러한 현상을 이해할 수 있는가? 이렇게 이해하기 어려운 결과를 만들어내는 것이 바로 대다수의 '전형적 초보 투자자'이다.

여기서 필자가 강의에서 받은 질문으로 돌아가 보자. 특히 "주식시장이 무너져도 고수는 수익을 내야 하는 것 아니냐?"라는 질문과 그에 대한 반문으로 "수익을 얼마나 내야 잘하는 것인가?"에 대한 내용이다.

다시 생각할 시간을 준다면 당신은 주식투자로 얼마만큼의 수익을 원하는지 대답할 수 있겠는가? 이미 당신은 '전형적 초보 투자자'의 투자 결과를 살펴본 상태이다. 분명 해당 자료를 보기 이전과 이후에 생각의 변화가 있었을 것이라 본다. 기대수익에 대해서는 다시 논할 것이므로 여기서는 잠시 스스로 생각해 보는 시간을 갖고 넘어가기로 한다.

이제 우리가 주목해야 할 것은 앞서 보여준 차트에서 2009년도와 2010년도이다. 이것이 이 장에서 말하고 싶은 핵심이 될 수 있기 때문이다. 2009년도는 주식시장이 연초에 저점을 기록한 뒤 지속적으로 상승하여 2008년도의 충격을 거의 회복했다. 2009년만 놓고 볼 때 개인투자자들의 평균수익률에 손실이 발생한 것은 '업종'을 잘못 골랐기 때문이다. 개인투자자들이 선호하는 중 · 대형주와 기관 및 외국인 투자자들이 선호하는 중 · 대형주가 극명하게 나뉘어져 있었던 것이다. 그래서 개인투자자 실적 따로, 기관 및 외국인 투자자 실적 따로인 장세가 펼쳐지게 된 것이다. 2010년도는 큰 출렁임이 없이 주식시장이 안정적인 우상향을 했던 시기다.

혹시 이 이야기의 시작이 어디였는지 기억하는가? 제일 앞선 부분에서 '삼겹살집'의 결말이자 해답이었던 '사회적인 분위기' 또는 '투자의 1원칙=쉬는 것도 투자'라는 부분이다. 2010년도는 일반 투자자들이 4%의 수익률을 기록하면서 비교적 만족스러운(?) 결과를 가져다주었다는 점을 기억하자. 물론 개인투자자들이 기대하는 기대수익률인 25%에는 턱없이 부족하지만 어쨌든 수익이 발생했다는 사실은 기쁜 것이다. 전체적인 시장의 흐름을 파악하여 주식투자에 뛰어들 때 비로소 편안한 수익이 나올 수 있다는 점을 꼭 기억해야 할 것이다.

★ 빨리 편하게 돈 벌고 싶은 마음이 낳은 주식투자 실패의 법칙 ★

'전형적 초보 투자자'가 주식투자를 결심하고 가장 먼저 하는 것은 무엇일까? 아니 그보다 주식투자를 결심할 때 어떤 경로로 주식을 알게 되었을까? 한 조사기관의 설문조사에 따르면 응답자의 85% 이상이 '지인을 통해'라고 대답했고, 나머지는 '인터넷 및 기타 정보'라고 대답했다. 이것은 필자가 해마다 봐왔던 조사 결과와도 큰 차이가 없다. 앞으로도 이런 추세는 계속될 수밖에 없어 보인다. 이것은 우리네 정서를 그대로 반영한다. 주식투자는 자신의 돈이 달려 있어 선뜻 마음을 움직이기가 쉽지 않지만, 우리나라 사람들은 유독 주변 사람의 말 만큼은 잘 듣기 때문이다. 그 이유는 나와 평소 알고 지낸 사람일수록 '나를 위해' 조언해 준다는 생각이 강하기 때문이다. 주식을 시작할 때의 가장 큰 동기요인은 바로 주변의 지인이 "주식에 투자하여 돈을 벌었다"라는 말을 들을 때이다. 처음에는 어렵게 들리다가도 두세 번 같은 말을 들을 때쯤이면 바로 증권사나 은행으로 달려가 증권 거래 계좌를 개설한다. 그리고 그날 주식 서적을 사서 읽으면서 며칠간 고민하고, 주식투자를 권유한 친구에게 무엇을 사

STOCK TIP

우리나라 주식시장의 역사 | 1956년 3월 대한증권거래소가 개장되면서 정식으로 주식시장이 조직화되었다. 그 이후 1962년 1월 증권거래법이 제정되었고(법제화), 1977년 2월 증권관리위원회와 증권감독원이 발족되어 관리 및 감독의 체계를 갖추게 되었다. 1968년 11월 자본시장 육성에 따른 법률과 1972년 12월 기업공개촉진법이 제정되면서 주식시장을 통한 기업의 자금조달이 보다 원활하게 되었다. 1996년 7월 ㈜코스닥증권시장의 설립을 통해 우리가 알고 있는 코스닥 시장이 설립되었다.

야 할지 물어본다. 전형적 초보 투자자는 이렇게 주식투자를 시작한다. 이런 투자 행태는 우리나라에 증권거래소가 설립된 이래로 계속 이어져왔다.

10~20년 전이나 지금이나 주식투자를 대하는 사람들의 태도에 큰 차이가 없는 것은 얼마나 많은 사람들이 호기심으로 주식투자에 접근했다가 좌절을 안고 주식시장을 떠났는지를 짐작케 하는 대목이다. 이토록 오랜 시간 악순환이 되풀이된 것이 놀라울 정도다.

▶ 그림 2 **우리나라 코스피지수의 흐름**

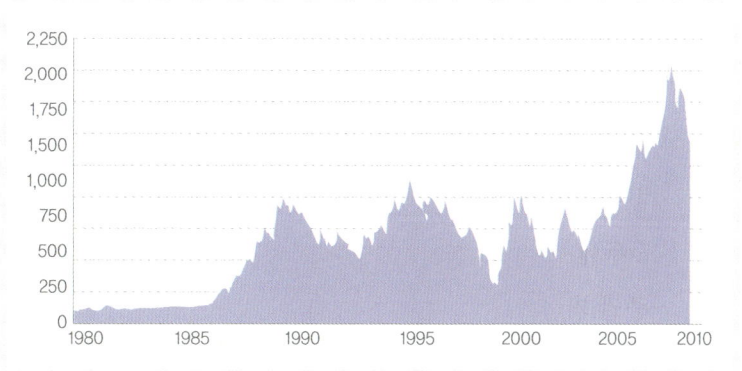

STOCK TIP

코스피지수 | 코스피지수는 한국거래소의 유가증권시장에 상장된 회사들에 주식에 대한 총합인 시가총액의 기준시점과 비교시점을 비교하여 나타낸 지표를 일컫는다. 원래의 명칭은 종합주가지수였으나 2005년 11월 1일부터 현재 이름으로 바뀌어 사용되고 있다. 코스피지수는 1980년 1월 4일의 시가총액을 분모로 하고, 산출시점의 시가총액을 분자로 하여 지수화한 것이다.

〈그림 2〉에서는 보이지 않는 부분이지만, 1970년대 중동 열풍과 경제발전을 기폭제로 건설주들이 폭등한 적이 있었다. 그 당시 시대적 상황에 대해 살펴보면, 돈이 좀 있는 집은 아버지가 중동에서 근무하거나 건설업에 종사하는 경우가 대부분이었다. 이처럼 건설업이 활황을 보이자 건설주에 대한 '묻지마 투자'가 일어났다. 오죽하면 '과부 달러 빚을 내서라도 건설주를 사라'는 말이 유행했다고 하니 얼마나 '묻지마 투자'가 횡행했는지 충분히 짐작할 수 있을 것이다.

그렇게 너도나도 주식에 달려들어 많은 손실을 입은 지 10년이 흘렀다. 바야흐로 1980년대가 되자 무역의 시대가 도래했다. 그러자 무역 관련주들을 중심으로 다시 한 번 '묻지마 투자' 열풍이 불게 되었다. 당시 신랑감 1순위가 무역회사 직원이었다면 지금으로서는 상상이나 가겠는가? 물론 오늘날 무역회사 직원이 좋지 않다는 의미는 결코 아니니 오해 없길 바란다.

마지막으로 벤처 붐이 휩쓴 1990년대는 이 책을 읽고 있는 독자들도 한 번쯤 경험했을 법한 '묻지마 투자'의 절정기였다. 신랑감 1순위로 젊은 벤처기업인이 등극하면서 주식시장은 미래가치 산정 불가

주식이란 미명하에 '묻지마 투자' 열풍으로 몸살을 앓았다. 특히 죽어 있는 코스닥 시장을 중심으로 개인투자자들이 불을 지피면서 10일 상한가는 기본이고 20일 연속 상한가를 기록한 종목도 허다하게 출현했다. 말이 20일이지 거래일수로 따지면 1달 동안 매일 상한가였다는 말이 된다. 자신의 재산이 눈 뜨고 일어나면 10%씩 복리에 복리를 더해 수천 퍼센트의 수익률로 돌아왔으니, 그야말로 벤처기업이 대한민국을 이끌어나갈 것이라는 희망과 확신을 주기에 충분했다. 하지만 달도 차면 기우는 법. 세상에 영원한 것은 어디에도 없었다. 그 많던 벤처기업들 중에 역사의 뒤편으로 사라진 업체가 99%라면 믿겠는가? 이름도 들어보지 못한 업체들까지 서로 벤처기업임을 표방하면서 난립했던 시기였으니 말이다. 당시 벤처타운으로 불리던 테헤란밸리(강남, 삼성 주변)는 10곳 중 8곳이 벤처기업이었으니 대단한 광풍이었다고 표현할 수밖에 없다.

이렇게 우리나라의 주식시장은 매 10년을 주기로 '묻지마 투자'의 광풍이 불어 수많은 사람들을 희생양으로 만들어버렸다. 여기에 지인 또는 주변 사람들의 달콤한 속삭임이 방아쇠 역할을 했음은 두말할 필요가 없을 것이다.

과연 우리나라 인구 중에 얼마나 이런 경험을 했을까? 2010년 인구주택총조사와 2011년 한국거래소가 집계한 주식투자 인구 및 주식 보유현황 조사에 따르면 우리나라 총인구는 4856만 명이다. 이중 65세 이상 인구가 542만 명임을 감안하고 유아 및 청소년, 20대를 제외한 나머지, 실제로 주식투자를 할 수 있는 경제적 여유가 있는 연령대를 파악해 보면 현재 전체 주식투자 인구인 528만 명과

90% 이상 일치하게 된다. 즉, 경제활동을 하는 인구라면 적어도 1회의 '묻지마 투자' 경험이 있다는 말이 된다. 과거 시점을 나누어 보더라도 결과는 이와 유사하다.

지금까지 사람들이 주식시장에 어떻게 들어오고 나갔는지를 살펴보았다. 그렇다면 그 이후 투자자들은 어떤 태도를 갖게 되었을까? 만일 당신이 앞서 언급한 사례처럼 동일한 이유로 주식시장에 들어왔다가 큰 손실을 입었다면 어떤 마음이 들겠는가? 다시 잠시 책을 덮고 스스로가 이러한 상황을 겪었다면 어찌했을 것인가에 대해 한 번 진지하게 고민해 보는 시간을 갖도록 하자. 다시 한 번 강조하지만 그러한 상황이 본인에게 닥쳤다면 어떻게 할 것인지에 대한 분명한 느낌과 생각을 정리하고 나서 다음을 읽어 내려가길 바란다.

'전형적 초보 투자자'는 다음과 같이 행동한다. 첫째, 모든 투자자들은 다음 중 한 유형에 속한다. 투자에 실패한 뒤 '운이 없어서'라고 자위하는 유형, '지인의 탓'을 하는 유형, '남을 믿은 내 탓'으로 책임을 돌리는 유형 등이 그것이다.

둘째, 손해를 만회하려는 심리가 작동한다. 이러한 심리가 작동하는 가장 큰 요인은 '이 돈을 내가 어떻게 모은 것인데'라는 후회와 '어떻게 다시 일해서 그 돈을 모을 수 있나'라는 좌절감에서 비롯된다. 이는 결국 돈을 날리고 난 뒤에 밀려오는 회한과도 같은 심리라는 점에서 동일하다고 볼 수 있다.

셋째, 그동안의 실패를 반성하고 새로운 성공을 다짐한다. 서점에 들러 주식 책이란 책은 모두 섭렵하고, 밤새 인터넷을 검색하여 투자 정보를 습득하는 단계가 온다. 물론 그와 동시에 다시 돈을 마련하고 언제든 주식투자를 재개할 준비를 끝낸다. 한 가지 재미있는 것은 '전형적 초보 투자자'는 투자할 돈이 없으면 더 이상 주식 공부를 하지 않는다는 사실이다.

넷째, 재차 주식투자에 뛰어들고 전보다 오랜 기간 버티지만 결국 큰 손해를 보고 주식시장을 떠난다. 그리하여 주변에서 주식투자를 하겠다고 하면 극구 말리는 단계로 마지막을 장식한다.

지금 이 글을 읽고 있는 독자 역시 주식투자를 해보겠다고 주변 지인에게 슬쩍 말을 꺼내보기 바란다. 과연 어떤 반응이 돌아올까? 주식투자를 해본 사람은 말릴 것이고, 해보지 않은 사람도 말릴 것이다. 그들은 왜 투자를 말릴까? 그것은 실패의 경험 때문일 수도 있고, 주변 친지나 부모의 영향 때문일 수도 있다. 과연 그들의 말이 옳을까?

자신의 경험을 토대로 남에게 조언을 하려면 반드시 역경을 이겨 내고 난 뒤에 해야 설득력을 얻는 법이다. 눈앞에 뜨겁게 달궈진 무쇠가 있다고 가정하자. 그것을 만지면 손을 데일 염려가 있다. 이때 주변 사람들이 "내가 만져보니 데었어. 그러니까 너는 만지지 마!"라고 말하는 것과 다를 것이 없는 상황이다. 이 경우 나는 반대로 "그러면 달궈진 무쇠를 어떻게 하면 잡을 수 있지? 너는 어디까지 시도해 봤어?"라고 묻고 싶다.

그렇다. 대다수의 사람들은 주식시장에 뛰어들었다가 거듭 쓰라린 실패를 맛보고 나서 스스로 단념하고 포기해 버린다. 때로는 포기가 빠르면 빠를수록 좋지만, 반대로 애초에 포기할 것이라면 시작도 안 하는 것이 더 나을 수도 있다. 이렇게 주식투자를 통해 직접 손실을 보면서 주식시장을 공부하고 배우는 것을 흔히들 '수업료를 지불한다' 라고 표현한다. 심지어 화투를 배울 때도 돈을 몇 번 잃다 보면 금세 규칙을 알 수 있다고 한다. 그만큼 수업료를 지불할수록 습득이 빠른 것은 사실이다. 하지만 그런 게임을 왜 해야 할까? 그것은 바로 초보자들이 갖고 있는 '조급증' 때문이다. 빨리 배우기 위해서는 돈을 잃을 수도 있다는 통념이 '전형적 초보 투자자' 를 양산하는 것이다.

이성적이고 합리적인 사람이라면 손해를 본 사람의 실패담을 모으고 문제점을 파악하려 들 것이다. 하지만 현실은 성공담을 모으고 성공의 요인을 찾으려 한다. 모두들 성공요인을 분석하고 똑같은 시도를 하지만 제2, 제3의 성공담은 왜 들리지 않을까? 주식시장은 치열한 두뇌 싸움의 전장이다. 똑같은 방법은 절대 통하지 않는다. 모두가 같은 방법을 사용한다고 가정한다면 누가 돈을 잃겠는가? 주식시장은 누군가 싸게 판 사람이 있으면 누군가는 비싸게 산 사람이 존재하는 곳이다. 따라서 모두가 싸게 사서 비싸게 팔았다면 과연 비싸게 산 사람이 있겠는가? 결국 '공개된 성공 방법' 은 더 이상 현실에서 통용되는 성공의 방법이 아닌 것이다. 그래서 필자가 이 책을 집필하면서 가장 신경을 쓴 부분도 '나의 방법' 을 알려주는 것이 아닌 '스스로의 방법' 을 찾을 수 있도록 하는 것이다.

앞서 언급한 화투를 예로 들어보자. 화투는 일반적으로 큰돈(?)이 오고 가는 게임이 아니다. 재미 삼아 하는 게임에서 돈 몇 푼 잃는다고 해도 심리적으로 큰 충격을 받지는 않는다. 하지만 주식의 경우 재미 삼아 배우거나 수업료를 지불해도 감내할 만큼 금액의 크기가 작지 않다. 화투를 칠 때 100만 원 혹은 1,000만 원을 놓고 하는 사람은 없을 테니까 말이다. 주식투자는 어찌 보면 굉장히 합리적이고 단순한 게임이다. 불리하면 내가 중도에 손실을 끊을 수 있고, 일정 기간 휴식을 취한다고 해도 재촉할 사람이 없으니 말이다. 하지만 사람들은 빨리 배워 빨리 돈을 벌고 싶은 마음에 기꺼이 '수업료'를 지불하려고 한다. 그것이 결국 '전형적 초보 투자자'를 만드는 것이다.

반대로 지금 당신이 갖고 있는 투자금이 1,000만 원이라고 할 때 잃지 않는 투자를 위해 주식투자를 결심한 그날부터 6개월간 더 공부를 하고 나서 투자 결정을 내리라고 하면 과연 얼마나 설득력을 얻을 수 있을까? 당신의 경우는 어떤가? 비록 당신이 충분한 시간을 들여 주식 공부를 한 뒤 실전투자에 임한다고 하더라도 어느 정도의 '수업료'는 지불해야 할 것이다. 그래도 실전투자를 진행하겠다고 한다면 '수업료'를 낮추는 비법(?)을 하나 알려주겠다. 그것은 자기 자신에 대한 확신을 조금만 낮추라는 것이다. 자기 자신에 대한 확신을 조금만 낮추면 당신이 지불하게 될 '수업료'는 80% 이상 절약될 것이다. 필자가 처음부터 이렇게 겁을 주는 이유는 간단하다. 앞서 언급한 '전형적 초보 투자자'에서 벗어나 성공 투자자가 되길 바라는 마음에서다.

이제 다양한 문제를 지적했다면, 대안을 제시하는 것이 순서일 것이다. 이 장에서 지속적으로 언급한 것은 조급한 투자의 시작이 가져오는 문제다. 물론 나 역시 돈을 많이 벌고 싶은 간절한 바람이 있다. 자본주의 사회에서 무한 경쟁을 해야 하는 시대에 돈의 힘을 부정할 만한 사람은 흔치 않을 것이다. 하지만 '돈을 꼭 지금 당장 벌어야 해?'라고 묻고 싶다.

꼭 지금 당장 돈을 벌어야 한다면 그렇게 급하고 중요한 돈을 벌기 위해 어떤 노력을 했는지 돌이켜본 적이 있는가? 만일 그렇게 중요하고 급한 돈이 당신 수중에서 당신의 판단에 따른 마우스 클릭 한 번으로 사라지게 된다면, 당신은 대안이 있는가?

흔히 장사는 참으로 많은 시간과 노력, 그리고 정성을 들여야 성공한다고 한다. 장사를 처음 시작하는 사람들은 목숨 걸고 3년을 버텨보겠다는 당찬 각오를 다지곤 한다. 또 장사가 안 되면 돌파구를 찾기 위해 밤잠을 설치면서 고민한다.

주식시장은 오늘만 열리는 것이 아니다. 앞으로 자본주의 경제체제가 유지되는 한 주식시장은 매일 열릴 것이다. 내일도 모레도 열리는 주식시장에서 성급한 마음을 가질 이유는 하나도 없다. 좀 더 멀리 앞을 내다보고 투자하는 자세가 필요하다.

편하게 시작할 수 있다고 결과도 편한 것은 아니다. 주식투자는 장사를 할 때처럼 복잡하고 많은 것들을 준비해야 할 필요가 없기 때문에 빠른 진입과 철수가 가능하다. 하지만 빨리 진입한다고 해서 수익이 빨리 나는 것은 아니다. 당신은 언제까지 어떻게 투자할 것인지 분명한 계획이 세워져 있는가? 주식투자를 결심했다면 먼저 투자 계획부터 수립하고 주식투자의 세계로 들어가길 바란다.

02

주식 책 더 안 봐도 된다는
당신이 알아야 할 것들

조금 엉뚱한 이야기로 들릴 수도 있지만, 우리는 학창 시절 과학 시간에 진화론을 배웠다. 그런데 '진화론'만을 '채택'해서 배우다 보니 본인의 의지와는 상관없이 주어진 지식을 마치 진리인 양 당연하게 받아들이게 되었다.

'진화론'은 하나의 이론이다. 이론은 말 그대로 논리이며, 논리는 경우에 따라 틀릴 수도 있다. '절대적 논리'라는 것은 없다. 절대적인 것은 '진리'의 영역에 속한다. 그렇다면 우리는 왜 '사람은 진화되어 왔다'는 말은 자연스럽게 받아들이면서 '사람은 외계인에 의해 창조되었다'는 말에는 강한 거부 반응을 보일까?

우리는 학교에서 '진화론'을 배우고 그것을 믿으며 살아왔다. 심지어 대학 진학을 위해 '진화론'에 대한 내용으로 시험까지 보았다.

그러다 보니 별다른 주의를 기울이지 않는 한 자연스럽게 진화론을 기정사실로 받아들인다. 그런데 유럽 국가 중에는 과학 교재에 진화론과 더불어 '지적 설계론(외계인에 의한 문명 창조론)'을 하나의 가능성으로 소개하는 곳도 있다. 즉, 사고(思考)의 다양성을 존중함으로써 더 많은 창의적인 생각이 가능하도록 돕는 것이다.

나는 여기서 과학과 신학에 대해 논하려는 것이 결코 아니다. 과학과 신학에 대한 필자의 지식은 아주 얕은 수준이므로 더 논하다가는 무식이 탄로 나고 말 것이다. 다만 우리가 보여준 대로 배우고 생각할 수밖에 없는 사고에 젖어 살아왔다는 것을 강조하려는 것이다. 이런 사회 분위기가 만연할 경우 상식의 범위를 벗어나 생각하면 엉뚱한 사람 취급을 받게 된다. 이것은 우리 사회가 안고 있는 사고의 획일성, 다양성을 존중하지 않는 문화와도 연결된다. 이러한 문화 속에서 우리는 어떻게 주식을 배웠는지 점검해 볼 필요가 있다.

'주식시장은 발행시장과 유통시장으로 나뉜다'라는 첫 문장으로 시작해 우리가 배운 주식투자의 내용은 이론과 개념적인 표현들이 주를 이룬다. 머릿속으로 이해하는 데는 무리가 없지만 주식투자를 경험해 보지 못한 초보 투자자에게 이것은 중학교 생물 시간에 배운 '정자와 난자가 만나 아이가 생긴다'라는 의미와 크게 다르지 않다. 이론적인 설명이 아무리 훌륭해도 실제로 그것이 어떻게 이루어지는지 알기는 어렵다. 그래서 외국의 교과서에서는 이런 부분에 대해 직관적인 그림 설명이 곁들여지기도 한다. 즉, 우리가 배운 주식시장과 주식투자는 피부에 와 닿지 않는 개념으로 가득 찬 것들이다. 하지만 내 돈을 직접 투자해 돈을 잃거나 벌게 되는 실전 상황에서 그렇게 모호한 개념을 믿고 접근한다는 것은 있을 수 없는 일이다. 주식투자를 하려는 사람들이 '증권투자론'이나 '회계원론', '재무론'을 읽지 않는 이유이기도 하다. 물론 그러한 지식이 어느 정도 필요함에도 불구하고 실전에서는 외면당하는 일이 비일비재하다.

주식투자를 결심한 초보 투자자들은 대부분 처음에는 진지한 고민을 하지만 결국에는 편하게 돈을 버는 방법을 찾는 쪽으로 가닥을 잡게 된다. 복잡한 생각을 계속하기에는 인내심이 부족하기 때문이다. 하지만 스스로가 다양성을 포기하면 앞으로 자신이 정한 특정한 시각으로만 투자를 할 수밖에 없다. 주식시장은 하나의 유기체와 같은 곳이다. 시간이 흐를수록 제도가 진화하고 사람들의 투자 방식도 변하게 된다. 처음에는 잘 맞았던 나의 투자 방법이 시간이 흐를수록 수익이 아닌 손실을 가져다주고 있다면, 시장은 분명 내가 책을 읽고 주식투자에 임했을 때와는 또 다른 방법을 요구하고 있다는 것을 알아야 한다.

앞서 '정자와 난자가 만나 아이가 생긴다'라는 대목에서 독자들 중 대다수는 어린 시절에 '저 둘이 어떻게 만나지?'라는 궁금증을 가져보았을 것이다. 주식투자도 마찬가지다. '수요와 공급이 만나 가격이 결정된다'라고 하면 '어떻게 가격이 결정되지?'라는 물음이 생길 것이다. 이것이 바로 투자의 시작이다. 이러한 물음에서부터 접근하는 것이 주식시장을 가장 정확하게 배우고 이해하는 초석이 된다. 가격이 결정되는 요소들을 하나씩 찾아가다 보면 실로 놀라운 투자 실력을 갖출 수 있게 된다.

'자본자산가격결정모형(CAPM, Capital Asset Pricing Model)'은 투자

론의 '하이라이트' 이자 '종결자' 이다. 주식투자를 함에 있어서도 마찬가지다. 주식투자를 할 때 이 공식을 본 적이 있다면 적어도 당신은 어떤 방식으로 개인투자자들이 투자전략을 취해야 하는지 감이 있는 사람이라고 생각된다.

CAPM(Capital Asset Pricing Model) 공식

$$E[r_j] = \alpha j = r_f + \beta_j[E(r_m) - r_f]$$

이 공식은 주식의 기대수익률, 시장 포트폴리오의 기대수익률, 개별 주식과 시장 포트폴리오의 공분산을 도출해 나온 방정식이다. 실제로 CAPM을 완전히 이해하기 위해서는 1년 내내 수업을 들어도 부족할 정도로 내용이 깊고 광범위하다. 여기서는 핵심적인 부분에 대해서만 논하도록 하겠다.

이것을 간략하게 요약하면 '모든 증권의 기대수익률은 균형에서 증권시장선(SML, Security Market Line) 위에 놓여야 한다. 그렇지 않으면 증권의 가격이 과소평가되거나 과대평가된다. 시장 포트폴리오의 위험 프리미엄은 이 포트폴리오의 위험과 대표 투자자의 위험 기피도에 비례한다. 개별 자산의 위험 프리미엄은 시장 포트폴리오의 위험 프리미엄과 시장 포트폴리오에 상대적인 자산의 베타계수에 비례한다' 는 의미다.

조금 더 쉽게 풀이하면 모든 주식들은 과소평가 또는 과대평가될 수 있는데, 이것들이 효율적으로 시장에서의 적정가격으로 돌아오는 방법은 있다는 것이고, 그러한 방법으로써 개별 주식이 갖고 있는 위험

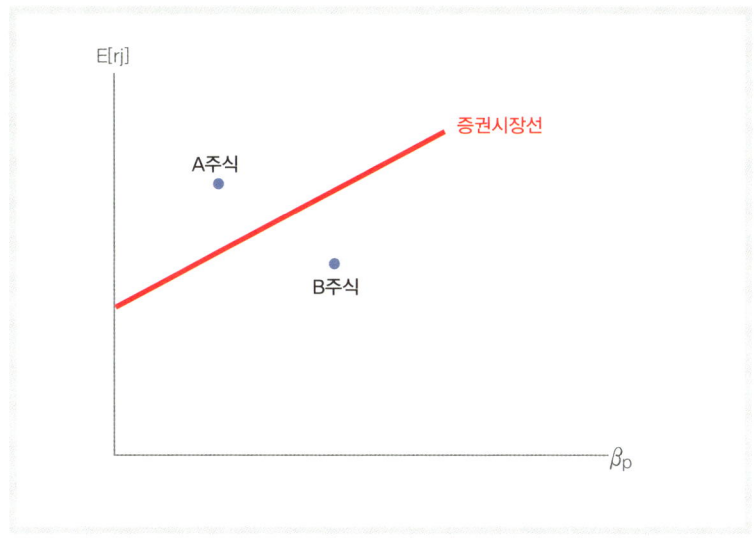

을 줄이면 된다는 것이다. 물론 모형의 가정을 살펴야 하고 실증 연구를 통해 비판이 제기되기도 하지만, 분명한 것은 여기서 우리가 배워야 할 것이 있다는 점이다. 그것은 바로 주식이 갖고 있는 위험, 즉 기대수익을 어떻게 체계화하여 투자 성과를 낼 것인가 하는 부분이다.

이 장의 제목과 지금까지의 내용이 맞지 않는다고 실망할 필요는 없다. 본론은 지금부터이다. 앞서 주식투자를 하는 데 있어 사고의 경직성, 그리고 '자본자산가격결정모형'을 언급한 이유는 무엇일까?

〈그림 1〉은 CAPM을 표현한 그림이다. A라는 주식과 B라는 주식이 존재하고 그 각각의 주식은 증권시장선으로 회귀하게 되어 있다. 시장은 효율적이란 이야기다. 이번에는 〈그림 2〉를 살펴보도록 하자.

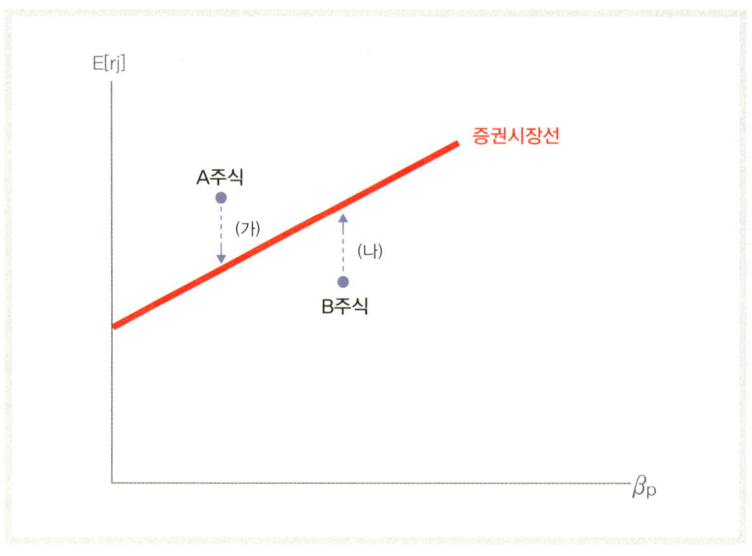

그림 2 | 증권시장선으로의 회귀

A 주식은 시장에서 저평가되어 있는 반면, B 주식은 고평가되어 있는 상황이다. 즉, A 주식의 기대수익률이 상대적으로 더 높다. 이것은 증권시장선에서 상단에 놓인 A 주식이 과소평가되었다는 말이 된다. 반대로 B 주식의 경우는 고평가되어 있다. 즉, A 주식은 (가), B 주식은 (나)와 같은 과정을 통해 증권시장선으로 회귀하여 균형을 이루게 된다. 이렇게 균형을 이루는 과정에 대해 좀 더 공부하고 싶다면 직접 '투자론'을 펴서 '자본자산가격결정모형'에 대한 내용을 읽고 공부하길 바란다.

다시 본론으로 돌아가 (가)와 (나)는 어떤 과정을 의미하는지 알아보자. 먼저 (가)는 저평가된 종목을 찾아 투자하는 것이고, (나)는 고평가된 주식을 찾아 매도하는 행위를 의미한다. 그런데 실제로 〈그림

2)의 모델처럼 개인투자자들이 여러 가지 계산(무위험률, 공분산, 표준편차 등)과 복잡한 이론을 고려하여 매매를 할 수는 없다. 개인투자자는 기관투자자에 비해 전문적이지 못하다. 그런 개인투자자들이 먹고 살기 위해 주식투자를 업으로 삼는 기관투자자들을 이기기란 애초부터 어려운 일이다. 그렇다면 (가)의 행위와 (나)의 행위는 개인투자자들에게 무엇을 의미할까?

개인투자자들에게 (가)와 (나)의 과정은 바로 투자의 기술(Skill)이 필요하다는 것을 말해준다. 즉, 개인투자자들은 분석력이 약하고 비교, 판단할 근거가 미약하므로 가격이 효율적으로 회귀하기 이전에 움직이는 과정에 편승하면 이익을 얻을 수 있다는 말이다. 또 다른 말로 풀이하면, 이는 개인투자자가 지속적으로 바닥에서 매수하고 천장에서 매도할 수는 없다는 말이기도 하다. 여기서 필자가 '편승'이라는 표현을 사용했는데, 이것이 주식 서적을 계속 읽고 끊임없이 배워야 하는 이유이다. 책에는 '편승' 하는 전략들이 쓰여 있기 때문이다. 이것이 바로 현재 시장의 흐름에 맞는 투자의 기술(Skill)을 습득하는 길이다. 시장은 주도 세력에 의해 움직이게 된다. 그것을 따라감으로써 편안하게 수익을 낼 수 있다는 것을 1장에서 살펴보았다. 개인투자자에게는 시장이 움직일 때 '편승' 하는 방법이 곧 투자의 기술이고, 그러한 기술은 바로 책 속에 있다는 말이다.

앞서 진화론에 대한 이야기를 꺼낸 것은 단순히 예를 들고자 함이 아니다. 주식투자의 방법, 즉 투자 기술(Skill)도 시간이 가면서 진화하고 있다는 점을 말하고 싶어서이다. 시대만 진화하는 것이 아니라 투자 기술도 끊임없이 진화한다. 하나의 기술을 습득했다고 그것이 영원할 수는 없다. 어쩌면 당연한 이야기다. 시대가 진화하면서 주식시장에서의 흐름도 건설→무역→IT로 끊임없이 변화해 왔으니 말이다. 이러한 시장의 변화 속에서 주식투자의 패턴도 많은 변화를 겪었다는 점을 짚고 넘어갈 필요가 있다.

1990년대 말, 벤처 붐으로 인해 주식시장에는 그야말로 새로운 투자기법이 홍수처럼 쏟아져 나왔다. 대표적인 것이 바로 '상한가 따라잡기'다. 눈만 뜨면 상한가로 직행하는 주식들과 한 번 상한가를 기록하기 시작하면 일주일은 기본이고 보름 내내 상한가인 종목이 넘쳐났으니 주식시장이 개장하자마자 주식을 손에 쥐는 것이 얼마나 중요했겠는가. 1998년부터 2001년까지는 주식시장의 제도를 분석한 책들이 주류를 이루었다. 주식시장이 부진을 겪던 2001~2005년 시기에는 재무분석을 통한 투자기법을 다룬 책들이 주류를 이루었다. 그리고 2005년부터 2009년까지는 차트와 보조지표에 대한 분석을 다룬 책들이 주류를 이루었다.

지금 이 책을 읽고 있는 시점은 2013년이다. 서점에 가서 과거의 책들을 흐름별로 주의 깊게 살펴보자. 지금 우리가 투자를 고려하고 있는 이 시점에서의 주식투자 서적들은 그야말로 투자기법이라는 소재가 고갈된 상황이다. 그도 그럴 것이 앞서 수많은 방법과 시도들이 출현했지만, 많은 사람들에게 돈을 벌어다 주지는 못했기 때문에 점점 관련 서적들이 줄어들고 있다고 보아야 할 것이다.

이것이 시사하는 바는 크다. 이런 시장의 변화와 흐름을 주식투자를 고려하는 사람들은 반드시 알고 넘어가야 한다. 즉, 과거의 방법론들이 틀렸다는 것을, 적어도 지금 이 시점에서는 맞지 않는다는 점을 분명히 알아야 한다. 또한 왜 틀렸는지를 찾고 분석함으로써 스스로 투자 기술을 설정해 볼 수 있어야 한다. 이보다 더 좋은 경험이 있을까? 남들의 실패를 통한 틈새시장(?)을 찾는 것이니 말이다. 앞서 자본자산가격결정모형(CAPM)에 대해 설명할 때 시장은 효율적이라는 말을 했다. 물론 시장이 효율적이냐 비효율적이냐를 놓고 지금도 설전이 오갈 만큼 확실한 정의를 내리긴 어렵다. 하지만 최소한 주식투자를 하다 보면 시장이 어디로 가고 있는지 분명히 느낄 수 있다. 즉, 시장이 상승이나 하락으로 나아가는 중간에 있는지, 끝자락인지는 투자를 하다 보면 직감적으로 느낄 수 있다는 말이다.

지금도 서점에 가면 주식 고수라는 사람들의 찬란한 성공담이 수없이 책으로 출간된다. 하지만 그들의 방법이 과연 지금도 맞을까? 결론부터 말하자면 '아니올시다' 이다. 투자의 성공기는 말 그대로 그냥 '일기' 이다. 이런 유형의 책들에서는 공유하고자 하는 투자 기술이 없다. 그냥 자신이 어느 날 무엇을 사서 돈을 벌었다는 성공담이 일기처럼 소개될 뿐이다. 일기는 자신의 기술이 되지 않는다. 설령 투자 고수라고 할지라도 자신의 밥줄을 끊어놓을 수 있는 '기술(Skill) 공개' 따위는 결코 하지 않는다. 설령 기법 공개를 한다고 하더라도 그것은 이미 시장에서 무용지물이 된 것들이라는 점을 기억하기 바란다. 그렇지 않고 정말 대단한 비밀 병기였다면 그 책을 읽은 모두가 돈을 벌었을 것이다. 하지만 현실에서 그런 일은 일어나지 않는다.

자, 이제 복잡한 이야기들을 이해하기 쉽게 정리해 보자. 주식시장에는 항상 고평가된 주식과 저평가된 주식이 존재한다. 우리는 기관투자자가 아닌 이상 그것을 즉각적으로 분석하고, 적절히 대응할 수가 없다. 다만 그러한 가격들이 변화하는 과정 속에서 대세의 흐름에 '편승' 하기 위해 다양한 분야의 책을 읽고 공부하는 것이 최선의 길이다. 해마다 변해가는 시장을 분석하기 위해 과거의 투자전략이 담긴 책을 보고, 앞으로의 투자전략에 어떤 변화가 올 것인지 고민하는 것이다. 어찌 보면 '편승' 을 위한 방법을 찾는다는 말이 더 적절한 표현일 것이다.

이제 마지막으로 대안을 제시할 시간이다. 주식시장에서 개인투자자들이 살아남는 방법은 '편승' 이라고 했다. 편승하는 방법은 서점에 나와 있는 주식투자 관련 서적을 읽고, 문제점을 찾아 보완함으로써 시뮬레이션해 보는 것이다.

두 번째로 창의력을 막는 획일적인 주입식 공부가 아닌 자유로운 연상과정을 통해 투자의 핵심 포인트를 찾아내는 것이다. 필자 역시 '이렇게 해야 돈을 번다' 라고 말할 수는 없다. 좀 더 솔직해 말해 그러면 내가 돈을 벌지 못하거나 최소한 내가 먹어야 하는 부분들이 적어지기 때문이다. 이렇게 해서 돈을 벌 수 있다고 공표하는 순간 그 투자기법은 죽은 것이 되기 때문이다. 다만 각자의 노력 여하에 따른 성과에 맞게 수익이 돌아갈 수 있도록 최소한 돈을 벌 수 있는 팁(Tip)을 알려줄 것이다.

두 번째 대안으로 필자가 제시한 자유로운 연상과정이란 그야말로 상상력과 창의력을 의미한다. 좀 더 구체적인 방법을 한 가지 소개하면, 주식시장에 상장된 회사들이 무슨 일을 해서 먹고 사는지를 꼭 기억해 두길 바란다. 이것을 많이 외울수록 당신의 수익률에 큰 도움을 줄 것이다. 앞서 자본자산가격결정모형에서 A 주식이 저평가 상태에서 어떻게 고평가 상태로 가게 되는지에 대해 논의하는 도중에 '주도세력에 의해 움직인다' 라는 표현을 사용했다. 우선 주도 세력이 움직이는 과정은 조용하게 이뤄지지 않는다는 점을 기억하고, 그 말의 의미를 곰곰이 새겨보길 바란다.

주식시장에는 상장회사들이 2000여 개가 넘는데 그 많은 회사들의 사업 내용을 어떻게 다 외우냐고 항의하는 사람이 있다면 다음의 2가지를 말하고 싶다. 첫 번째로 주식시장에는 수많은 기업들이 상장되어 있지만, 우리가 흔히 알고 있는 대기업들은 누가 말하지 않아도 대략의 사업 내용을 알고 있으므로 먼저 그러한 기업들을 대상에서 제외한다. 그런 다음 관심 대상을 좁히면 분석 대상은 많아야 수백 개로 줄어든다. 즉, 누구나 마음만 먹으면 할 수 있는 범위 내에서 주요 상장기업들을 분석할 수 있는 것이다. 두 번째로 편의점을 운영하더라도 자기가 손님에게 파는 물건의 종류와 가격대를 1년이면 다 기억하고도 남는다. 편의점에서 판매하는 물품의 품목 수보다 적은 정도의 기업 수를 기억할 정성과 성의가 없다면 주식투자를 하지 말라고 권하고 싶다.

개인투자자들이 할 수 있는 투자 기술이 무엇인지 아직 모호하다면 한 가지 예를 더 들어줄 수 있다. 우리나라는 분단국가이다. 또한 혈연과 지연, 정치적인 관계 등이 복잡하게 얽혀 있는 사회이기도 하다. 따라서 정세가 불안정해지면 관심을 받는 주식들이 있다. 군사적으로 위기감이 들면 움직이는 주식이 있고, 정치적으로 판세가 변화하면 움직이는 주식들이 있다. 때마침 이 책을 출간하는 시기는 정치

적인 이슈가 많은 해이다. 이러한 부분들은 주식시장에 또 다른 저평
가 주식과 고평가 주식을 만들어낼 것이고, 앞서 언급한 기술이 필요
한 시기이기도 하다.

03

투자금액에 맞는 전략은 따로 있다

만일 누군가 10번의 매매 중 10번 모두 성공했다면, 과연 이 투자자가 주식투자를 잘한다고 할 수 있을까? 만일 당신이 10번의 매매 중 10번 모두를 성공했다면 스스로에게 '나는 완벽하다'라고 할 수 있을까? 완벽하다는 확신이 든다면 무조건 돈을 번다는 소리인데, 과연 전 재산을 주식에 투자할 수 있겠는가? 아마 대다수는 불가능할 것이다. 필자 역시 전 재산을 모두 주식에 투자할 수는 없다. 신도 모른다는 주식투자의 결과를 인간인 우리가 어떻게 장담할 수 있겠는가.

그렇다면 횟수를 더해 10번이 아니라 100번의 매매에서 100번의 승리를 달성했다면 완벽하다고 할 수 있을까? 그런 상황이라면 전 재산을 걸고 주식에 투자할 수 있을까? 잠시 천장을 응시하면서 생각해 보길 바란다. 당신이라면 어떻게 하겠는가? 여기서부터는 헷갈리기 시작한다. 어찌 보면 100전 100승이니까 모든 걸 쏟아 부을 수 있는 상황이고, 지난 기간 동안 충분히 검증한 셈이니 전 재산을 투자해 볼 만하지 않을까?

미안한 이야기지만 처음부터 이 질문은 잘못되었다. 구체적으로 어떤 부분이 잘못되었을까? 결론부터 말하자면 투자의 승률과 투자금은 전혀 별개의 문제이다. 승률이 높다고 해서 그것만 믿고 전 재산을 통째로 운용할 수는 없는 일이다. 왜냐하면 투자원금 100만 원과 1억 원은 매매 회전을 동일하게 할 수 없기 때문이다. 가령 10억 원을 갖고 있는 사람과 100만 원을 갖고 있는 사람 모두 자신이 만든 매매 신호에서 전 재산을 주식에 털어 넣는 것은 실제로 불가능하다. 매수할 종목이 소형주나 중형주일 경우에는 호가주문에 의한 시장 충격★이 발생하기 때문이다.

개인투자자들이 열심히 책을 읽으면서도 투자에 실패하는 요인 중 하나가 바로 여기에 있다. 즉, 일반적으로 주식 책에서 말하는 투자전략의 경우 얼마의 투자금을 가지고 했을 때 유효한 것인지 제대로 된 가이드가 없다는 점이 문제다. 실제로 '이 투자전략은 투자금이 얼마인 분들에게 적합한 전략입니다'라고 쓰여 있는 책은 단 한 권도 없다. 신기한 것은 그 누구도 이런 부분에 대해 의심하지 않고 그대로 받아들인다는 점이다.

★ **시장 충격** : 대량의 매수·매도 주문에 의해 제시하는 호가 간에 차이가 크게 벌어지는 현상을 의미한다.

10평짜리 공간에 필요한 에어컨과 100평짜리 공간에 필요한 에어컨은 분명히 다르다. 서재 책장에 꽂혀 있는 주식 서적을 한번 둘러보길 바란다. 주식투자에서도 용도에 맞는 전략을 구사해야 하는데, 용도는 무시되고 목적만 존재하는 책에 자신이 휘둘리고 있지 않은지 돌아볼 필요가 있다. 사실 이런 문제는 책을 쓰는 저자나 그것을 받아들이는 독자 모두에게 있다. 그렇다고 필자가 쓴 이 책이 완벽하다는 것은 절대 아니다. 다만 맹목적인 주입식 교육을 받아온 우리나라 초보 투자자들의 주식 입문과정이 너무나 엉성한 점에 대해 주의를 기울여야 한다는 점을 말하고 싶을 뿐이다. 서점에 가보면 주식 관련 서적들은 초급(입문), 중급, 고급 등으로 분류되어 있다. 그러나 분류의 기준이 다소 모호한 편이다. 투자 용어, 법률제도, 기술적 분석, 보조지표 활용 등 주로 용어의 난이도에 따라 단계가 구분되어 있는데, 그보다는 투자 실력에 따라 단계별로 올라가도록 분류된다면 더욱 좋을 것이다. 하지만 이에 대해 언급한 서적은 거의 없다.

이제 다시 '투자금이 100만 원일 때와 1억 원일 때 투자전략이 달라야 하는가?' 하는 물음으로 돌아가 보자. 물론 자신이 어떤 주식에 몽땅 투자하고 싶다면 큰 차이는 없을 것이다. 하지만 2장에서 언급한 것처럼 시장 초과 수익을 달성하고 싶다면 반드시 투자금액에 따라 투자전략을 달리하는 것이 필요하다. 그래야 좀 더 안정적, 단계적으로 투자금액을 키워나갈 수 있는 것은 물론, 더 많은 위험요소로부터 자유로워질 수 있다. 주식은 그 자체가 위험자산이다. 위험자산은 안전과는 거리가 멀다. 그러므로 포트폴리오 전략, 단계별 전략이 꼭 필요한 것이다.

이제 단계별 투자전략에 대해 논해 보자. 앞서 주식투자는 멀리 내다보고, 적절한 시기에 진입해야 한다고 강조한 바 있다. 멀리 내다본다는 것은 다양한 의미를 지닌다. 그중 한 가지는 위험을 줄이는 것이다. 아무리 잘 나가는 투자자일지라도 한 번의 실수로 그간 모아둔 자산을 몽땅 날려버릴 수 있다. 실제로 100만 원을 기초자산으로 삼아 10%씩의 이익을 5번 냈다고 가정하면(복리로 재투자를 했다고 가정) 총 161만 원이 남게 되어 60%가 넘는 이익을 보게 된다. 그런데 여기서 한 번의 매매 실수로 −20%에 해당하는 손실을 냈다고 가정하면 기초자산은 128만 원으로 줄어든다. 5번의 매매 성공이 단 한 번의 실패로 매매에 2번 성공한 것과 같은 결과를 낳는다는 의미가 된다. 이는 금액이 커지면 커질수록 위험이 가져다주는 손실 또한 막대해진다는 것을 의미한다. 따라서 멀리 내다보는 투자를 실천하려면 먼저 이처럼 한 번의 매매 실수로 대량 손실을 입는 경우를 줄여야 한다.

★ 개인투자자들이 주식시장에서 오래 살아남기 위한 전략 ★

주식시장에서 오래 살아남기 위해 첫 번째로 필요한 것은 개별 주식이 갖고 있는 고유위험을 최소화하는 것이다. 두 번째는 투자금액에 맞는 투자성향을 기르는 것이다. 먼저 개별 주식의 고유위험을 최소화하려면 어떻게 해야 할까? 이해를 돕기 위해 잠시 포트폴리오 이론에 대해 설명하겠다. 포트폴리오 이론을 논할 때 '위험(Risk)'을 빼놓고는 말할 수 없다. 물론 이에 대한 상세한 내용을 기술하자면 책 한 권이 부족할 지경이므로 여기서는 핵심 내용만 간추려 설명하겠다(만일 '위험'에 대한 심화학습을 원한다면 가까운 서점에서 읽기 쉽도록 기술된 투자론 책을 구입해 공부하길 권한다).

일단 모든 투자자들은 주식이 내포한 위험을 받아들인다. 대신 위험에 대한 프리미엄을 대가로 받는다. 마찬가지로 주식을 발행하는 기업은 투자자들이 위험을 내포한 자신의 주식을 매수하도록 위험에 합당한 프리미엄을 제공한다. 그렇지 않으면 거래가 성사되지 않는다. 위험에 대한 프리미엄은 '위험의 가격'이라고 할 수 있다.

주식의 위험을 최소화하려면 개별 주식이 갖고 있는 고유의 위험을 최소화시키면 된다. 여기서 위험을 최소화한다는 것은 시장수익을 그대로 수용한다는 의미다. 쉽게 말해 코스피지수만큼 수익률이 나오면 되는 것이다. 더도 말고 덜도 말고 딱 지수만큼만 성과를 내는 것을 시장수익률이라고 할 수 있다. 이렇게 고유의 위험을 최소화하려면 포트폴리오를 구성하면 된다. 한 개의 주식에 투자하는 것보다 10개의 주식에 나눠서 투자하는 것이 시장수익률에 더 가까워질 것이다. 마찬가지 이치로 10개의 주식보다 100개의 주식에, 100개의 주식보다 1000개의 주식에 나눠서 투자할수록 시장수익률에 가까워질 것이다.

그렇다면 포트폴리오를 구성할 때 고려해야 할 것들은 무엇일까? 만일 10개의 주식에 나눠서 투자했는데 10개의 주식이 모두 시장과 반대로 움직이는 주식들로 구성되어 있으면 포트폴리오를 구성해서 시장수익률을 추정했다고 할 수 없을 것이다. 어떤 주식과 어떤 주식을 함께 묶어 포트폴리오를 구성할 때 고민해야 하는 것은 '공분산(Covariance)'과 '상관계수(Correlation Coefficient)'이다. 공분산과 상관계수는 주식 공부를 계속하다 보면 언젠가 한 번은 마주치게 될 요소이므로 개념 정도는 짚고 넘어가는 것이 좋다. 먼저 공분산은 주식의 확률 정보를 담은 통계량이다. 좀 더 전문적으로 설명하자면, 결합확률분포를 이루는 두 확률변수가 변화하는 양상을 측정하는 척도라 할 수 있다. 다음의 수식을 한번 살펴보자.

$$\begin{aligned} \text{cov}[r_B r_j] &= E[\{r_B - E[r_B]\}\{r_L - E[r_L]\}] \\ &= \pi_1(r_{B,1} - \alpha_B)(r_{L,1} - \alpha_L) + \pi_2(r_{B,2} - \alpha_B)(r_{L,2} - \alpha_L) + \\ &\quad \cdots + \pi_k(r_{B,k} - \alpha_B)(r_{L,k} - \alpha_L) \end{aligned}$$

이 수식을 억지로 외울 필요는 전혀 없다. 그냥 한번 눈으로 주의 깊게 살펴보는 정도면 족하다. 자세히 보면 기대값의 수식이 나오고, 그 기대값을 구하기 위해 확률과 편차를 사용하고 있음을 알 수 있다. 이것은 관계가 존재하는지 여부와 서로 간의 관계가 순관계인지 역관계인지를 보여준다. 하지만 주식과 수익률 간의 관계가 어느 정도로 깊은지는 나타내주지 않는다. 다시 정리하면 공분산은 확률 정보를 담은 것이고 이것을 통해 두 주식이 확률적으로 같은 방향으로 움직이는지, 또는 다른 방향으로 움직이는지를 보여주는 값이라는 정도로 이해하고 넘어가자. 사실 주식투자를 처음 접하는 사람들에게는 공분산이나 상관계수가 어렵게 느껴질 수밖에 없지만, 기본적인 용어에 대한 배경 지식이 필요해 간단한 설명을 넣었다. 끈기를 가지고 이 책을 읽다 보면 왜 이러한 설명을 넣었는지 이해할 수 있을 것이다.

수학적으로 볼 때 두 확률 변수 간의 공분산이 양수이면 이 두 확률 변수는 동일한 방향으로 움직인다. 반대로 음수이면 이 두 변수는 반대 방향으로 움직인다. 예를 들어 자동차 회사의 주식과 자동차 회사에 납품하는 부품 회사의 주가는 같은 방향으로 움직인다는 소리다. 다만 여기서 어느 쪽의 수익률이 더 높은지는 알 수 없다. 이때 어떤 주식이 더 크게 움직일지를 보기 위한 정보가 바로 상관계수이다. 이것을 이해하고 있으면 엑셀로 포트폴리오를 구성할 때 좋은 기준이자 정보로 삼을 수 있다. 상관계수의 값은 다음과 같은 범위 값을 갖는다.

$$-1 \leq \rho_{B,L} \leq 1$$

또한 상관계수는 다음과 같이 정의할 수 있다.

$$\rho_{B,L} = \frac{\text{cov}[r_B r_j]}{\sigma_B \sigma_L}$$

이 식의 의미를 하나씩 풀어보자. 먼저 상관계수가 1이면 완전히 똑같이 움직이고, −1이면 완전히 다르게 움직인다. 갈수록 첩첩산중이라고 생각되겠지만 조금만 더 인내하고 읽다 보면 필자가 고민했던 것을 찾을 수 있을 것이다. 이 논의는 개별 주식의 고유위험을 최소화하자는 이유에서 시작되었다. 그러기 위해 포트폴리오를 구성해야 한다고 했다. 포트폴리오를 구성할 때 이해해야 할 요소가 방금 배운 공분산과 상관계수이다.

이제 포트폴리오에 대해 설명하겠다. 포트폴리오는 주식들의 1차 결합이다. 각 주식들의 수익률이 1차식의 관계를 형성하는 것을 포트폴리오라고 한다. 앞서 설명한 것처럼 포트폴리오는 전 재산을 한 주식에 투자하지 않고 여러 개의 주식에 나누어 분산투자하는 것을 말한다. 조금 더 정확하게 표현하면, 포트폴리오를 구성한다는 것은 포트폴리오 가중치의 합이 1이 되어야 한다는 것이다. 이것은 포트폴리오 이론의 핵심 조건이다. 예를 들어 2개 주식이 있고 1,000만 원을 갖고 있으며, 한 개의 주식에 700만 원을 투자했다면 나머지 다른 한 개의 주식에 300만 원을 투자한다는 의미다. 이것을 수식으로 표현하면 다음과 같다.

$$r_p = w_1 r_1 + w_2 r_2$$
$$(r=수익률, w=비중)$$

이 포트폴리오의 기대수익률은 다음과 같다.

$$E[r_p] = w_1 E[r_1] + w_2 E[r_2] = w_1 \alpha_1 + w_2 \alpha_2$$

이 식을 공분산과 상관계수를 이용하여 정리하면 최종 계산식을 구할 수 있다. 물론 여기서 그렇게까지 깊이 공부할 필요는 없다. 설령 최종 계산식을 도출해 낸다고 하더라도 당장 주식투자를 하는 사람에게는 동떨어진 이야기가 될 것이므로 중요한 개념을 익히기 위한 수단쯤으로 여기자. 이 식을 풀어보면 포트폴리오를 만들어 분산투자를 하면 개별 주식의 수익률을 거의 그대로 유지하면서 위험을 대폭 감소시킬 수 있다는 것을 의미한다. 이처럼 계산식을 써가면서까지 장황한 설명을 늘어놓는 이유는 포트폴리오를 구성하는 것이 개별 주식 한 개에 '몰빵' 하는 것보다 낫다는 것을 증명하기 위해서이다.

이 장에서 가장 중요하게 다루는 것은 바로 '길게 오래 살아남기'다. 길게 오래 살아남기 위해서는 개별 주식에 투자했을 때 직면하는 위험성을 최대한 피해야 한다. 이 장의 초·중반부에 '5번 매매에 성공했더라도 단 한 번의 실패로 매매에 2번 성공한 것과 같은 결과를 낳는다' 라는 대목에서 언급한 것처럼 주식투자에서 손실관리는 매우 중요하다. 이것이 포트폴리오 투자가 필요한 이유이다. 다시 한 번 강조하지만 개별 주식에 투자할 때보다 포트폴리오를 구성하여 투자하면 위험이 감소한다는 것을 꼭 기억하길 바란다.

포트폴리오 이론을 무조건 따르는 데 의구심을 갖는 독자도 있을 것이다. 필자 역시 젊은 시절에 포트폴리오 이론의 근거를 부정하기 위해 5년이라는 긴 시간을 투자했지만 일부 구간에서의 성과를 제외하고는 실패하고 말았다. 따라서 앞서 필자가 설명한 내용을 부정하는 오랜 기간의 결과값과 정리된 수식을 제시할 수 없다면 포트폴리오 이론을 따르는 것이 좋다. 그것이 주식투자에서 일관되고 지속적인 성과를 내는 지름길이다. 적어도 우리가 주식투자를 할 때 무언가 믿을 구석이 있다면 그것은 증명된 사실일 것이다. 따라서 여러분은 증명된 사실에 투자하는 습관을 갖길 바란다.

이제 포트폴리오 이론을 현실에서 어떻게 활용하는지 살펴보자. 먼저 자동차 그룹이라는 포트폴리오 명을 구성하고 그 안에 자동차 관련 주식들을 포함시킨다. 그리고 이번에는 전기전자 그룹이라는 포트폴리오 명을 구성하고 그 안에 전기전자 관련 주식들을 포함시킨다. 이러한 방식으로 주식시장에서 거래되는 모든 주식을 각각의 해당하는 포트폴리오 그룹 안에 포함시킬 수 있다. 이렇게 만든 무수히 많은 포트폴리오 중에는 당신이 거래하기를 원하지 않는 포트폴리오가 굉장히 많을 것이다. 이것을 포트폴리오 집단에서 제외하면 당신이 원하는 포트폴리오를 얻을 수 있다. 이것은 지금부터 당신에게 '지배원리' 라는 것을 설명하기 위한 중요한 가정들이므로 잘 기억해 두길 바란다. '지배원리' 는 포트폴리오 이론이 규범적 이론이라는 것을 설명하는 데 다음의 2가지 내용을 핵심으로 한다.

❶ 두 포트폴리오의 수익이 동일하면 분산이 작은 포트폴리오를 선호한다.
❷ 두 포트폴리오의 분산이 동일하면 기대수익이 큰 포트폴리오를 선호한다.

쉽게 풀이하면 포트폴리오의 수익이 같으면 위험이 적은 것을 선택하고, 포트폴리오의 위험이 같으면 수익이 큰 것을 선택한다는 의미다. 이제 최종 결론이다. 여러 가지 포트폴리오를 만들고 불필요한 포트폴리오를 어떻게 구별하는가에 대한 부분이다. 여기서 당신이 그간 읽은 주식 서적들 중에서 보지 못한 내용을 제시하고자 한다.

앞서 말한 것처럼 모든 주식들로 무수히 많은 포트폴리오를 만들면 어떤 분포를 보일까? 전기전자 포트폴리오, 자동차 포트폴리오, 조선 포트폴리오, 제약 포트폴리오, 대형주 포트폴리오, 중형주 포트폴리오, 소형주 포트폴리오, 대형주+소형주의 혼합 포트폴리오 등

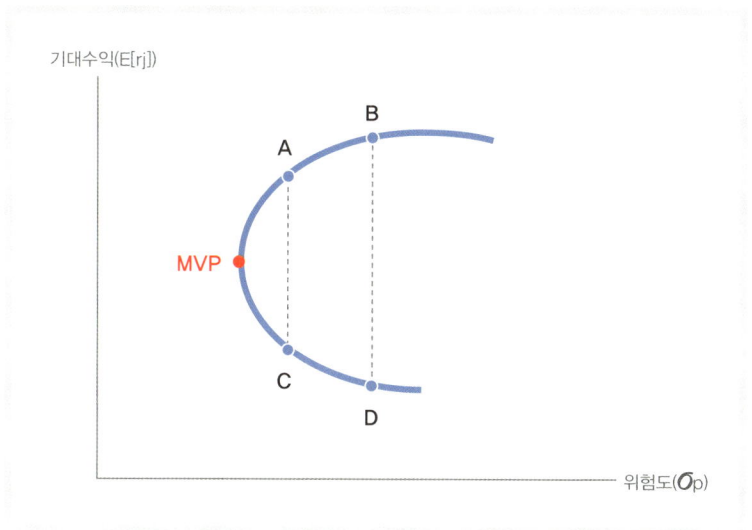

무수히 많은 포트폴리오를 만들고, 그 포트폴리오에 대해 비중을 각각 변화하게 되면 다음과 같은 분포를 보인다.

가운데 'MVP'라고 쓰여 있는 것은 '최소 분산 포트폴리오(Minimum Variance Portfolio)'라고 부르는 것이다. 앞서 설명한 무수히 많은 포트폴리오 중에 가장 효율적인 포트폴리오가 존재한다는 것을 의미한다. 가로축은 포트폴리오의 위험도를, 세로축은 포트폴리오의 기대수익을 나타낸 것이다.

이제 A와 C를 살펴보자. A를 대형주+소형주의 혼합 포트폴리오라고 하고, C를 자동차주+제약주의 혼합 포트폴리오라고 가정하자. 이후에는 편의상 A 포트폴리오와 C 포트폴리오라고 칭하겠다. A와 C 포트폴리오를 보면 동일한 위험이 존재하지만 A 포트폴리오의 기대수익률이 훨씬 더 높다. 또 B와 D 포트폴리오를 비교하면 역시 위험은 동일하지만 B 포트폴리오가 D 포트폴리오보다 기대수익이 더 높은 것을 알 수 있다.

〈그림 1〉은 포트폴리오의 비중을 변경하면서 계산하면 가장 효율적인 구간을 찾을 수 있다는 것을 말해준다. 실제로 이러한 분석 방법은 자신이 현재 투자하고 있는 그룹군(포트폴리오)들에 대해 시뮬레이션을 해봄으로써 어느 정도 이와 유사한 결과를 얻을 수 있다.

사실 이와 같이 논리적인 계산은 주식투자에 있어 어쩌면 불필요한 작업이 될 수도 있다. 하지만 이를 통해 같은 건설업종에 투자하는 사람도 최소의 위험으로 최대의 수익을 만들 수 있다는 것을 보여준다. 앞서 A와 C의 예를 들었을 때 다른 업종과의 관계를 말했지만, 실제로 투자의 비중을 조절함으로써 동일한 종목군으로 구성되어 있는 포트폴리오도 비중에 변화를 주어 A와 C처럼 포트폴리오가 나올 수 있다는 것이다.

지금까지 우리는 합리적 이유와 근거를 바탕으로 주식시장에서 오래 살아남기 위한 전략이 무엇인지 살펴보았다. 그렇다면 우리는 앞으로 어떻게 주식투자를 해야 할까? 다소 어려운 용어들로 인해 지금까지 설명한 내용들이 복잡해 보일 수도 있을 것이다. 그러므로 이 책을 읽는 독자에게 핵심을 올바로 전달하기 위해 간단하게 요약정리를 하고 다음 장으로 넘어가자.

이 장에서 일관되게 언급하는 핵심 메시지는 개별 주식에 집중 투자하는 것보다 포트폴리오를 구성하여 투자하는 것이 더 효율적이라는 것이다. 또한 포트폴리오를 구성함에 있어 다양한 조합을 만들 수 있는데, 그것은 비단 다른 업종 간의 조합이 될 수도 있지만 편입하는 종목의 비중을 변화시킴으로써 그 포트폴리오 내부 안에서의 위험요소를 줄일 수도 있다는 점을 기억해 두기 바란다. 이것을 현실에 적용하기 위해서는 자신이 매수하려는 종목들을 정하고 각각의 비중을 변화시켰을 때 어떤 결과를 가져오는지에 대해 시뮬레이션을 해볼 필요가 있다. 이때 엑셀을 이용하여 직관적이고 단순하게 정리하는 것이 바람직하다. 이상이 같은 종목에 같은 비용을 투자하여 최대의 이익을 얻을 수 있는 가장 합리적인 방법이다.

04

'주식'을 배우기 전에 먼저 '대한민국'을 배워라

대한민국은 참으로 좁은 나라이다. 오죽하면 우스갯소리로 몇 단계만 거치면 내가 아는 사람과 만날 수 있다고 하지 않는가. 그만큼 한국 사회에는 복잡 미묘한 요소들이 존재한다. 인간관계만 그런 것이 아니다. 이 땅에서 활동하고 있는 기업들도 마찬가지로 서로가 서로에게 영향을 주고받는다.

　세상을 살다 보면 주변에서 '아무개가 기회를 잘 잡아 한몫 챙겼다'라는 소리를 종종 듣곤 한다. 이런 소리가 들리면 그것이 사업의 기회이든 투자의 기회이든 마냥 부럽기만 한 것이 사람의 마음이다. 필자 역시 주변에서 누군가 '한몫 챙겼다'는 소식을 들으면 마냥 부러운 동시에 나 자신을 돌아보게 된다. 여기서 생각해 볼 것이 있다. 성공한 사람이 내 주변 혹은 한 단계 건너에 있다는 것은 나도 분명 그렇게 될 수 있다는 말이 된다. 그런데 나는 왜 그런 기회를 잡지 못했을까?

나는 그 이유를 '게으름' 때문이라고 생각한다. 몸이 게을러서가 아니고 머리가 게을러서 기회를 잡지 못하는 것이다. 직장 내에서도 이런 표현을 종종 쓰곤 한다.

"김 대리, 세상에서 가장 쓸모없는 사람이 어떤 사람인 줄 알아? 그건 바로 무식하고 부지런한 사람이야."

나는 이 말에 강하게 공감한다. 삽을 들고 엉뚱한 곳을 열심히 판다고 생각해 보자. 그 얼마나 한심하고 쓸모없는 짓인가. 머리가 아닌 몸만 부지런한 경우 실패의 결과를 복구할 때도 2배의 노력과 시간이 필요하다. 열심히 땅을 팠는데 잘못 팠다면 결국 그 땅을 다시 메우고 새롭게 파야 한다. 지식과 지혜가 부족한 사람은 땅을 잘못 팠다는 사실을 남보다 더 늦게 깨닫게 될 뿐 아니라, 땅을 파는 데 2배는 더 노력을 들였을 것이다. 복구의 시간도 그만큼 더 필요한 게 당연하다.

뻔한 이야기일지 모르지만 여기에 새로운 관점을 부여해 보고자 한다. 앞서 우리나라는 참으로 좁은 나라라고 했다. 그리고 개인의 '게으름'을 언급했다. 바로 이 2가지가 투자의 아이디어와 직결된다는 것을 지금부터 함께 생각해 보기로 하자.

먼저 해마다 정부가 사회를 발전시키기 위해 힘쓰는 정책들이 있다. 특히 민간기업 활성화의 일환으로 내세우는 정책들이 그것이다. 투자의 기회는 여기서부터 시작한다. 하지만 이것은 단지 시작점일 뿐이다. 이것은 엄연히 우리와 동떨어져 있는 세계이기 때문이다(적어도 이 책을 여기까지 읽었을 때는 그러하다). 그런데 이렇게 현실과 동떨어져 있는 세계를 자신의 세계로 만드는 사람들이 있다. 바로 기회를 놓치지 않고 포착하는 사람이다. 기회를 자신의 세계로 만드는 사람의 공통된 속성은 '현명함'이다. 그 현명함은 처음부터 갖고 태어난 것이 아닌 '노력으로 만들어진 현명함'이다. 이것은 기회가 왔을 때 지금이 기회라는 것을 알게 해주는 가장 큰 힘이 된다. 이 현명함은 경험에서 나온 것과 지식에서 나온 것으로 나눌 수 있다.

우리나라는 좁다. 그래서 알 수 있는 정보가 많다. 또한 체감할 수 있는 정보들이 주변에 널려 있다. 그래서 우리는 성공적인 투자 기회를 쉽게 얻을 수 있다. 우리가 이런 환경 속에서 살고 있으며 주식투자를 하려고 고민 중이라면 가장 먼저 무엇을 해야 할까? 해답은 간단하다. 어떤 회사가 무엇으로 먹고 사는지를 알아야 한다.

잠시 생활 속에서 흔히 접하는 이야기를 하나 더 해보겠다. 실제로 장사를 하겠다고 고민을 해본 사람이 있다면 공감 가는 이야기가 될 수도 있겠다. 주변에 흔하게 있는 삼겹살집을 내가 차린다고 가정해 보자. 큰돈을 투자해 장사를 하기로 결심한 이상 누구나 어떻게 돈을 벌 것인지 계획하고 미래를 생각한다. 하지만 열 명 중에 아홉 명은 장사를 하겠다고 결심하는 순간 치밀한 사전조사 없이 곧바로 뛰어든다. 나머지 한 명 정도만이 제일 잘 나가는 삼겹살집을 찾아가 남들이 모르는 원가구조와 유통구조, 매출 비중 등을 알려고 노력한다. 어느 쪽이 성공할 것인지는 깊이 생각해 보지 않아도 알 것이다.

막연한 결심을 믿고 뛰어든 사람들에게는 '결심' 그 자체가 중요한 요소이지, '분석'은 중요한 요소가 아니다. 그런 부류의 사람들은 감정을 우선시하기 때문에 이성적인 사고를 하기 어렵다. 장사든 사업이든 감정을 앞세워 시작한 일은 결코 성공할 수 없다. 그런데 대다수의 사람들이 자신은 상당히 이성적이라고 생각한다. 실상은 정반대임에도 불구하고 말이다.

우리나라에 프랜차이즈 가맹점이 상당히 많다는 것은 굳이 근거자료를 첨부하지 않아도 누구나 공감할 수 있을 것이다. 직장에서 은퇴를 한 뒤 차리는 것이 주로 치킨집, 중국 음식점, 피자집, 커피 전문점 등이다. 그런데 그들은 대부분 대박을 내거나 돈을 잘 벌고 있을까? 절대 그렇지 않다. 100개의 매장 중에 손익분기를 맞추는 곳은 30%에 불과하고, 그중 단 1%만 이익을 본다. 왜 그럴까? 프랜차이즈 업체들의 설명만 듣고 고개를 끄덕이며 평생 모은 돈을 밀어 넣기 때문이다. 자신이 평생 모은 소중한 돈임에도 불구하고 직접 발로 뛰는 게 아니라 '누군가의 설명'을 듣고 그 '누군가의 설명'에 대한 타당성만을 따지기 때문이다. 애초부터 잘못된 허구를 진실처럼 만들고 그것을 포장하는 기술에 현혹되어, 그 기술이 타당한지만을 따져보고 스스로 이성적인 결정을 내렸다고 믿는 것이 실패의 원인인 것이다. 애초부터 문제를 잘못 인지한 셈이다. 장사에서 성공하기 위해서는 무엇보다 발로 뛰고 현장에서 본인이 직접 객관적인 수치와 근거자료를 모으는 데 주력해야 한다.

주식투자도 이와 비슷하다. 발로 뛰는 것은 주식투자에서 권하는 바가 아니지만 장사와 동일하게 해야 할 일이 있다. 그것은 바로 어느 기업이 어떻게 먹고 사는지를 분석하는 것이다. 앞서 삼겹살집을 차려 장사를 한다고 하더라도 제일 잘나가는 삼겹살집이 무엇으로 어떻게 먹고 사는지를 따져보고 롤 모델로 삼는다고 하지 않았는가.

더 나아가 우리나라 주식시장에 상장되어 있는 기업을 살펴보면 많은 부분이 서로 얽혀 있는 것을 발견할 수 있다. 예를 들어 자동차 업종의 경우에도 우리가 아는 자동차 기업이 단독으로 자동차를 만드는 것이 아니다. 우리가 잘 아는 자동차 기업은 부품을 공급받아 조립해서 판매하는 회사이며 그 근저에는 수많은 부품업체들이 존재한다. 당신은 그러한 부품업체들에 대해 소상히 알고 있는가? 그러한 부품 업체들로는 어떤 업체들이 있고, 어떤 부품을 만들까? 바로 이러한 질문이 투자의 시작이 되어야 한다. 자동차 제조에 들어가는 부품 중에는 엔진, 유리, 차체, 시트, 음향시설 등 아주 많은 것들이 있다. 자동차 부품을 만드는 업체는 생각보다 다양하며 규모도 제 각각이다.

이 업체들이 어떻게 먹고 사는지를 파악하면 정부가 해마다 민간 기업 육성책을 내놓을 때 번뜩이는 아이디어를 떠올릴 수 있다. 그런데 여기서의 문제는 이렇게 파고들다 보면 분석해야 할 기업들이 무수히 많은데, 그 기업들을 하나하나 들여다본다는 것이 현실적으로 불가능에 가깝다는 것이다. 그래서 증권사에도 분야별 애널리스트가 존재하는 것이다. 전체를 분석할 수 있는 사람은 없다. 남보다 조금 더 많이 분석할 수 있는 사람이 있을 뿐이다. 전기전자 업종을 놓고 본다고 해도 반도체, TV, 카메라 등 셀 수 없이 많은 분야가 존재하는데 이 모든 것을 혼자 분석하기는 불가능하다. 따라서 주식투자를 할 때는 자신만의 업종을 고르는 것이 무엇보다 중요하다.

그럼 자신이 투자할 업종으로 어떤 업종을 골라야 할까? 이 문제에 대해 보다 쉬운 해결책을 제시해 보도록 한다. 시대가 발전할수록 산업도 기업도 발전을 거듭한다. 그동안 인류의 역사는 농경사회를 지나 공업화, 산업화를 거쳐 현재에 이르렀다. 과거 대한민국이 먹고 살기 위해 반드시 필요했던 것들은 소위 '경기방어주'들이었다. 식료품, 의류 등이 그것이다. 이것들은 현재 시점에서는 정부 정책의 변화에 민감하지 않다. 먹고 사는 게 하루아침에 바뀌지는 않으니 말이다. 여기서 앞으로 우리가 어떤 업종에 대해 분석해야 할지 힌트를 얻을 수 있다. 그것은 바로 하루아침에 생활이 바뀔 수도 있는 일을 찾는 것이다. 이와 관련된 업종이 우리가 기회를 얻을 수 있는 업종이다. 사람이 먹고 사는 것은 변하지 않지만 삶의 방식과 패턴은 변화한다. 그렇다면 이와 같은 변화와 관련된 업종은 어떤 것들일까? 큰 틀에서 정리하면 첫째 우리나라를 먹여 살리는 업종, 둘째 첨단기술이 들어가고 생활 패턴에 관련된 업종을 찾으면 된다. 이 2가지를 동시에 충족하는 업종을 찾고, 이 중에서 자신의 경험상 가장 접근하기 쉬운 업종을 고르면 된다. 다만 업종도 시간이 갈수록 변화, 발전하므로 분석할 업종도 시대의 흐름에 맞춰 끊임없이 변경해야 한다.

　다음은 우리나라에서 사용되고 있는 업종분류표에 따른 각각의 업종지수를 총정리하여 나열한 것이다. 사실 이런 업종지수를 매일 들여다볼 필요는 없다. 하지만 매월 1회 정도 정기적으로 살펴보면 경기의 큰 흐름이 보이기 때문에 지속적인 관심이 필요하다(나중에 살펴보겠지만 주식시장은 실물경기에 6개월가량 선행한다는 점을 기억하자).

➡️그림1 전 업종지수 차트

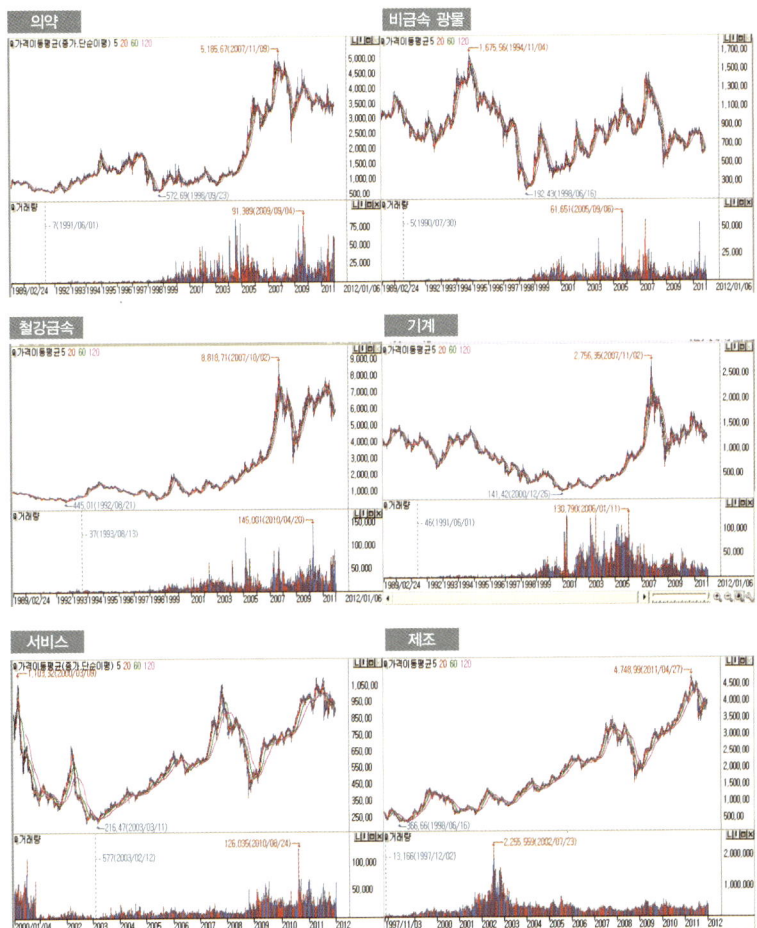

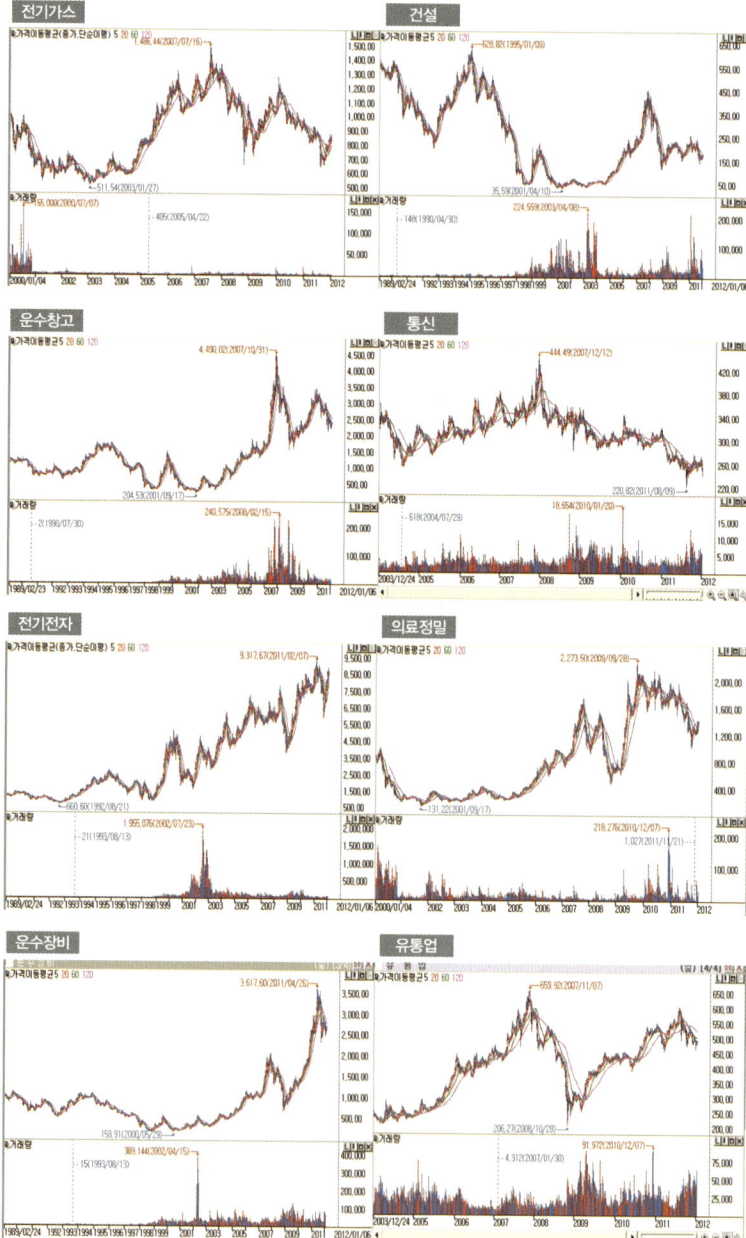

전체적으로 경제가 발달하면서 대다수 업종의 저점이 높아지는 것을 볼 수 있다. 하지만 반대로 10년이 지나도록 직전 저점과 유사한 수준이거나 오히려 저점이 점점 낮아지는 업종도 있다. 이런 업종은 과감하게 관심 업종에서 제외하면 된다. 자, 그럼 이제 상승률이 점점 높아지는 업종과 직전 저점과 이후 저점의 상승폭이 큰 업종을 살펴보자. 업종의 상승주기와 순환은 대체로 돌고 돌지만 저점이 높아지는 업종들은 시대에 맞게 삶의 방식을 변화시키고 있다고 해석할 수 있다. 반대로 끝없이 하향하는 업종들은 우리나라에서 더 이상 발전의 가능성이 없다고 해석하는 것이 맞다. 여기서 발전의 가능성이 없다는 표현이 곧 쓸모가 없다는 표현은 아니다. 다만 미래 성장성이 약하므로 주식투자의 목적에 맞게 성장성을 구별하자는 의미다. 이런 업종 차트는 과거 데이터를 틈틈이 확인하면서 큰 흐름을 놓치지 않도록 각별히 신경을 써야 할 부분들이다. 이런 업종들이 어떤 계기로 인해 재상승을 했는지 꼭 챙겨 확인해 보길 바란다.

05

합리적인 당신,
주식투자에도 통할까?

일찍이 경제학자 버튼 말키엘(Button Malkiel)은 '주가와 환율은 신도 모른다'라고 말했다. 이성적인 사람들과 비이성적인 사람들이 모여 전혀 새로운 결과를 만들어내는 곳이 바로 주식시장이다. 주식투자를 조금이라도 해본 사람이라면 알겠지만 주식시장에서 예측을 한다는 것은 참으로 어렵다.

주식시장에서는 주식을 사는 사람이든 파는 사람이든 상대방보다 더 정확하게 미래를 예상하기 위해 항상 치열한 두뇌 싸움을 벌인다. 양쪽 모두 상대방보다 미래를 잘 알고 있다고 자신하기 때문에 결과적으로 어느 순간에 있어 가격 상승과 하락의 확률은 동일하다. 따라서 시장 변화에 따라 가격이 어느 방향으로 움직일 것인지는 아무도 모른다. 이에 대해 경제학자 폴 사무엘슨(Paul Samuelson, 노벨 경제학상

수상)은 '가격(Price)과 가치(Value)는 다르다'는 점을 역설했고, 이것이 경제학 이론에 일치한다는 결론을 얻었다.

이 장의 제목에서도 알 수 있지만 주식시장은 상식적이고 합리적인 생각을 추구하는 사람들끼리 모여 있는 곳이자, 가격과 가치가 다르게 존재하는 곳이다. 그러면 '신도 모르는 주식시장에서 어떻게 투자를 해야 수익을 얻을 수 있을까?'라는 큰 난제 앞에 서게 된다. 솔직히 50%의 상승 확률이 낮은 건 아니지만 그것이 높다고 말할 수 있는 것도 아니다. 반반이란 정말 알 수 없는 확률이다. 그렇다면 분석은 필요 없고 아무거나 골라 주식을 매수하고 열심히 기도만 하면 되는 것일까? 분명히 주식으로 돈을 버는 사람이 있는 것을 보면 이 안에서도 무언가 좋은 방법이 있다는 소리다. 그럼 지금부터 그 방법에 대해 알아보자.

주식투자를 시작할 때 대부분의 사람들은 마구잡이로 책 몇 권을 읽어보고 바로 실전투자에 임한다. 이때 대다수의 사람들은 가장 중요한 것을 고려하지 않는다. 그중 하나가 바로 투자자 스스로 시장을 대하는 논리를 갖는 것이다. 수많은 사람들이 자신의 논리를 준비하지 않은 채 매매를 시작한다. 이 책을 읽고 있는 독자들도 한번 다음의 내용들을 읽어보고 자신은 어떤지 생각해 보길 바란다.

먼저 주식투자를 시작할 때 갖추어야 할 기본은 투자자 스스로 주식시장이 효율적인 시장인지, 비효율적인 시장인지에 대해 정의를 내리고 출발해야 한다는 점이다. 투자자 스스로가 주식시장을 효율적인 시장이라고 판단한다면 끝까지 효율적 시장의 특성에 따른 매매를 해야 한다. 효율적 시장에서는 새로운 정보가 발생하는 즉시 주식가격에 반영되므로 투자에 활용하기에는 이미 쓸모없는 정보가 되어 버린다. 이것은 나만 알고 있는 고급 정보들이 실은 쓸모없다는 생각을 갖고 있는 투자자들에게 해당하는 이야기다.

예를 들어 신규 개발 프로젝트가 A전자를 시장에서 단숨에 1위로 올려놓을 만큼 파괴력이 큰 정보를 나 혼자 알고 있다고 가정하자. 이 때 몰래 A전자의 주식을 사두면 나중에 대박을 내줄 것이라는 판단을 할 수 있다. 하지만 효율적 시장을 신봉한다면 A전자가 신규 개발 프로젝트를 시작함과 동시에 해당 내용이 주가에 반영되므로 이러한 정보가 아무 소용이 없다는 논리다. '소문에 사서 뉴스에 팔아라' 라는 투자격언이 이런 사실을 뒷받침해준다. 이는 소문이 처음 나는 순간 이미 그것이 반영된 주가는 서서히 올라가고 마지막으로 최종 확정되는 사실 보도에 주가는 최고치를 기록한다는 것이다. 이 말은 또한 뉴스나 재료(테마)에 주식을 사지 말라는 것을 의미한다.

내가 만난 일반 개인투자자들의 99%는 때에 따라 효율적 시장의 입장과 비효율적 시장의 입장에서 투자하기를 반복한다. 즉, 어떤 경우는 뉴스를 이용해 돈을 벌었다고 하고, 어떤 경우는 뉴스를 불신하고 그 당시의 논리를 끼워 맞춰서 새로운 기법을 제시하기도 한다. 그런데 이런 경우 이익을 보면 상관없는데 손실을 보게 되면 어디서부터 무엇이 잘못되었는지 찾을 수 없다는 문제가 생긴다. 내가 보기에는 이런 투자자의 경우 지금까지 운이 좋아 시장에서 버텨왔다는 생각밖에 들지 않는다. 투자는 자신이 갖고 있는 모든 논리적인 사고가 일관되게 유지되어야 손실과 복구 측면에서 가능성을 발견할 수 있다. 투자에 논리적 일관성이 없다면 복구를 논의할 무언가도 없다.

이쯤에서 효율적 시장이냐, 비효율적 시장이냐 하는 문제를 두고 어느 쪽이 좀 더 정답에 가까운지 궁금해하는 독자들이 있을 것이다. 주식시장이 참으로 재미있는 것은 정답이 없다는 것이다. 주식시장은 이 2가지 특성을 모두 담고 있으며 각각의 시장 접근 논리로 수익을 내는 사람들이 존재할 뿐이다. 중요한 것은 처음부터 투자자 스스로 시장의 성격을 규정하고 들어가야 일관된 투자전략을 수립할 수 있다는 것이다. 즉, 정보의 도달 속도와 정보의 수집 채널에 집중하여 주식의 가격을 비교할 것인가, 기술적 분석 등을 채택하여 미래의 가격을 예측할 것인가에 대해 분명하고 정확한 원칙을 수립하는 것이 중요하다.

참고로 기술적 분석은 효율적 시장을 부정하는 분석 방법이다. 특정 주가와 관련된 정보가 발생하면 정보의 양이 모두 즉각적으로 주가에 반영되는 것이 아니라, 극히 일부분만 주가에 반영된다고 보는 것이 기술적 분석이다. 이 정보는 느린 속도로 천천히 주가에 반영된다. 따라서 과거의 주가를 분석하여 정보를 얻고 이에 따라 주식의 매수시점과 매도시점을 파악할 수 있다는 것이다. 어느 쪽을 선택하든 그것은 독자의 몫이다. 여기서 어떤 전략이 더 우월하다고 단정할 수는 없다. 하지만 둘 중 하나를 분명히 해야 돈을 벌 수 있는 것은 변함없는 사실이다.

이렇게 둘 중 하나를 분명히 한다면 시간이 지남에 따라 자신의 투자전략을 깊이 있게 가다듬을 수 있다. 누구나 무언가를 얻고자 할 때 자신만의 방법을 쓴다. 그것이 대중을 따라가는 방법이든 아니든 간에 자신만의 방법을 선택하고 그 방법을 특화할 분명한 방법론이 존재해야 한다. 가령 회사에서 업무 보고서나 투자 보고서를 작성할 때에도 어떤 방법을 사용해 목표를 달성하겠다는 구체적인 방법을 제시하는 것이 중요하다. 물론 그것을 승인하는 사람에게도 막대한 책임이 존재한다. 주식투자는 투자자가 자기 자신에게 보고서를 작성하고 스스로를 납득시키며 책임을 떠맡는 1인형 투자기업이라고 생각해 볼 수 있다. 투자를 결심했다면 금액을 떠나 자신이 투자기업의 CEO이자 대리, 과장이 되는 것이다.

06

증권 방송은 정말
당신을 위한 방송일까?

최근 들어 많이 감소한 추세지만 한때 증권 방송이 참으로 큰 영향력을 발휘하던 시절이 있었다. 물론 지금도 위력이 없다고는 할 수 없지만, 과거의 파괴력에 비하면 지금은 아무것도 아니다. 사실 방송이라는 매체를 통해 사람들에게 확신을 주는 것만큼 좋은 수단도 없다. 생생하고 직접적이고 공신력 있는 느낌을 주기 때문이다. 그러다 보니 오히려 종목에 대해 검증하기보다 방송에서 종목 추천이 나오면 주문부터 넣는 것이 습관이 될 정도다. 어찌 보면 충분히 이해가 간다. 내가 전혀 모르는 낚시 채널을 틀어놓고 공략 포인트를 설명하는 전문가의 말을 듣다 보면 그것이 전문가의 노하우인지, 원래 그 상황에서는 그렇게 하는 것이 정석인지 판단할 수 없기 때문이다. 그런 측면에서 보면 초보자에게는 방송이 더 큰 영향을 줄 수밖에 없어 보인다.

증권 방송은 크게 2가지로 나눌 수 있다. 사실만을 전달하는 시황 방송과 전문가들로 구성된 종목 추천 및 종목 진단 방송이 그것이다. 결론부터 말하자면, 일반 주식투자자들이 궁금한 것은 사실만을 전달하는 시황방송이 아니다. 시황은 인터넷으로 더 빨리 알 수 있기 때문에 방송에선 그냥 참고용으로만 듣는다. 100명 중 90명은 전문가들이 나와 추천하는 종목에 관심이 있다. 낚시 방송을 예로 든다면 강물의 흐름이 이 지점에서는 어떻게 모이고 지나가는지는 그냥 참고로 듣고, 무슨 미끼를 써서 던져야 어떤 고기가 잡히는지가 가장 궁금한 사항이 되어버린다. 앞서 계속 강조했지만 종목 추천을 듣는 것은 참고 정도로 삼아야 하는데, 이것을 방송을 듣는 주목적으로 삼는다면 결국 자신의 모든 투자전략이 바뀌게 된다. 그런 방송을 듣는 자체가 정신적으로 큰 영향을 줌에도 불구하고 정작 당사자는 심각하게 인식하지 못한다. 참고용으로 듣고자 했던 것들이 자신의 투자전략을 크게 흔드는 심각한 결과를 초래하는 셈이다. 특히 자신이 관심을 갖고 지켜보던 종목과 투자한 종목의 수익률이 저조할 때면 자신이 시장을 바라보고 있는 관점이 틀린가에 대한 회의감이 들면서 점점 처음 작성했던 투자 계획안과 멀어지고 결국 수정 계획을 내놓게 된다.

그렇다면 사실만을 전달하는 시황방송은 누가 할까? 시황방송은 주로 증권사 직원이나 방송사 앵커가 담당한다. 사실만을 전달하므로 시황방송에는 어떤 개인적인 이익이나 방송사의 이익이 담길 수 없다. 그런 면에서 투자자들이 객관적인 사실을 받아들이고 참고하는 데 전혀 문제가 없다.

이번에는 전문가들로 구성된 종목 추천 및 종목 진단에 대한 방송에 대해 생각해 보도록 하자. 먼저 이 전문가들은 어떻게 방송에 출연하게 되었을까? 이 전문가들은 방송을 통해 무엇을 얻고자 할까? 책을 내려놓고 잠시 생각해 보길 바란다. 주식 전문가 역시 사람이고 자신의 판단으로 종목에 접근한다. 이미 언급한 것처럼 '주식과 환율은 신도 모르는 영역'이므로 이들 전문가 역시 자신의 생각을 이야기할 뿐 그들의 말이 항상 옳다고 할 수는 없다. 그런데 그들은 어떻게 자신 있게 방송에서 특정 종목을 추천할 수 있을까? 그것은 면책조건이 있기 때문이다. 만일 종목 추천이 틀릴 경우 '배상' 혹은 '손실에 대한 책임'을 져야 한다면 어떤 전문가도 방송을 하지 않을 것이다. 앞서 말한 면책조건의 근거는 특정인을 대상으로 종목을 추천하지 않는다는 점이다. 쉽게 말하면 '당신만을 위해 이 종목을 당신에게 사라고 했던 말은 아닙니다'라고 하면 할 말이 없는 것이다.

그렇다면 이런 전문가들은 왜 방송에 나와 추천을 하면서 사람들의 이목을 끌려고 할까? 여기에는 커다란 이유가 존재한다. 먼저 방송은 자신을 알리기에 좋은 수단이 된다. 적어도 이미지 관리 측면에서는 많은 부정적인 면들을 가려준다. 그러면서 자연스럽게 자신의 인지도를 높이는 데 좋은 도구가 된다. 실제로 전문가들의 방송 출연료는 1달간 방송을 한다고 해도 직장인 월급에 턱없이 부족한 수준이다. 그런데도 그들이 자신의 인지도를 높이려고 애를 쓰는 이유는 무엇일까? 우선 방송 조건(출연료)과 인지도는 전혀 별개의 문제이다. 그럼에도 주식 전문가들이 방송에 의지하는 이유는 방송을 통해 자신의 인지도를 높임으로써 자신의 고객군이 될 만한 투자자를 유치하는 데 큰 도움이 된다고 믿기 때문이다.

주식 전문가들이 돈을 버는 형태는 크게 2가지로 정리할 수 있다. 첫 번째는 정말 실력이 뛰어나 매매를 통해 돈을 버는 경우다. 이 경우에 해당하는 전문가들은 거의 방송에 출연하지 않는다. 굳이 적은 출연료를 받으면서 방송에 나갈 이유가 전혀 없기 때문이다. 그들은 한 끼 밥값 정도에 지나지 않는 출연료를 위해 소중한 시간을 허비하고 싶어하지 않는다. 결국 방송에 출연하는 전문가들은 대개 실제 매매를 통해 돈을 버는 뛰어난 실력자들을 제외한 사람들이다.

그럼 이제 방송에 출연하는 이들을 포함한 나머지 전문가들은 어떻게 돈을 벌까? 진정으로 실력이 뛰어난 소수를 제외한 대다수의 전문가들은 자신의 말을 따라 투자할 사람이 100명만 있어도 스스로 독립적인 투자 카페나 사이트를 만든다. 이런 투자 카페나 사이트를 만들고, 월 정액제의 회원비를 받는다. 물론 돈을 그만큼 벌어주는데 회원비쯤이야 얼마든지 낼 수 있다고 생각하는 사람들도 있을 것이다. 어쨌든 이렇게 걷은 회비가 1개월에 1인당 최소 50만 원이라고 하면 100명이면 5,000만 원이 된다. 여기에 유지비와 사이트 운영에 필요한 경비가 절반이 나간다고 하더라도 1달에 2,000만 원은 고스란히 전문가에게 돌아갈 수밖에 없는 구조다. 당신에게 매월 2,000만 원씩 수익이 들어온다면 굳이 위험한 주식투자를 하겠는가? 아니면 투자를 하려는 사람들을 관리하는 게 낫겠는가? 한번 선택해 보도록 하자. 만일 필자라면 당연히 위험한 매매를 하지 않고 방송과 추종하는 사람들을 관리하는 데 집중할 것이다. 그럼 여기서 진정성에 대한 의문이 든다. 과연 이 전문가들이 정말 자신의 고객 돈을 벌어주기 위해 얼마나 노력하고 있는지 말이다. 그 노력이라는 것이 무엇인지 한 번 생각해 보자.

앞서 주식시장에서 살아남기 위해서는 시기를 잘 정하고, 자신만의 업종을 선택하고, 스스로 자신 있는 종목군들을 정해 관찰해도 한 사람이 하기 벅찰 정도의 엄청난 노력이 필요하다고 언급했다. 여기에 더 나아가 방금 언급한 회원들 100명이 선호하는 종목들을 보면 역시 천차만별일 것이다. 어떻게 이것을 다 분석해 가치 있는 정보를 제공할 수 있을까? 그것은 절대로 불가능한 일이다. 주가는 매일 변하고 새로운 변수가 매 시각 발생하는데 한 사람이 여러 업종의 변수를 다 살피면서 그 많은 회원들을 관리한다는 것은 불가능한 일이다. 필자는 최대한 부정적인 표현을 많이 사용하여 이 책을 읽는 독자의 머릿속에 '불가능하다' 라는 단어를 심어주고 싶은 심정이다.

그렇다면 이러한 모순에도 불구하고 소위 주식 전문가라는 사람들은 어떻게 그렇게 꿋꿋이 버틸 수 있을까? 또한 주식 정보를 제공하는 일이 사라지지 않는 이유는 무엇일까? 그것은 주식 전문가라는 이들이 주식시장의 특성을 잘 이용하기 때문이다. 초보 투자자는 전문가를 믿고 회비를 내가면서까지 특별한(?) 종목을 추천받는다. 그러다 투자에 실패하면 전문가를 믿고 투자했던 투자자는 곧 그 전문가를 떠나게 된다. 하지만 주식시장에 나가는 사람이 있으면 들어오는 사람도 있는 법. 나가는 사람보다 들어오는 사람이 많으면 장사가 잘 되는 셈이다. 그래서 일부 전문가들은 방송에 열을 올리고 있는 것이다.

이렇게 신규로 유입되는 사람들은 대다수가 투자 경력이 적은 초보들이다. 쉽게 돈을 벌고자 주식시장을 찾은 사람들에게 전문가는 구세주처럼 보인다. 그래서 심지어는 이들에게 돈을 맡기고 투자자산을 운영해 달라는 사람도 있다. 쉽게 돈을 벌 수 있다고 하면 누가 마다하랴. 하지만 그런 방법이 있다면 '어느 누가 돈을 벌지 못했겠는가?'에 대해 한번 생각해 볼 필요가 있을 것이다.

주식투자를 돈을 쉽게 벌 수 있는 수단으로 생각하는 사람들이 적지 않다. 노동의 강도가 다른 여타 장사보다 적게 들어가므로 흔히 그렇게 착각하기 쉽다. 하지만 정신적인 노동과 스트레스의 강도는 그어떤 장사보다 심한 것이 바로 주식투자다. 매 초마다 변화하는 시장 상황에 숨죽이고 스트레스를 받는 일이 어찌 말처럼 쉽겠는가. 결국 매 순간 초심을 잃지 않는 투자가 진정한 수익을 가져다주는 투자라 할 수 있을 것이다.

CHAPTER
2
—
증권사를 알면
돈이 보인다

07

증권사 조직을 바로 알아야
리포트가 보인다

주식투자를 하려면 반드시 증권사를 이용해야 한다. 그런데 많은 사람들이 증권사에 대해 잘 모르는 탓에 오히려 증권사에 대해 왜곡된 시선과 부정적인 인식을 갖게 되는 경우가 많다. 집을 거래하기 위해 부동산 중개 사무실을 찾는 것처럼 증권사는 사람들이 주식거래를 할 수 있도록 중개 업무를 기본으로 하는 곳이다. 즉, 주식을 사고 싶은 사람과 팔고 싶은 사람의 주문을 접수받아 거래소에 주문을 넣어주는 역할을 기본으로 한다. 이처럼 개인 간의 업무를 돕는 역할을 담당하는 부서를 증권사에서는 리테일(Retail) 조직이라고 부른다. 물론 증권사 지점도 리테일 조직 안에 포함된다. 이와 반대로 법인 간의 거래를 위해 만들어진 조직을 홀세일(Whole-sale) 조직이라 한다. 홀세일 조직은 그 목적상 개인과는 속성이 맞지 않는다.

우리가 주식투자를 할 때 접하는 모든 조직은 리테일 조직이라고 보면 된다. 이 조직에서 개인투자자들과 가장 대면 접촉이 많은 곳이 바로 증권사 지점이다. 증권사 지점은 개인투자자들의 정보 요청에 대해 즉각적인 해답을 줄 수 있으므로 활용하기에 따라 요긴한 곳이 될 수도, 무용지물이 될 수도 있다. 증권사 지점에서는 계좌 개설뿐만 아니라 상담도 해준다. 증권사 지점에서 계좌를 개설하면 관리인의 필요 여부를 묻는데, 이것은 당신이 앞으로 주식투자를 할 때 각종 문의사항이나 주문들에 대해 처리해 줄 수 있는 사람을 지정하라는 의미다. 관리자가 없으면 증권사 쪽에서 관리자를 소개해 주기도 한다. 증권사 지점은 고객의 자산을 집중적으로 관리해 주는 곳인 만큼 관리자에게 요청하면 개인이 구하기 어려운 정보들을 보다 쉽게 얻을 수 있다.

그런데 증권사에서 추천하는 종목을 샀다가 손해를 봤다는 이야기를 한 번쯤 들어보았을 것이다. 왜 이런 문제가 발생할까? 그것은 증권사 지점에서 고객을 관리하는 직원에 의해 발생하는 지극히 개인적인 문제이다. 일부 직원들이 무리를 해서 종목을 추천하는 원인은 결국 투자자 자신에게서 비롯된다. 주식투자는 본질적으로 스스로 공부하고 분석해야 하는데, 누군가에게 종목 추천을 강요하거나 반대로 설득당하는 것 자체가 문제인 것이다. 다행히 최근에는 지점에 근무하는 직원들이 섣불리 종목 추천을 하는 경우는 많이 줄어든 반면, 보유종목에 대한 현황 정보를 제공하는 데 주력하는 추세이므로 이런 점에서 적극 활용할 만하다.

갑자기 증권사 조직에 대해 논하는 이유는 일반 투자자들의 오해가 바로 여기서 출발하기 때문이다. 주식투자를 하다 보면 흔히 증권사 리포트를 접하게 된다. 그런데 이 증권사 리포트가 순진한 개인투자자들을 꾄다고 생각하는 사람들이 많다. 이런 사람들은 대부분 증권사 측에서 미리 사놓은 종목을 개인투자자에게 팔아먹으려고 리포트를 쓴다고 생각한다. 여기서부터 증권사를 바라보는 시선이 왜곡되고 감정이 나빠지기 시작한다. 결론부터 말하자면 그것은 개인들의 착각에서 오는 것이라 할 수 있다. 증권사 리포트를 어느 조직에서 쓰는지 알면 그러한 오해를 풀 수 있다.

증권사에서 쓰는 리포트는 홀세일 조직에서 나온다. 즉, 리포트를 발행하는 주요 목적이 법인 간의 거래를 위한 근거 자료로 삼거나 기업에서 투자를 하기 위한 것이다. 즉, 법인 간의 거래를 위해 만든 리포트가 개인에게 접수되는 과정에서 불필요한 오해가 발생한다고 할 수 있다. 법인 간의 거래를 위해 만든 리포트를 개인에게 공개하는 이유는 버리기 아까운 자료이므로 투자의 참고용 자료로 활용하라는 뜻이다. 주로 법인 간의 거래와 펀드매니저의 판단을 위한 자료이기 때문에 개인들이 쉽게 알아들을 수 있는 용어가 그리 많지 않은 것도 오해를 부르는 원인이다. 이런 메커니즘을 모르고 단순히 개인적인 체감으로 증권사 전체에 대해 부정적인 인식을 갖는 것은 투자에 그다지 도움이 되지 못한다. 증권사에 대해 바로 알아야 하는 이유는 이러한 편견에서 오는 실수가 의외로 크다는 것과, 증권사에서 제공하는 정보를 제대로 이용하기 위해서이다.

정보의 도달 속도를 중시하는 투자자라면 증권사의 투자정보 리포트가 발생하고 나서 개인투자자에게 도달하는 속도가 궁금할 것이다. 하지만 속도를 떠나 리포트가 도달하는 과정을 살펴보는 것이 더 유용할 듯싶다. 앞서 언급한 것과 같이 증권사 리포트는 법인 간 거래를 필요로 하는 곳에 먼저 제공된다. 그리고 나서 해당 증권사 내에 배포되고, 그 뒤에 개인들에게 공개되는 과정을 거친다. 즉, 오늘 아침에 나온 리포트라고 할지라도 사전에 펀드매니저 및 기타 법인들에게는 필요한 정보가 구두로라도 전달되는 과정을 거친 리포트가 올라오게 되는 것이다. 사실 펀드매니저나 기타 법인 거래 담당자의 경우 어떤 기업의 데이터가 필요하니 조사해 줄 수 있느냐고 먼저 주문하기도 한다. 이런 주문을 포함하여 전체적인 리포트의 작성이 완료되는 과정을 거치는 와중에 정작 필요한 정보는 사전에 전달되는 셈이다. 하지만 이것이 투자에 결정적인 영향을 주는 것은 아니다. 또한 개인들에게 팔아먹으려고 미리 해당 종목을 사는 경우도 없다고 보면 된다. 그들은 시장에서 어떤 포트폴리오를 어떤 비중으로 구성해야 하는지에 대해 참고할 뿐이다. 게다가 법인의 거래는 규모가 크기 때문에 한 번에 자금을 집행할 수 없다. 이것은 조금이라도 법인의 자금 집행을 경험해 본 사람이라면 충분히 공감할 것이다. 증권사 역시 이러한 부분에 있어서는 동일하다.

그러면 이 리포트를 어떻게 주식투자에 활용할까? 증권사에서 나오는 리포트에는 크게 '매수/중립/매도'로 나눠 의견을 정리한 매매의견이 반드시 따라오게 된다. 이때 매도 리포트는 거의 나오지 않는다고 보면 된다. 먼저 '보유 또는 홀딩'이라는 표현을 즐겨 사용하는 중립 의견 리포트를 볼 때는 긍정적인 의미보다 부정적인 시각으로 쓴 구절을 위주로 읽는 것이 바람직하다. 또 중립 의견을 받은 종목에 대해서는 매도 쪽에 더 가깝게 해석하는 것이 좋다. 문제는 증권사 리포트의 대부분을 차지하는 '매수' 의견 리포트이다. 증권사의 속성상 워낙 매수 의견 리포트가 많아 변별성이 떨어지는 데다, 리포트에는 매수 의견을 내놓고 실제로는 매도를 취하는 증권사가 적지 않다는 것이 개인투자자들의 불만이다.

이제부터 매수 의견 리포트를 접하게 되면 다음과 같이 하기 바란다. 먼저 해당 리포트의 보고일과 보고일로부터 직전 최저점의 주가, 그리고 현재가의 위치를 파악하는 습관을 들이자. 펀드매니저들도 근거 자료를 보고 투자를 집행하지만 경우에 따라 손절을 할 때가 있다. 펀드매니저들도 신이 아니기 때문에 투자 실패를 경험하면 바로 청산에 들어가고 복구를 위해 노력한다. 물론 개인들처럼 어느 한 순간에 포지션을 교체하기란 어렵지만 말이다. 이렇게 직전 저점과 리포트가 나온 날짜를 확인하고 현 주가 수준을 확인하는 이유는 2가지 때문이다. 첫째, 리포트에 적혀 있는 목표가와 주가가 반대로 가고 있는지를 확인하기 위해서이다. 목표가와 주가가 반대로 가고 있으면 해당 리포트를 통해 매수했던 펀드매니저들의 매도가 나올 가능성이 크다. 둘째, 목표가가 낮게 변경될 가능성이 높기 때문이다. 리포트에 담긴 내용도 결국 사람의 판단이 들어가게 된다. 따라서 목표가는 전체적인 시장 상황의 변화에 따라 언제든 변경될 수 있으므로 절대적인 맹신은 금물이다. 필자가 강연회를 돌다 보면 리포트의 목표가 대비 차이가 가장 큰 주식을 사서 큰 수익을 내고자 욕심을 내는 투자자들을 종종 보게 된다. 리포트에서 말하는 목표주가와 현재 주가의 수준이 크면 수익도 크게 날 것으로 판단하는 사람들이 의외로 많다.

이런 사람들은 리포트가 갖고 있는 기본적인 속성을 무시하고 '목표가'라는 문구에 사로잡혀 소중한 자산을 위험으로 몰아넣는 오류를 범하기 쉽다. 목표가는 단지 희망사항일 뿐이다. 도달하면 좋지만 실제로는 상황에 따라 언제든 변경될 수 있는 것이 목표가이다.

한 가지 덧붙이자면 증권사에서 발행하는 리포트에는 투자에 꼭 필요한 정보 하나가 빠져 있는데 그것이 무엇인지 직접 찾아보자. 리포트를 아무리 읽어도 그것이 무엇인지 찾기 어려운가? 그것은 목표가를 제시하되 언제까지의 목표가인지가 누락되어 있다는 점이다. 정확한 기한이 명시되지 않은 리포트가 과연 어느 정도 투자에 도움이 될 수 있을지 한번 곰곰이 생각해 보길 바란다.

08

신규 고객의
엄청난 혜택을 이용하라

증권사 광고를 보면 가장 많이 접하는 것이 '신규 고객'이라는 문구이다. '우리 증권사를 이용하시는 고객에게는 엄청난 혜택을 드립니다'라는 광고 카피 뒤에 작은 글씨로 '주민등록번호 상 신규 고객에 한함'이라고 쓰여 있는 것을 볼 수 있다. 증권사에서 신규 고객은 곧 증권사가 버틸 수 있는 힘이다. 물론 기존 고객도 큰 힘이 되는 것은 두말할 나위가 없지만, 증권사의 성장동력은 결국 새로운 고객이고 그들이 바로 주민등록번호 상 신규 고객이다. 그래서 증권사들은 저마다 신규 고객을 유치하기 위해 다양한 혜택들을 내놓는다. 그중에 일반적으로 사용하는 프로모션이 신규 고객에게 주어지는 수수료 무료 이벤트이다. 지금은 거의 모든 증권사가 신규 고객들에게 짧게는 3개월에서 길게는 1년간 수수료 무료 혜택을 제공한다. 여기서 말하는 수수료란 유관기관 수수료(증권사가 거래소에 지급하는 수수료)를 제외하고 순수하게 고객이 증권사에 지급하는 수수료를 말한다.

지금은 이렇게 신규 고객에 한해 수수료 무료 혜택을 제공하는 증권사가 대부분이어서 특별히 어느 증권사를 선택하라는 말을 하지 못하겠다. 어딜 가든 다 똑같이 수수료 무료 혜택을 적용받을 수 있으니 말이다. 아마도 이쯤에서 눈치가 빠른 독자들은 공짜로 주식거래를 할 수 있는 방법을 찾았을 것이다. 다른 거래와 달리 주식투자의 경우 거래하는 증권사를 바꾸는 일은 너무나 간단하다. 새로운 계좌를 개설하고 이용하던 증권사에서 다른 증권사로 돈이나 보유주식을 보내면 된다.

자, 이제 본론으로 들어가 보자. 증권사에서 제공하는 수수료 면제가 최저 3개월인 경우 3개월을 이용하고 다른 증권사에서 또 3개월을 쓰는 방식으로 이동하게 되면 얼마나 오랫동안 수수료 면제 혜택을 받을 수 있을까? 실제로 증권사마다 주식을 거래하는 HTS(Home Trading System)는 다소 기능상의 차이가 있지만, 주식거래를 하는 데 크게 불편한 점은 없다. 기술이 발전한 데다 증권사들도 고객의 눈높이에 맞춰 HTS를 발전시켜 왔기 때문이다. 우리나라에 HTS를 갖고 있는 증권사는 최소 15곳이 넘는다. 3개월씩 증권사를 옮겨 다녀도 45개월이 소요된다. 즉, 3년 동안은 증권사에 수수료 한 푼 내지 않고 거래를 할 수 있는 셈이다. 일일이 증권사를 찾아다니는 것이 귀찮을 법 하지만 현재는 거의 모든 은행에서 증권사의 계좌를 개설할 수 있다. 해당 증권사가 은행과 제휴를 했다면 가능한데, 현재는 거의 대다수의 증권사들이 은행과 제휴를 해서 전국 어느 은행에서나 증권계좌 개설이 가능하다. 주변에 은행만 있으면 여러 증권사를 바꿔가면서 거래할 수 있다는 얘기다. 현재 1억 원을 HTS로 거래하면 수수료로 약 1만 5,000원이 나간다. 이렇게 새는 돈을 막으면 연간으로 계산할 경우 상당한 돈을 아낄 수 있다는 점을 기억하자. 생각을 더 발전시켜 가족 명의를 활용할 경우에는 거의 평생에 가까운 수수료 무료 혜택을 누릴 수 있을 것이다. 주식투자는 자기와의 싸움이다. 조금만 부지런하면 지급하지 않아도 될 돈을 아낄 수 있다.

09

주식거래를 한 번도 해보지 않은 당신을 위한 서비스

증권사에서 무료로 제공하는 서비스 중에는 제법 유용한 것들이 많다. 증권사들은 홈페이지를 통해 주식을 처음 거래하는 사람에게 꼭 필요한 서비스를 제공한다. 대표적인 것이 바로 초보 투자자들에게 실전과 동일한 환경에서 가상으로 매매를 할 수 있도록 해주는 '모의투자' 시스템이다. 모의투자 시스템은 대다수의 증권사들이 무료로 제공하며, 실제 거래하는 HTS와 동일한 기능을 사용해 볼 수 있어 초보 투자자들에게 유용하다.

1장(Chapter 1)에서 주식투자에 들어가기 앞서 여러 가지 준비해야 할 것들을 다루었다면, 이제부터는 실전 기술을 익혀야 한다. 주식투자를 한 번도 해보지 않은 초보자가 바로 실전에 뛰어드는 것은 대단히 위험하다. 이럴 때 증권사에서 제공하는 모의투자 시스템을 활용하면 수많은 시행착오를 어느 정도 줄일 수 있다. 가상으로 주식매매를 한다는 것은 자신이 수립한 투자전략의 유효성을 검증하는 데 있어 필수적인 요소이다. 실제로 전문가들도 자신의 투자전략 수립 이후 모의투자로 그 실효성 여부를 검증하는 경우가 많은 점을 감안하면 초보 투자자들에게는 반드시 거쳐야 하는 필수과정인 셈이다. 모의투자는 자신이 가장 쓰기 편한 HTS를 찾는 데에도 큰 도움을 준다. 가급적 여러 증권사의 모의투자 시스템을 사용해 보고 자신에게 맞는 HTS를 선택하자. 실제로 주식거래를 오랫동안 했던 사람들도 HTS를 변경하면 메뉴 구성이 낯설고, 자신이 보고 싶어하는 정보를 찾는 데 오랜 시간이 걸리기 때문에 HTS를 잘 변경하지 않으려 한다. 그런 면에서 모의투자 시스템은 사전에 증권사를 선택하려는 고객을 배려한 서비스라고 생각하면 된다. 모의투자를 위해 별도의 계좌 개설이 필요한 것은 아니므로 언제든 쉽게 이용할 수 있는 것도 장점이다. 모의투자가 가능한 증권사들을 열거하면 다음과 같다.

이트레이드증권	삼성증권
키움증권	우리투자증권
대신증권	현대증권
미래에셋증권	신한증권
동양증권	대우증권

모의투자 시스템은 HTS 체험을 위한 고객의 방문을 유도하는 매개체로서 증권사들에게도 중요한 요소이다. 만일 당신이 초보 투자자이거나 기존의 HTS를 바꾸고 싶다면 여러 증권사의 HTS 기능들

을 접해보고 각각의 투자정보의 배열과 정보의 다양성을 비교하여 스스로 표로 정리해 놓길 바란다. 이렇게 직접 사용해 보고 비교해 보라는 데에는 이유가 있다. 실제로 필자는 증권사에 근무하면서 수많은 고수들이 자신들의 전략이 변경되었을 때 모의투자 시스템을 통해 검증하고 난 이후에 실전 매매에 임하는 것을 분명히 목격했다. 평균수익률이 좋은 사람일수록, 투자기간이 오래된 사람일수록 모의투자를 이용하는 성향이 강하다는 것을 눈으로 확인한 것이다.

모의투자를 활용하는 것에 대해 일부 투자자들은 시간 낭비라는 생각을 할지도 모른다. 물론 자신이 수립한 전략으로 하루라도 빨리 돈을 벌게 된다면 모의투자는 분명 시간 낭비일 것이다. 하지만 그 반대의 경우라면 엄청난 손실을 막아주는 최고의 보험이라 할 수 있을 것이다. 자동차를 운전할 때는 누구나 안전운행을 다짐한다. 그럼에도 불구하고 운전자 보험을 드는 이유는 뜻하지 않은 사고를 내거나 당할 수 있기 때문이다. 그것은 나의 운전 경력이나 솜씨와는 무관한 일이다. 그런 의미에서 필자는 어떤 전략과 방법을 수립할 때 반드시 모의투자를 사전에 이용해 보고 검증한 뒤에 투자해야 한다고 생각하는 편이다. 조금 더 강력하게 말하자면 주식을 처음 거래하는 사람에게는 모의투자를 보험처럼 생각하고, 투자 이전에 모의투자 이용 경력을 통과한 사람에게만 주식투자를 허용하는 법적 조치가 있었으면 좋겠다는 생각을 해본다. 그만큼 모의투자는 전략 수립과 변경, 그리고 첫 매매에 도움이 되는 보험과도 같은 존재이다. 시간 낭비라는 생각보다 '미래에 발생할 수 있는 손실'에 대한 예방책으로 접근하기를 희망한다.

당신의 주식은 안녕하십니까?

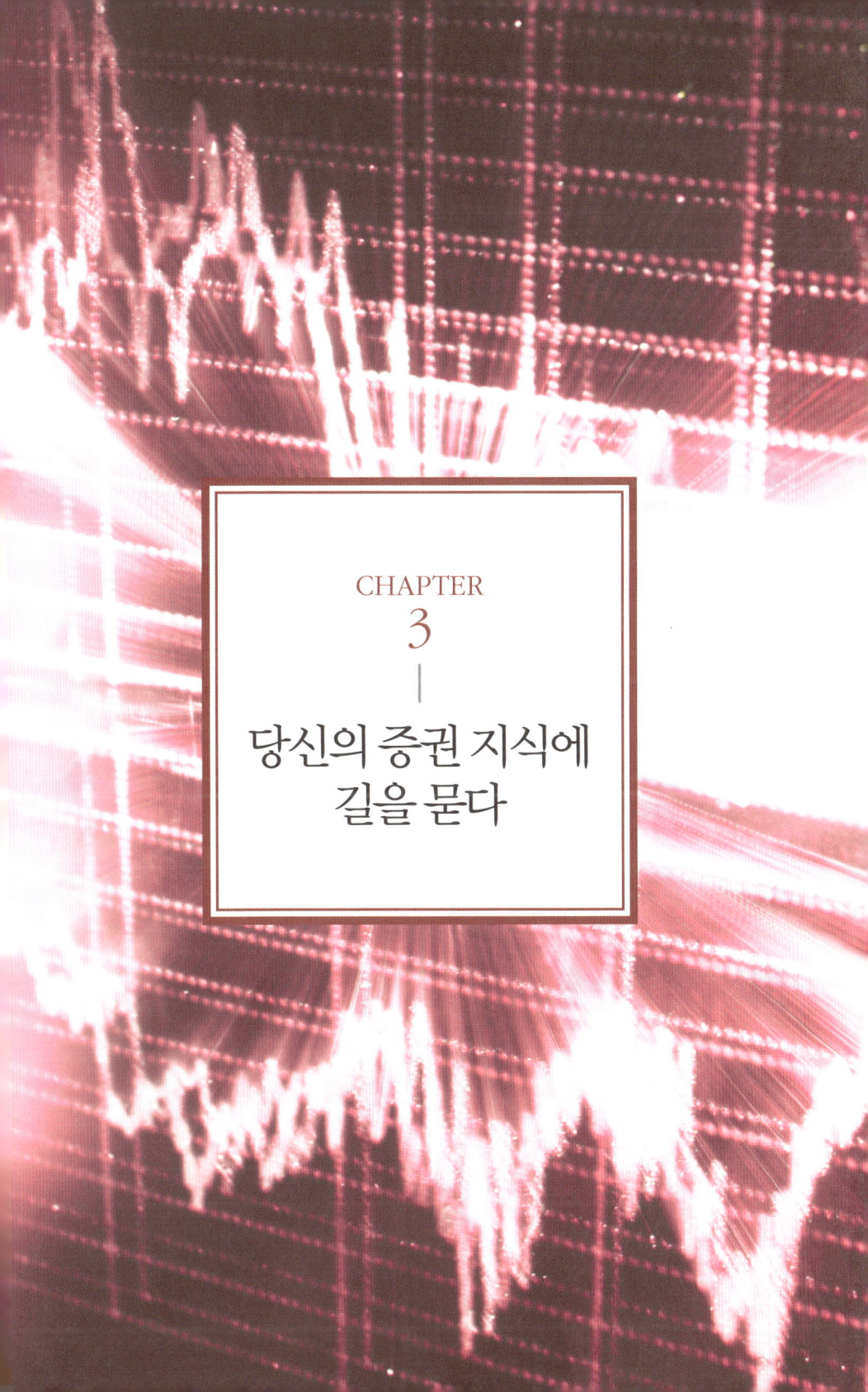

CHAPTER
3

당신의 증권 지식에
길을 묻다

10

개인투자자의 정보 콤플렉스는
어디서 오는가?

주식투자는 물론, 모든 경제활동에서 원인을 안다는 것은 매우 중요하다. 사실 모든 문제는 원인에서 나온다. 원인(原因)은 한자 그대로 '본래 지니고 있는 요소'이다. 〈식객〉이라는 영화를 본 적이 있는 독자라면 아마도 원인의 중요성에 대해 쉽게 공감할 것이다. 일반인은 구별할 수 없지만 미식가들의 평가를 결정짓는 중대한 맛의 차이를 엿볼 수 있기 때문이다. 그것은 화려한 기교보다는 재료의 상태와 조리 방법 등 맛을 내는 원인에 대한 세세한 분석에서 비롯된다. 우리가 평상시에 먹는 요리도 이렇게 정교함을 요하는데 소중한 자산을 투자하는 일에 얼마나 정성을 들여야 할지는 두말할 나위도 없다.

요리를 시작할 때 가장 중요한 요소는 식자재를 선별하는 것이다. 상한 재료로 훌륭한 요리가 나올 수는 없다. 물론 일부러 재료를 삭혀 만드는 요리가 있긴 하지만 대부분의 경우 재료의 신선도가 맛에도 큰 영향을 미친다. 마찬가지로 주식투자에서도 우리가 활용하는 정보가 썩은 재료인지, 싱싱한 재료인지 선별할 줄 알아야 한다. 초보 투자자들은 이런 정보를 구별하는 식견이 부족하다. 필자 역시 농수산물 시장에 가서 재료를 구하라고 하면 초보 수준을 벗어나지 못할 것이다. 지갑 상황이 넉넉하면 비싼 재료를 살 테지만, 그것이 얼마나 좋은지 나쁜지는 판매자의 말에 의지할 수밖에 없는 것이 현실이다. 하지만 어떤 쌀이 좋은 쌀인지 구별하는 방법을 스스로 알면 적정한 가격에 원하는 품질의 상품을 구할 수 있을 것이다.

스스로 방법을 찾는다는 것은 오감을 모두 깨워야 가능한 부분이다. 단순하게 정보를 얻는 차원에서 접근하면 머릿속은 채울 수 있지만 현실에서는 아무런 쓸모없는 지식이 되어 버리기 십상이다. TV에서 "우리나라 고유의 쌀은 이렇게 생겼습니다"라고 한들 막상 시장에 가서 실제 쌀의 모양새와 색깔을 비교해 정확히 구별하기는 어렵다. 이것이 이론과 실제의 차이다. 아무리 책으로 읽고 머릿속으로 이해한들 막상 실전에 돌입하면 현실에서는 모든 것을 잊고 목표만 좇기 쉽다. 주식투자를 조금이라도 해본 사람이라면 마음속으로 충분히 공감할 것이다. 그러면 어떻게 해야 이론과 실제의 차이를 줄일 수 있을까? 일종의 '충격요법'을 동원할 필요가 있다. 내부 충격이든 외부 충격이든 충격은 사람의 머릿속에 각인효과를 가져다준다. 투자의 세계에서도 발전을 위해서는 충격요법이 필요하다. 충격은 평소 생각하지 않았던 부분에서 발생한다. 생활의 일부로서 으레 당연하다고 여긴 것들의 본질이 잘못되었다고 인지하는 순간 발생한다.

주식투자는 원인을 얼마나 잘 찾는가에 성패가 달려 있다고 해도 과언이 아니다. 여기에는 내부 원인도 있겠지만 외부 원인도 크게 작용한다. 주식투자를 하면서 아무 의심 없이 당연하게 받아들여지는 것이 무엇인지 생각해 보자.

주식투자를 하는 사람들은 기본적으로 정보의 입수 속도와 경로, 내용의 정확성에 의해 수익률에 차이를 보인다. 이것은 누구도 부정할 수 없는 사실 중 하나이다. 예를 들어 증권가 메신저에 친구 등록이 되어 있는 사람과 그렇지 않은 사람의 시장 대응 속도는 천지차이다. 단적인 예를 들어보자. 현재 우리나라는 남과 북이 분단된 상황이다. 북한에서의 미사일 실험 소식을 비롯한 외부 위험 소식이 가장 빨리 접수되는 곳은 여의도 증권가이다. 증권맨들은 서로 메신저로 정보를 주고받으며 즉각적인 소문이나 정보에 민감하게 반응한다. 북한의 미사일 소식과 같은 대북 리스크(Risk)가 발생하면 증권가를 중심으로 대규모 매도 물량이 쏟아져 나온다. 이런 상황이 벌어지면 일반인들은 원인 모를 급작스런 하락이라고 여겨 주식을 싸게 산다고 접근한다. 하지만 1~2시간 뒤면 무슨 원인으로 시장이 하락하고 있는지 모두 알게 되고 방금 샀던 주식을 다시 되팔아 버린다. 그러면서 시장은 더욱 급속도로 곤두박질치게 된다.

정보 입수 속도의 차이가 전체 시장을 뒤덮을 때 일반 개인투자자들은 그 속도를 결코 따라 잡을 수 없다. 이것은 정보를 만드는 사람과 정보의 1차 전달자 간의 거리가 너무나 멀리 떨어져 있기 때문이다. 여기서 말하는 거리는 물리적인 거리가 아니라 사람과 사람 간의 관계적 거리를 의미한다. 그런 의미에서 개인투자자들은 정보의 입수 속도와 경로 모두 상당히 불리한 위치에서 투자를 시작할 수밖에 없다. 그렇다면 개인투자자들이 주식시장에서 살아남을 수 있는 유일한 무기는 정보의 정확성으로 승부를 거는 길뿐이다.

앞서 정보의 입수 속도와 경로의 차이가 손해를 입히는 원인이라고 분석했다. 그렇다면 손해를 피할 수 있는 방법은 없을까? 잠시 이에 대해 좀 더 심도 있는 논의를 해보기로 하자. 이 논의를 조금 고상한 용어로 표현하자면 '정보의 비대칭성(Asymmetric Information)'이라고 할 수 있다. 정보의 비대칭성이란 경제적 이해관계를 가진 당사자간에 정보가 한쪽에만 존재하고, 다른 한쪽에는 존재하지 않는 상황을 뜻한다. 가령 보험회사와 보험가입자, 주주와 경영자, 고용주와 피고용인 등 여러 유형의 관계에서 정보의 비대칭성을 발견할 수 있다. 《회사가 당신에게 가르쳐주지 않는 50가지》란 책은 인간적이고 조직적인 역학구도에 초점이 맞춰진 책이지만, 한편으론 정보의 비대칭성에서 출발한다. 확실한 것은 정보는 모두가 공평하게 소유하는 것이 아니라는 점이다.

정보를 모두 공평하게 소유한다면 항상 효율적인 시장이 열리겠지만, 현실은 그렇지 못할 때가 많다. 이러한 정보의 비대칭성은 다음의 2가지 중 하나의 형태로 나타날 수 있다. 첫째, 감추어진 특성(Hidden Characteristic)의 형태로 비대칭 정보의 상황이 나타날 수 있다. 예를 들어 주식을 사려고 하는 사람은 시장에 나와 있는 주식에 문제가 있는지 없는지 잘 알지 못한다. 즉, 그에게는 사려고 하는 주식의 실제 가치가 '감추어진 특성'이 된다. 또 어떤 사람이 보험에 가입하려고 할 때 보험회사 입장에서 보면 가입 희망자가 사고를 일으킬 위험성이 높은 사람인지 아닌지가 감추어진 특성이 된다.

둘째, 감추어진 행동(Hidden Action)의 형태로 비대칭 정보의 상황이 나타나기도 한다. 예를 들어 고용주는 어떤 근로자가 최선을 다해 열심히 일하는지 여부를 정확히 알기 힘들다. 근로자의 모든 행동을 일일이 관찰할 수 없을뿐더러, 그의 속마음을 읽는 것은 더욱 어려운 일이기 때문이다. 그러므로 근로자가 쏟는 노력의 정도가 고용주에게는 '감추어진 행동'이 된다. 보험 가입자가 사고 예방을 위해 최선의 노력을 다하고 있는지 여부도 감추어진 행동의 다른 예가 될 수 있다. 즉, 정보의 비대칭성은 감추어진 특성과 감추어진 행동으로 인해 발생하게 된다. 이것은 가족 간은 물론, 나아가 사회생활을 하는 모든 사람 간에 존재할 수 있는 부분이다. 하물며 경제적인 이익이 오가는 주식시장에서 이러한 현상은 더 치열하면 치열하지 결코 덜하지 않다.

다시 본론으로 돌아가도록 하자. 앞서 '주식투자를 하는 사람들은 기본적으로 정보의 입수 속도와 경로, 그 내용의 정확성에 의해 수익률에 차이를 보인다'라고 했다. 따라서 개인투자자들이 주목해야 할 것은 그 내용의 정확성이라고 말한 바 있다. 물론 개인적인 능력 차이로 정보의 입수 속도와 경로를 단축할 수 있으면 금상첨화인 건 두말할 나위도 없다. 이번에는 실제로 일어난 사실에 근거하여 주식시장이 어떻게 반응하는지 한번 살펴보자.

먼저 〈그림 1〉에서 (가)의 시점을 보도록 하자. 우리나라는 분단국가로서 통일이 되지 않는 이상 군사적 위협으로부터 자유롭지 못한

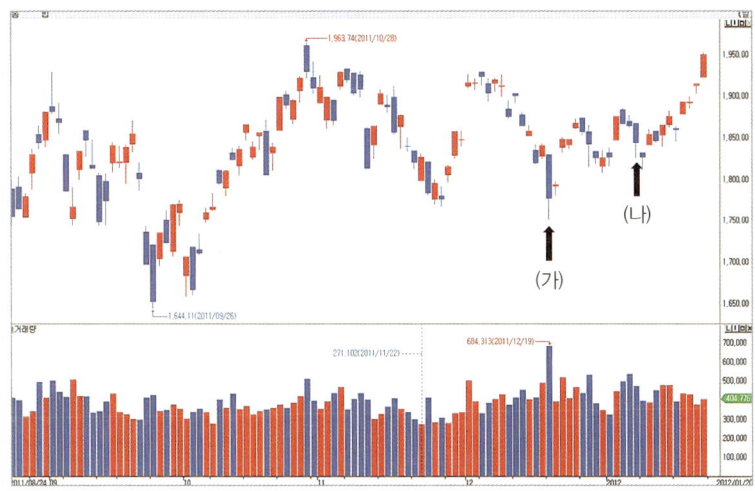

것이 사실이다. 그래서 우리 주식시장에는 여전히 대북 리스크(Risk)
라는 지정학적 리스크가 존재한다. (가)는 2011년 12월 19일 김정일
북한 국방위원장의 사망 소식이 국내에 전해진 시점이다. 통상 유사
시 북한이 통치력 강화와 내부 단결을 위해 물리적 행사를 지속해 온
점을 감안하면 국방위원장의 사망 소식이 국내 주식시장을 폭락하게
한 점을 십분 이해할 수 있다. 이날도 북한 리스크가 부각되면서 주식
시장은 장중 최저 −4.86%나 급락했다가 낙폭을 축소하면서 마감했
다. 하지만 뉴스 이후에 코스피지수 차트를 보면 주가가 다시 급등한
것을 알 수 있다. 이유는 무엇일까? 우리에게 전해진 김정일 사망 소
식이 무려 이틀이나 지난 후의 뉴스라는 것이 알려졌기 때문이다. 즉,
즉각적인 북한의 액션이 없었다는 점에서 김정일 사망 소식은 말 그
대로 지난 뉴스가 되어버린 것이다. 지난 뉴스는 시장에 큰 영향을 주

지 못한다. 다만 일시적, 충격적 소식은 영향을 줄 수 있다. 그 점에서 이번 교훈은 투자자들이 반드시 기억하고 넘어가야 할 부분이기도 하다. 이 시점에 나왔던 뉴스를 확인해 보자.

김정일 사망, 주식시장 단기 쇼크

김정일 국방위원장의 사망 소식이 전해진 19일 국내 주식시장이 크게 요동쳤다. 이날 유가증권시장에서 코스피는 전일 대비 63.04포인트(3.43%) 떨어진 1776.93을 기록했다. 코스닥은 26.97포인트(5.35%) 하락한 477.61로 장을 마감했다. 장중 한때 코스피는 90포인트 가까이 추락한 1750.60까지 밀렸으나 장 마감을 앞두고 하락폭을 줄였다. <u>이런 가운데 라면과 생수 등 생필품 업체와 방위업체 주가는 일제히 급등</u>하기도 했다.

증시 전문가들의 전망은 엇갈린다. 김 위원장 사망이 단기적인 악재에 그칠 것으로 전망하면서 급락한 지수가 곧 <u>정상을 되찾을 것으로 보는 전문가들도 있고, 장기적으로 불확실성이 확대돼 지수가 더 떨어질 것으로 예상하는 전문가들도 있다.</u>

-2011년 12월 19일 모 경제 기사 중 일부 발췌

밑줄 친 첫 번째 부분을 보면 '생필품 업체와 방위업체 주가는 일제히 급등'했다는 문구를 볼 수 있다. 이것이 어떤 뉴스를 접했을 때 발휘되는 상상력의 결과다. 벌써 앞의 내용이 기억나지 않는다면 파트 1의 2장을 다시 한 번 읽어보도록 하자.

이번에는 기사에서 두 번째로 밑줄 친 부분을 살펴보자. 전문가들

마다 주식시장의 전망을 다르게 보고 있음을 알 수 있다. 2가지 의견 중에 어느 한 가지는 맞겠지만, 그 당시에는 알 수 없다. 하지만 여기에 분명 의미 있는 부분들이 있다는 것을 파악해야 한다는 점에서 양쪽의 의견을 면밀히 살펴볼 필요가 있다. 실제로 해당 이슈가 발생한 직후에 주식시장은 빠르게 안정을 찾아 상승추세로 돌아섰다. 이번에는 〈그림 1〉의 (나)를 한번 살펴보도록 하자. 이날 역시 북한발(發) 악재로 인해 주식시장이 크게 출렁였다. 악재라기보다는 소문이라고 하는 편이 더 정확할 것이다. 이날 북한 영변 핵시설이 폭발했다는 괴소문이 오후 2시 10분경에 퍼지기 시작했고, 주식시장은 큰 폭으로 하락했다가 회복하면서 마감했다. 즉, 앞선 사건의 발생(김정일 사망 소식) 이후 투자심리가 급격히 악화된 탓에 소문에도 시장을 뒤흔들 만한 영향을 주게 된 것이다. 결국 예로 든 기사에서 전문가가 언급한 시장이 정상을 찾을 것이라는 의견과 불확실성이 확대될 것이라는 의견이 모두 어느 정도 맞아떨어진 셈이다.

　그렇다면 (가)의 시점과 (나)의 시점에 주식시장의 급락으로 손해를 본 사람은 어떤 사람일까? (가)의 시점에서는 소식을 먼저 접한 사람이 빨리 주식을 팔면서 손실을 최소화할 수 있었고, (나)의 시점에서는 정보를 빨리 입수한 사람이 오히려 소문에 당한 경우가 될 것이다. (가)의 경우는 정보의 신속성이 장점이 되었지만, (나)의 경우는 정보의 신속성이 오히려 독으로 작용했다고 할 수 있다.

　증권가 메신저에 대한 흥미로운 이야기가 있다. 증권가의 메신저에는 참으로 많은 사람들이 등록되어 있는데, 주로 방송가 사람들과 증권가 사람들이 연결되어 있다. 방송가 사람들은 주식시장의 신속한 정보가 필요하고, 증권가 사람들은 방송가 사람들을 통해 또 다른 분야의 사람을 소개받는다. 즉, 서로 공생의 관계를 유지하고 양측의 목적을 해소해 줄 수 있다는 점에서 잘 맞는 궁합이라 할 수 있다. 그러다 보니 정보가 빠른 사람의 경우에는 방송 직전의 정보를 입수할 수 있는 경로가 있다. 사실 방송국에서 증권 관련 정보를 보도할 때 증권사 직원만큼의 전문성을 확보하기는 쉽지 않다. 따라서 확인 차원에서 정보원이 필요할 것이다. 여하튼 정보의 접점에서 또 하나의 경로가 있다는 가능성을 기억해 두길 바란다.

이제 결론을 내려보자. 우선 정보의 신속성은 일반인보다는 증권 관련 현업에 종사하는 사람들이 가질 수 있는 무기이다. 하지만 앞서 살펴본 바와 같이 정보의 속도는 실제 수익률에 영향을 줄 가능성이 절반밖에 되지 않는다. 진정한 수익은 정보의 속도와 함께 동반되는 정확성에도 일정 부분 영향을 받는다. 사실 속도와 정확성의 관계는 역의 상관관계를 갖는다. 속도가 빠르면 그만큼 정확성이 감소하고, 정확성이 뛰어나면 속도가 감소하는 것은 필연적일 수밖에 없다.

11

당신이 읽은 뉴스,
정말 뉴스(News)일까?

정보 전달 시 속도의 차이는 곧바로 돈이 되지는 않지만 주식투자에 있어 상당히 유리한 것만은 사실하다. 간혹 증권 방송을 보면 어떤 사건 발생 이후 이와 유사한 사건 발생 시 주식시장이 어떻게 되었는지 보여주는 통계자료가 금방 나오는 것을 볼 수 있다. 증권 방송을 전문으로 하는 경제 TV라도 증권 현업 종사자들이 없다면 이렇게 재빠르게 관련 정보를 내놓을 수 없을 것이다. 즉, 그것은 증권가 사람들과 실시간으로 정보를 주고받을 수 있는 끈(connection)이 있기 때문에 가능한 것이다.

증권 방송은 말 그대로 방송국이지 데이터베이스를 저장하는 도서관이 아니다. 이런 정보는 주로 주식시장에서 영업을 뛰는 영업사원이나 시황 및 종목 분석을 담당하는 애널리스트들이 보유하고 있다.

방송국에서 이러한 정보를 요청하면 요청을 받은 사람은 해당 자료를 건네주거나 주변 지인들에게 자료를 요청하게 된다. 그런 측면에서 증권사 조직을 바로 알면 어떤 것을 이용해야 할지 보인다.

이제 정보의 다리가 한 단계 건너가는 순간이 온다. 즉, 이렇게 퍼지는 정보 속에서 언론 보도가 먼저 나갈 수도 있고, 언론 보도가 미처 나가기 전에 해당 소문이 사실무근으로 판명 나 보도가 되지 않는 경우가 발생하기도 한다. 주식시장에는 이렇게 치열한 정보의 전달 과정에서 속도전에 편승하여 돈벌이로 연결시키는 또 하나의 정보책이 존재한다. 자, 지금부터는 당신이 접해보지 못했던 또 다른 주식시장을 보여주고자 한다. 지금으로부터 10년도 훨씬 지난 영화 〈매트릭스〉는 우리가 사는 세상의 이면을 그렸다. 실제로 주식시장도 그러한 세상이 존재한다는 점에서 영화 〈매트릭스〉와 무척이나 닮았다.

일반 개인투자자들은 HTS나 인터넷 기사, 방송을 통한 뉴스를 접하고 난 뒤에야 특정 사건에 대한 소식을 접할 수 있다. 그런데 증권가의 메신저에서는 뉴스가 나오기도 전에 특정 사건을 포함하여 사건의 배경과 관련 내용은 물론, 개인투자자들이 접해보지 못한 수많은 소식들이 돌고 돈다. 존재하지도 않는 회사의 대규모 투자 루머부터 시작하여 북한의 상황까지 모든 정보가 하루에도 짧은 쪽지 안에 수백 건씩 쌓인다. 그런데 이 정보 중 30%는 가짜다. 전체 정보가 100건이라고 한다면 실제로 이러한 허위 정보가 담긴 쪽지는 30통 가까이 된다. 왜 이런 가짜 정보가 돌아다닐까? 이유는 간단하다. 증권 현업의 세계에 정보의 끈을 연결시켜 놓고 있는 비교적 정보력이 빠른 개인투자자와 어설픈 시장 참여자들의 투자금을 노리기 위한 것이다.

개인투자자들 중 일부는 정보의 불공평함을 해소하고자 증권사 직원들과 메신저를 연결해 놓기도 하는데 그런 사람들이 주요 타깃이 된다. 보통 증권가 메신저의 사용 행태를 분석해 보면 어디서 날아오는 정보인지도 확인하기 어려운 데다, 그 정보를 확인하려 들지도 않는 속성이 있다. 그냥 친구로 등록되어 있는 사람 중에서 누군가 쪽지를 보내면, 그것을 받은 사람은 다시 자신의 지인들에게 정보를 재전송한다. 이 과정에서 내용을 꼼꼼하게 읽거나 정보의 진위 여부를 파악하여 전달 여부를 결정하는 사람은 단 한 명도 없다. 루머도 하나의 투자정보로서 가치가 있다고 생각하는 사람들도 있기 때문에 해당 정보의 가치를 보존하기 위해 받는 즉시 나에게 등록되어 있는 모든 사람들에게 전송하게 되는 것이다. 이 과정에서 상대적으로 정보의 속도만을 강조하는 어리숙한 투자자들은 솔깃한 내용에 쉽게 걸려든다. 주로 특정 종목의 폭등 가능성이 예상된다는 내용으로 이루어져 있는 이런 종류의 쪽지는 상당히 정교하고 구체적이기 때문에 일반 투자자들이 진위 여부를 가리기는 대단히 어렵다. 걸려드는 사람이 바보가 아니라 걸리지 않고는 못 버틸 정도로 유혹의 정도가 매우 강하고 논리적으로 기술되어 있는 것이 특징이다.

주식시장에서 루머를 만드는 사람에게도 반드시 그렇게 하는 원인이 존재한다. 세상에 할 일이 없어 주식시장에 루머를 만들어 뿌리지는 않기 때문이다. 가령 '연변 핵 시설 폭파'라는 루머를 돌리는 사람은 전체 시장이 폭락하길 바라는 의도를 가지고 있으며, 그 이면에는 결국 경제적인 목적이 존재한다. 주식투자 이외에 파생상품이라는 것이 있다. 선물, 옵션이 대표적이다. 선물, 옵션은 대표적인 방향성 맞추기 투자이다. 지수가 오를 것이냐, 내릴 것이냐 둘 중 하나에 베팅을 하고 방향을 맞출 경우 그에 상응하는 막대한 수익을 챙길 수 있다. 주식도 마찬가지로 자신이 보유하고 있는 주식에 대해 매수 세력이 적을 경우 이런 것들을 활용한다. 한번 생각해 보자. 이 글을 읽고 있는 독자가 만일 5억 원의 돈을 들여 주식 수가 상대적으로 적은 종목을 사놓고 있다고 가정해 보자. 거래되는 주식 수가 적을수록 가격에 대해서는 급변동이 가능하다. 5억 원어치의 주식을 사두고 시장에 루머를 뿌려 3%가 오를 경우 모두 판다는 가정을 해보자. 자그마치 1,500만 원의 수익을 앉은 자리에서 챙길 수 있다. 1,500만 원이라고 하면 직장인의 몇 달치 월급에 해당하는 금액이다. 바로 이것을 노리고 역정보를 만드는 사람들이 주식시장에서 왜곡된 정보를 창출하는 것이다.

이제 증권 관련 뉴스를 바라보는 우리의 시각을 정리해 보아야 할 시간이다. 주식시장의 뒤편에서는 지금도 진정한 정보와 역정보가 뒤섞여 치열한 정보전이 벌어지고 있다. 일반 투자자들에게 속보라고 올라오는 뉴스들은 대개 증권 현업 종사자들이 5~10분 전에 읽었던 쪽지의 내용이라고 보면 된다. 이 뉴스들은 왜 5~10분 뒤에야 올라오는 걸까? 먼저 이 뉴스를 접한 사람이 주식을 사놓고 뉴스를 올리는 것일까? 결코 그렇지는 않다. 앞서 말한 것처럼 정보의 도달과 동시에 투자를 하게 되면 발생하는 위험성이 있다는 것을 잘 알고 있는 사람들이 그런 위험한 짓을 할리가 없다. 5~10분의 시간차는 루머와 사실을 구별하는 데 소요되는 최소한의 시간이라고 보아야 한다.

투자자라면 누구나 정보의 신속성에 대한 갈망을 가지고 있다. 하지만 공개되지 않은 주식시장의 뒤편에서 치열한 속임수가 시장 참여자들 간에 벌어지고 있다는 것을 알면 정보의 신속성이 갖는 섬뜩한 이면의 무서움 또한 느낄 수 있다. 결국 시장 정보를 남보다 빨리 받아들인다는 것은 투자에 유리할 뿐이지 무조건 좋은 것은 아니라는 사실을 알아야 한다. 때로는 양날의 검이 될 수도 있는 것이다. 많은 투자자들이 뉴스를 보고 투자를 결정하지만 그 뉴스가 전쟁터에서 한 번 걸러 나온 결과물이라는 점을 안다면 과연 신선한 정보로 여길 수 있을까? 잘못된 정보에 휘둘리지 않으려면 뉴스를 바라보는 관점을 정립해야 할 것이다.

12

뉴스를 만드는 사람,
공시를 보도하는 사람

생활 속에서 우리가 흔히 사용하는 용어에 대한 질문을 하나 던질까 한다. 원유와 석유는 다른 것일까, 같은 것일까? 조금 바보 같은 질문일 수 있겠지만 곰곰이 한번 생각해 보자. 강연회장에 모인 투자자들을 대상으로 설문조사를 하면 80%가량 오답을 낸다. 이것은 응답자의 수준 때문이라기보다 그만큼 우리가 용어를 피상적으로 다루고 있다는 증거이다. 조금만 더 깊게 들어가면 원유(原油)와 석유(石油)는 분명 다른 의미를 갖는다. 원유를 정제하면 나오는 것이 바로 석유이다. 석유는 원유와 석유제품을 함께 일컫는 명칭으로 석유를 칭하는 'Petroleum'이라는 말은 라틴어의 'Petra(바위 또는 돌)'와 'Oleum(기름)'에서 유래한 것이다.

필자가 뜬금없이 이런 질문을 던지는 것은 평소 일상생활 속에서 용어의 차이를 두지 않고 받아들이는 현실이 가져다주는 위험성을 지적하기 위해서다. 주식투자를 지속하다 보면 '뉴스'와 '공시'에 대한 감각이 무뎌질 때가 있다. 그것은 공시를 재해석한 뉴스가 공시를 대변하다 보니 '뉴스=공시'라는 개념이 머릿속에 자리 잡게 되기 때문이다. 공시는 상장기업이 금융감독원에 보고해야 하는 일련의 의무사항이다. 보통 투자자들은 공시의 내용이 금융감독원 보고용으로 작성되기 때문에 어렵고 이해하기 힘들어 공시의 내용을 쉽게 풀이한 뉴스에 많이 의존하는 편이다. 실제로 공시 내용을 꼼꼼히 들여다보고 있기엔 일반인들에게 어려운 용어가 너무 많다. 때로는 공시 내용을 해석하려면 재무회계 지식이 필요한 경우도 있고, 전문 상품 용어에 관한 지식이 필요한 경우도 있다. 그러다 보니 뉴스에 대한 의존도가 높아지고, '뉴스=공시'라는 개념이 자연스럽게 정립된다.

그런데 여기까지는 그다지 문제가 될 만한 것이 없다. 진정한 문제는 지금부터 시작이다. 서두에서 예로 든 원유와 석유에 대한 논의를 조금 더 연장해 보자. 누군가 유조선을 보내 자원을 가져오라고 할 때 원유를 가져오는 것일까, 석유를 가져오는 것일까? 이쯤 되면 '누군가 알아서 가져오겠지'라는 심리가 발동하고, 가져온 결과물을 확인하는 방법을 택하는 사람들이 많다. 그리고 그 결과를 신뢰한다. 필자가 여기서 논하고자 하는 바는 너무나 쉽게 결과를 확인하려고 하는 과정에서 벌어지는 일종의 속임수(?)가 존재한다는 것이다. 앞서 정보의 신속성이 갖는 함정에 대해 논한 바 있다. 여기서는 정보의 정확성을 이용한 함정을 지적하려는 것이다.

많은 사람들이 뉴스를 공시와 비슷한 급으로 신뢰하면서 이러한 신뢰성을 이용하는 세력이 존재한다. 신뢰성을 이용한 주체가 있다는 점이 다소 이해하기 어려울 수 있겠지만, 주식투자 경험이 있는 독자라면 뇌리를 스치는 생각이 분명 있을 것이다. 대표적인 사례가 바로 존재하지 않는 사실을 마치 존재하는 것처럼 포장하여 뉴스로 내보내는 일이다. 이런 경우에 등장하는 표현들을 살펴보면 '고려 중', '추진 중', '검토 중'이라는 단어들이 자주 등장한다. 물론 이것은 금융감독원에 제출한 공시 내용이 아니다. 누군가 뉴스로 둔갑시켜 기사화한 것이다. 물론 확정된 사실이 아니므로 상장기업의 입장에서는 거래소의 조회공시 요구를 받기 전까지는 발표를 하지 않아도 된다. 이러한 맹점을 이용하여 없는 사실을 마치 해당 기업이 진행하는 것처럼 과장하고 부풀린 기사를 내보내 검증절차를 거치지 못하는 일반 투자자들을 유혹하는 도구로 활용하는 것이다.

가령 해외에 금광을 매입하는데 추정 매장량이 수천 억 원어치에 이른다는 내용 따위가 그것이다. 이런 뉴스를 접하자마자 일반 투자자들은 엄청난 기대감에 해당 주식을 사 모으고 이 주식은 수일에 걸쳐 급등한다. 보통 이런 경우 10배 이상 급등하기도 한다. 그런데 정말 신기한 것은 이런 뉴스를 보고 '이게 사실일까? 사실인지 아닌지를 어떻게 알아볼 수 있을까?'라고 고민하는 사람이 거의 없다는 점이다. 실제로 이런 기업의 기업정보만 살펴봐도 신뢰도는 급격히 떨어질 텐데 말이다. 자원개발을 하겠다는 기업들을 살펴보면 대부분 직원 수가 20명 미만에 불과하다. 어떻게 20명 미만의 회사가 자원개발을 해서 수천 억 원을 벌 수 있겠는가? 만일 내가 그런 회사의 사장이라면 당장 상장폐지를 신청하고 회사를 비상장회사로 만들 것이다. 왜냐하면 그 막대한 수익을 굳이 주주들한테 돌려줄 이유가 없기 때문이다. 지금 이 글을 읽고 있는 독자라면 어떻게 하겠는가? 수천억 원을 벌 수 있다면 고생한 직원들에게 인센티브로 기존 급여의 10배를 주고도 엄청난 수익을 독차지할 수 있는데 굳이 주주들의 간섭을 받으면서 이리저리 수익을 뺏기려 하겠는가? 상식적으로 생각해도 희박한 가능성에 투자자들이 몰리는 것은 '뉴스만' 진지하게 보는 문제가 있기 때문이다. 이런 점을 노리는 작전 세력과 정보를 인위적으로 만드는 시장이 주식시장 개장 이래로 없어지지 않는 것은 투자자의 심리가 쉽게 바뀌지 않는다는 것을 입증하는 좋은 예이다.

영화 〈타짜〉에는 "이 바닥에서 계속 지내다 보면 재수 없으면 한번은 마주치게 된다"는 대사가 등장한다. 실제로 돈이 오가는 모든 시장에서는 양과 음이 존재하고, 그 시장에서 버티는 시간이 길면 길수록, 돈이 많으면 많을수록 양과 음을 마주칠 확률은 매우 높아진다. 주식시장에서 발생하는 사고의 대다수는 개인의 사욕에서 출발한다. 사실무근의 기사를 내보내는 것도 해당 업무를 담당하는 개인의 사욕에서 출발한다. 하지만 그들은 모두 각각 면책조항을 달고 업무를 진행하기 때문에 모든 책임과 손실은 결국 개인투자자가 떠안을 수밖에 없다. 또한 그러한 뉴스를 보도하도록 사주하는 주체들도 면책조건을 갖는 주체의 존재의 뒤에 꼭꼭 숨기 때문에 더욱 그 실체를 파헤치기 어렵다. 실제로 뉴스를 보도하는 경제 전문지 등의 매체들은 뉴스를 검증하는 데 그리 적극적이지 않다.

주식시장에서 개인투자자들의 혼동을 유도하는 또 다른 수단으로는 실적 추정치를 이용한 기만행위가 있다. 구체적으로 전체 시장 추정치를 왜곡하는 방법과 해당 기업의 성장 추정치를 왜곡하는 방법 등 일반 투자자들이 검증할 수 없는 다양한 부분을 이용하여 허위성 기사를 내보낸다. 사실 개인투자자들의 경우 이처럼 검증 불가능한 영역에서는 속수무책일 수밖에 없다. 그럼에도 불구하고 개인투자자들이 이런 기사에 열광하는 이유는 실제로 이와 같은 내용이 공시될 경우 이미 주가가 많이 오른 뒤가 되므로 조금이라도 주가가 쌀 때 사자는 심리가 발동하기 때문이다. 하지만 이런 뉴스가 실제 공시로 이어지는 경우는 1% 미만에 불과하다(2006~2012년 금융감독원 자료와 해당 기업의 뉴스를 비교한 결과).

이번 장에서 꼭 기억해야 할 내용을 한 줄로 요약하면 다음과 같다. '공시 내용이 먼저 나가고 뉴스가 나가는 것이 원칙이며, 그런 내용만이 사실에 가깝다.' 이 말을 반드시 기억하도록 하자. 공시보다 뉴스가 먼저 나가게 되면, 해당 기업은 불성실 공시 등으로 인해 주식시장에서 불이익을 받도록 되어 있다. 나아가 심각한 경우에는 상장폐지로 이어질 수도 있다(불성실 공시의 누적 경고 등). 결국 뉴스 기사를 작성하는 사람과 금융감독원에 공시자료를 작성해 제출하는 사람은 다른 사람들이다. 그들은 성향과 목적도 다르다. 신뢰할 만한 기초자료를 정하는 것도 결국은 투자자의 몫이라는 점을 꼭 기억하길 바란다.

13

복리의 마술,
투자자를 유혹하는 판타지

주식투자를 하는 이유 중 하나는 큰돈을 벌 수 있는 기회가 있다고 생각하기 때문이다. 더욱이 한국 사회는 이러한 기회에 특히 민감한 편이다. 경쟁이 치열한 사회 분위기 속에서 주식투자는 그나마 공평한(?) 기회를 제공한다고 여기는 사람들이 많다. 물론 이 책을 읽는 독자들은 그다지 공평하지 못한 요소들이 더 많다는 것을 깨닫게 되었을 것이다. 그럼에도 불구하고 사람들이 주식투자를 포기하지 못하는 이유는 무엇일까? 그것은 바로 '희망' 때문이다. 보통 사람들은 자신이 타인과 다르다는 스스로에 대한 확신을 갖고 산다. 이것은 인간으로서 당연한 자기 성취 본능이라 할 수 있다. 주식투자로 얼마를 벌 수 있다는 솔깃한 문구가 자주 등장하는 이유도 바로 이런 희망을 파는 전략의 하나이다. 그렇다면 과연 주식투자로 얼마나 벌 수 있을지 하나씩 확인해 보자.

초기 주식투자 원금을 100만 원으로 시작하여 매일 3%씩 벌게 된다면 1년 안에 얼마를 벌 수 있을까? 머릿속으로 대략적인 금액을 계산해 보자. 주식시장에서 거래되는 종목은 2000여 개가 넘는다. 그중에 매일 종목을 잘 골라 하루 3%를 버는 것이 어려운 것일까? 그리 어렵지는 않아 보인다. 100만 원의 초기 투자원금으로 매일 3%씩 번다면 1년에 12억 원을 벌 수 있다. 믿어지는가? 1년 거래일수를 240일로 산정하여 계산해 놓은 도표를 한번 살펴보자.

〈표 1〉은 매일 3%씩 전체 자산을 불린다는 목표를 달성했을 경우 발생하는 수익이다. 일단 100만 원으로 시작해 1년이면 12억 원을 벌 수 있다는 사실에 놀라게 될 것이다. 하지만 이것을 달성한 사람은 본 적이 없다. 왜냐하면 실제로는 달성 불가능한 수치이기 때문이다. 그러므로 나는 이것을 '복리효과'라 부르지 않고 '복리의 마술'이라고 부른다. '마술(Magic)'이란 말 그대로 눈속임을 하는 것이다. 모자를 벗으면 비둘기가 나오고, 볼펜을 감았다 펴니 지폐가 나오는 것과 같다는 의미다. 물론 마술과 다른 점도 있다. 마술이 무에서 유를 창조해 내는 것을 보여주는 반면에, 복리는 실천할 수 있다면 유에서 유를 창조한다는 점에서 복리의 마술을 단순히 매직이라고 치부하기 어려운 측면도 있다. 문제는 과연 그대로 실천할 수 있는가 하는 점이다.

복리계산표를 보면 매일 3% 수익에 대한 강한 유혹이 느껴질 것이다. 그런데 실제로 복리계산표대로 할 수 없는 이유는 무엇일까? 복리계산표의 허점을 파헤치기에 앞서 다음의 일화를 먼저 살펴보자.

일 수	일별 평가자산	비 고
1일	1,030,000원	
2일	1,060,900원	
3일	1,092,727원	
⋮		
24일	2,032,794원	원금의 약 200%(24일 소요)
⋮		
47일	4,011,895원	원금의 약 400%(47일 소요)
⋮		
71일	8,155,357원	원금의 약 800%(71일 소요)
⋮		
94일	16,095,302원	원금의 약 1600%(94일 소요)
⋮		
118일	32,718,434원	원금의 약 3200%(118일 소요)
⋮		
141일	64,572,661원	원금의 약 6400%(141일 소요)
⋮		
162일	120,124,171원	원금의 약 12000%(162일 소요)
⋮		
186일	244,187,706원	원금의 약 24000%(186일 소요)
⋮		
209일	481,925,563원	원금의 약 48000%(209일 소요)
⋮		
227일	820,446,011원	원금의 약 82000%(227일 소요)
⋮		
240일	1,204,852,628원	원금의 약 120000%(240일 소요)

　그리스 신화 트로이 전쟁의 영웅 아킬레스(Achilles 또는 Achilleus)는 발이 빠른 것으로 유명하다. 그런 아킬레스가 느리기로 둘째가라면 서러워할 거북이와 달리기 시합을 한다면 누가 이길까? 당연히 아킬레스가 이길 테지만, 앞서 출발한 거북이를 따라잡을 수 없다는 유명한 역설이 있다. 이것이 바로 '제논의 역설'이다. 이 이야기는 고교 시절 수학시간에 한 번쯤 들어보았을 것이다. 자세한 내용은 다음과 같다.

제논의 역설

'거북이가 먼저 출발하면 아킬레스는 거북이를 따라잡을 수 없다.'
아킬레스는 거북이보다 1000배 빠른 속도로 달릴 수 있다. 이제 거북
이와 아킬레스가 경주를 하는데 거북이가 느리므로 아킬레스보다
1000미터 앞에서 출발한다고 하자. 아킬레스가 거북이가 출발한 위
치까지 오면, 그동안 거북이는 1미터 앞으로 나아가 있을 것이다. 이
1미터를 아킬레스가 따라잡으면 그동안 거북이는 1/1000미터 더 나
아가 있을 것이다. 또한 이 1/1000미터를 아킬레스가 따라잡으면 그
동안 거북이는 1/1000000미터 나아가 있을 것이다. 이처럼 아킬레스
가 앞서가는 거북이의 위치를 따라잡는 순간 거북이는 항상 앞서 나
가 있다. 따라서 아킬레스는 영원히 거북이를 따라잡을 수 없다.

사실 누구나 제논의 주장이 틀렸다는 것을 알지만, 정확하게 이 역
설을 반박하기는 쉽지 않다. 당신은 정확한 답을 수식으로 써서 증명
할 수 있는가? 틀렸다는 것을 아는데도 이러한 역설이 인기를 끄는
이유는 무엇일까? 바로 두어 줄만 계산하면 간파할 수 있는 허점을
정확하게 지적하는 사람이 드물기 때문이다. 논의가 쉽기 때문에 계
산을 생략하고 '상식'과 '감'에 크게 의존하여 덤비다 보니 이처럼
숫자로 증명하는 부분에서는 약해지는 것이다. 역설의 사전적 정의
를 보면 '일반적으로 모순을 야기하지 않지만 특정한 경우에 논리적
모순을 일으키는 논증' 또는 '모순을 일으키기는 하지만 그 속에 중
요한 진리가 함축되어 있는 것'으로 간주한다고 되어 있다. 이 일화
를 통해 '역설적으로 드러내는 진리가 무엇인지 파악하는 것'이 중요

하다는 것을 기억해 두기 바란다.

그렇다면 복리계산표에 담겨 있는 허점은 무엇일까? 앞서 언급한 제논의 역설과는 또 다른 문제를 갖고 있다. 1일 3%의 수익을 올리기 위해서는 어떻게 해야 할까? 먼저 주식거래에 필요한 세금과 수수료부터 살펴보자. 주식투자를 하려면 정부에 거래 세금 0.3%와 증권사에 수수료를 내야 한다. 대체로 균형을 이루고 있는 수수료 0.015%를 적용해 보도록 하자(증권사 수수료가 0.015%임에 반해 거래 세금이 0.3%라는 것은 참으로 높은 수치다. 정부에 내는 세금이 증권사 수수료에 20배가 된다는 사실이 개인투자자들에게는 그다지 유쾌한 상황이 아니다). 그렇다면 목표를 달성하기 위해 내야 하는 최소한의 수익 범위가 결정된다. 3.315%의 수익이 난 상황에서 주식을 정리해야 3%의 수익을 얻을 수 있다. 만일 대형주에 투자한다면 매일 3.315%의 수익을 내기란 불가능하다. 가능하다고 생각하는 독자가 있다면 한 번 더 생각해 보자. 주식의 수익률은 곧 투자수익률이다. 하루 평균 매출이 1억 원인 상가가 갑자기 1억 2,000만 원의 매출을 올리기란 결코 쉽지 않은 일이다. 현재 시점에서 개별 주식의 일일 가격 변동 제한폭은 상하 15%가 적용된다. 3.315%는 일일 가격 변동 제한폭 15%의 22%가 올라야 달성할 수 있는 수치다. 어떤 자산이 하루에 22%까지 쉽게 오를 수 있단 말인가? 3.315%라는 숫자만 놓고 보면 쉬워 보이지만, 하루 가격 제한폭의 22%에 해당하는 수치라는 점을 상기하면 결코 만만치 않을 것이다.

다음으로는 자산이 갖는 규모에 따라 달라지는 오류를 지적할 수 있다. 100만 원의 3%와 10억 원의 3%는 그 금액과 관리가 결코 동일할 수 없다. 3만 원의 변동은 감내할 수 있지만 3,000만 원의 변동은 감내하기 쉽지 않다. 또한 1억 원 이하의 금액으로는 100만 원에서 1억 원까지 투자한 방법으로 수익을 거둘 수 있지만, 투자금이 1억 원 이상으로 넘어가면 결코 같은 전략이 통할 수 없다. 투자금이 커지면 커질수록 호가에 대한 영향력 또한 커지기 때문이다. 따라서 투자금이 커질수록 점점 더 대형주 중심으로 투자를 해야 하는데, 1년 내내 상승하는 시장은 없다는 점에서 대형주 투자로 1일 3%의 수익을 올리는 것은 현실적으로 불가능하다. 결국 이것은 신도 이뤄낼 수 없는 선택 불가능한 영역이다.

주식투자의 회전율이 빠르다는 것은 이익의 기회만큼 손실의 기회도 빠르다는 것을 의미한다. 그런데 투자금액이 커지면 커질수록 자금운용과 회전이 더뎌진다. 이유는 간단하다. 덩치가 커졌기 때문이다. 어린 시절 입던 옷을 성인이 되어 절대 입을 수 없는 것처럼, 자금규모의 변화는 복리계산표의 허구성을 나타내는 대표적인 요소이다.

CHAPTER
4
—

증시 격언에
숨겨진
불편한 진실

14

'손바뀜'과 '장밋빛' 사이의
불편한 진실

한국거래소에 따르면 현재 우리나라의 주식투자 인구는 528만 명이 넘는다. 이는 전체 경제활동인구의 19.5%에 이른다. 그런데 대부분의 투자자들이 감과 느낌에 의존해 주식시장을 바라보고 있다는 생각이 든다. 필자가 강연회에 나가면 '천장에서는 강하게 보이고, 바닥에서는 약하게 보인다'는 격언이 어떤 의미인지 묻곤 한다. 주식투자자라면 한 번쯤은 듣고 넘어갔을 법한 격언이지만, 실제로 그 속에 담겨 있는 의미에 대해 진지하게 고민해 본 사람은 적어 보인다. 대부분 그냥 말 그대로의 표현을 되풀이할 뿐 숨겨진 원리를 설명하는 투자자를 만나기란 좀처럼 쉽지 않았다. 이 격언의 숨겨진 의미는 주식시장은 결코 플러스섬 게임(결과치의 총합이 계속 증가하는 게임)이 아니라는 것이다. 즉, 누군가 손해를 보면 다른 누군가가 이익을 보는 제로섬 게임으로 그 손해와 이익의 크기를 더하면 0이 되는 것이 바로 주식시장이다.

우리는 대한민국에서 태어나 수요와 공급의 법칙 속에서 살고 있다고 해도 전혀 이상할 것이 없다. 주식도 마찬가지로 수요와 공급에 의해 가치가 정해진다. 이 경우 사고파는 사람들 중에 어느 한쪽은 손해를 보거나 이익을 보게 된다. 주식시장에서도 기관투자자, 외국인 투자자, 개인투자자 등 시장 참여자들은 제로섬 게임을 벌이고 있다. 즉, 누군가 이익을 보면 누군가는 손해를 보아야 한다는 말이다. 이제 시장 참여자들은 자신의 판단으로 매매를 통해 이익을 내야 한다. 이것이 시장 참여자들의 목적이다. 이를 도식화하면 다음과 같다.

▶ 그림 1 **주식시장의 주요 참여 주체**

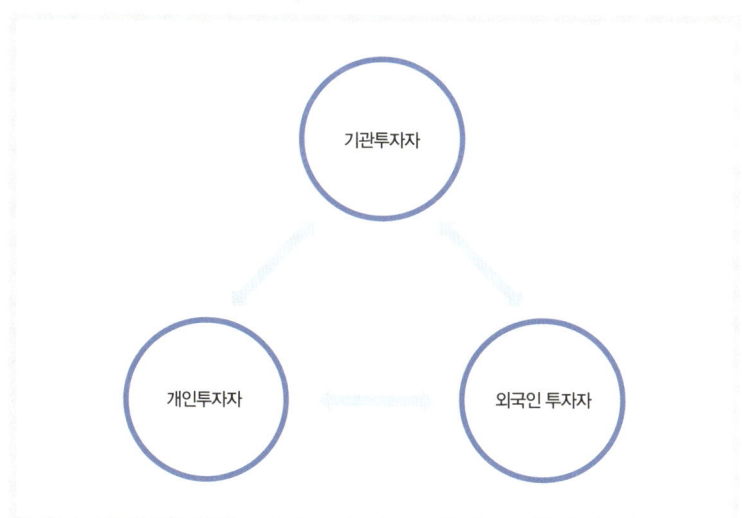

서로 간의 매매를 통해 시장의 방향성이 결정되는 것은 일반적인 상식이지만, 우리나라 주식시장에서는 그러한 상식이 잘 통하지 않을 때가 많다. 다음의 도표를 살펴보자.

〈표 1〉은 코스피와 코스닥의 주식 소유 비중 추이를 연도별로 정리한 것이다. 전체적으로 코스피 시장에서의 주도권은 외국인들이 쥐고 있는 반면, 코스닥 시장에서는 개인투자자들이 시장가격의 결정권을 쥐고 있다(참고로 금융감독원 자료에 의하면 전체 불공정 거래에서 코스닥 시장이 차지하는 비중은 73.2%에 달한다). 이렇듯 시장별로 참여 주체 간의 힘이 다른 상황에서 일괄적인 투자전략을 적용하기에는 무리가 있다. 외국인 투자자와 개인투자자 간의 투자전략과 성향은 완전히

■▶ 표 1 우리나라 주식시장의 연도별 주식 소유 비중 추이   (단위 : %)

연 도	코스피			코스닥		
	기관	개인	외국인	기관	개인	외국인
2001	15.8	22.3	36.6	13.4	46.5	10.3
2002	15.9	22.3	36.0	11.4	47.8	10.5
2003	16.7	19.7	40.1	6.2	57.4	14.4
2004	17.6	18.0	42.0	8.7	57.9	15.4
2005	19.6	18.4	39.7	9.0	61.1	13.5
2006	22.0	17.9	37.3	9.4	61.4	14.6
2007	21.2	21.8	32.4	8.5	58.2	17.3
2008	12.4	27.1	28.8	3.4	66.2	8.2
2009	12.5	31.0	32.7	7.1	71.5	7.4
2010	14.0	21.2	33.0	6.9	57.9	10.2
최소값	12.4	19.9	28.8	3.4	46.5	7.4
최대값	22.0	31.0	42.0	13.4	71.5	17.3
10년 평균	16.8	22.0	35.8	8.4	58.6	12.2

주 : 각 연도말 시가총액 기준
자료 : 한국거래소

다른 편이다.

　다시 '천장에서는 강하게 보이고, 바닥에서는 약하게 보인다' 라는 주제로 돌아가 보자. 주식시장에는 이 말에 힘을 실어주는 격언이 하나 더 있다. '달리는 말에 올라타라' 가 바로 그것이다. 물론 후자의 격언은 충분히 일리가 있고, 개인적으로 공감한다. 일반적으로 지금이 천장권인지 바닥권인지, 아니면 중간인지는 그 누구도 알 수 없다. 그러므로 주가가 상승추세일 때는 더 상승한다는 확신을 갖고 매수를 하게 되며, 하락추세에서는 더 하락할 것처럼 보여 앞 다투어 주식을 팔게 된다. 〈그림 2〉는 모 상장기업의 주가 차트이다.

　이 종목의 주가는 향후 어떻게 될 것 같은가? 이 종목은 최고가를 기록하고 빠른 속도로 하락 중에 있다. 고점 5만 2,600원을 찍고 고

▶ 그림 2 모 상장기업의 주가 차트

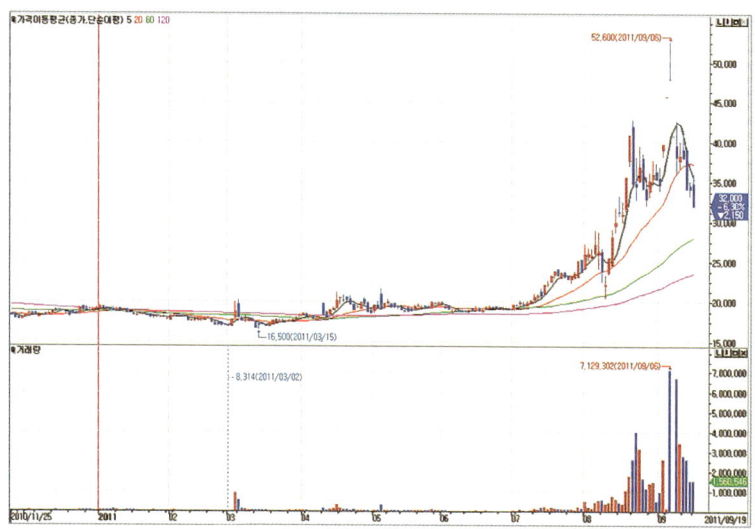

점 대비 –60.83%를 기록하면서 일주일 만에 큰 폭의 하락을 보여주고 있다. 이 종목은 다시 상승할 수 있을까? 아니면 다시 원래의 주가대로 돌아올 것인가?

잠시 책을 덮어두고 생각해 보자. 만일 내가 이 주식을 갖고 있다면 이 상황에서 팔 것인지, 또는 현금을 들고 있다면 주식을 살 것인지 판단해 보자. 〈그림 3〉은 당신이 지금 보고 있는 주가의 위치가 시간이 흐름에 따라 어디쯤이었는지를 보여준다.

원으로 표시된 부분이 〈그림 2〉의 모습이었다. 3만 원대의 주가가 최고 16만 원대를 넘어 계속 고공행진을 이어왔다. 실로 놀라운 상승률이 아닐 수 없다. 이렇듯 주가의 방향성만을 놓고 본다면 주가의 현 위치에 대해서는 그 누구도 장담할 수 없다는 것을 알 수 있다. 앞선

■▶ 그림 3 모 상장기업의 장기 주가흐름

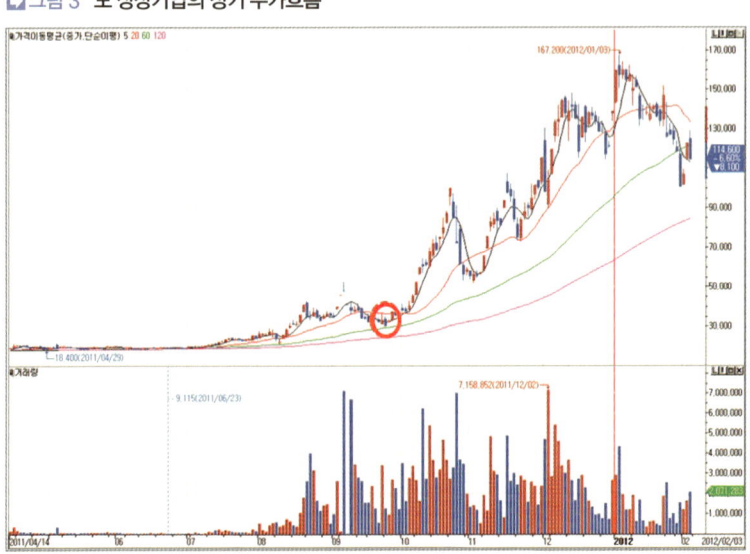

〈그림 2〉와 〈그림 3〉의 차트를 비교해 볼 때, 당신이 〈그림 2〉를 보고 든 생각이 어떠했는지 떠올려보자. 상승의 시점에서는 계속 상승할 것처럼 보이고, 하락의 시점에서는 계속 하락할 것처럼 보이지 않았는가? 이처럼 천장권과 바닥권에서 스스로 확신을 갖는다는 것은 매우 어려운 일이다.

이번에는 다시 앞서 언급한 시장의 참여 주체들에 대한 논의로 돌아가자. 지금부터는 불편한 진실에 가까운 이야기가 될지도 모르겠다. 서두에 주식시장은 제로섬 게임에 가깝다는 말을 했다. 다시 강조하지만 제로섬 게임은 손실을 보는 사람이 있다면 이익을 보는 사람이 있고, 반대로 이익을 보는 사람이 있다면 손실을 보는 사람이 있다. 이 말을 거듭 강조하는 이유는 시장 참여자들이 각자의 입장에서

▶ 그림 4 **주식시장의 3주체**

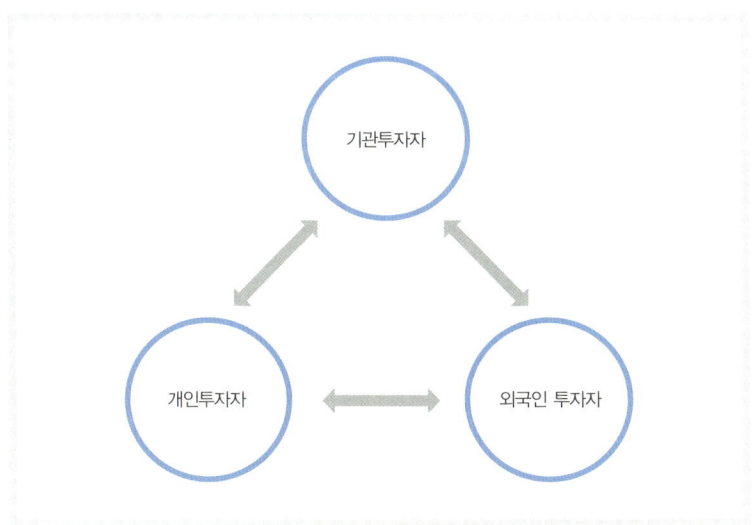

만 시장을 바라보고, 특히 개인투자자들이 '이익을 본다'라는 부분에만 생각이 치우쳐져 있는 것을 지적하기 위해서다. 이것은 통계자료를 찾아봐도 쉽게 확인할 수 있다. 결국 시장의 참여 주체를 외국인, 기관, 개인투자자의 3개 집단으로 볼 때 1개 집단은 반드시 손해를 보게 되어 있다. 다시 한 번 표를 들여다보자.

주식시장에서 이루어지는 거래는 누가 되었든 처음에는 이 3개의 집단 중 1개 이상의 집단이 A라는 주식을 사는 걸로 시작한다. 하지만 3개의 집단이 동시에 A라는 주식을 살 수는 없다. 그러면 시장에서 거래되는 물량이 풀리지 않은 채 가격만 올라가기 때문에 3개 집단 중 1개 이상의 집단은 반드시 주식을 팔게 되어 있다(3개의 집단이 A라는 주식을 1주도 팔지 않고 동시에 살 수도 있지만 그런 경우는 대한민국 주식

■▶ 그림 5 **주식시장 3주체 간의 수요와 공급 1**

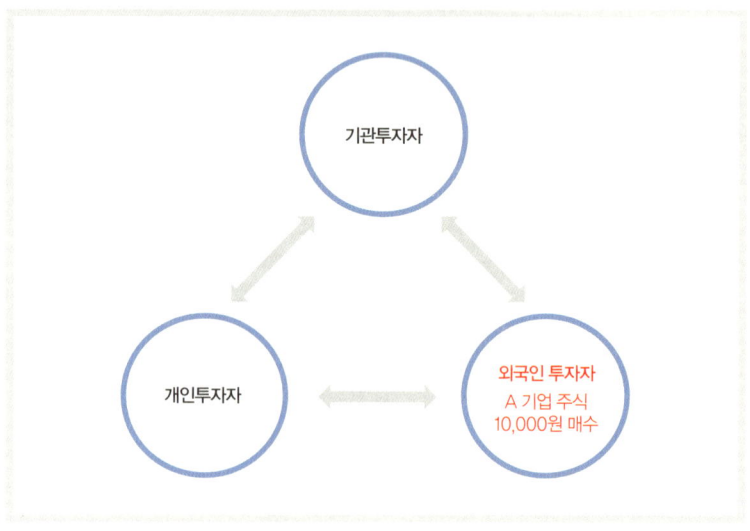

시장 역사상 존재하지 않았기 때문에 논의에서 제외하겠다).

자, 이제 〈그림 5〉와 같이 외국인이 먼저 A라는 주식을 1만 원에 매수했다고 가정해 보자. 수량은 전체 유통주식의 대다수를 샀다고 가정한다. 이 경우 시장에서의 가치를 외국인 투자자가 먼저 발견한 셈이 되겠다. 이때 이 주식이 상승추세 도중에 주가가 1만 원이었든, 하락추세 도중에 주가가 1만 원이었든 그것은 중요하지 않다. 먼저 주식을 1만 원에 샀다는 것이 중요하다(물론 이 주식을 누군가는 팔았으니 살 수 있었다는 점을 명심하자). 이제 외국인 투자자는 1만 원에 산 주식의 가격을 어떻게 올릴까? 누군가 주식을 사지 않으면 주가는 오를 수 없다. 이것이 포인트이다. 어떻게 주식을 파느냐에 대한 부분을 알면 불편한 진실 속으로 한 걸음 다가가게 된다.

외국인이 주식을 1만 원에 매수했다면 그것은 1만 원이라는 주가가 저평가되어 있다고 판단했기 때문이다. 하지만 시장에서 오랜 기간 1만 원에 방치되어 있었다면 다른 투자 주체가 A 주식에 매력을 느끼지 못했다고도 할 수 있다. 좀 더 솔직하게 말해 주식을 샀는데 아무도 관심이 없으면 이 주식의 가격을 어떻게 올려서 매도할 것인지 심각한 문제에 봉착하게 된다. 이러한 문제를 해결하기 위해서는 어떤 방법이 있을까? 답은 아주 간단하다. 시장의 이목을 끌면 된다. 그래야 아무도 관심 갖지 않던 주식의 가치를 따져보고 매수를 고려하기 시작한다. 그런데 어떻게 이목을 끌 것인가 하는 문제가 또 제기된다. 쉬운 방법으로는 주가를 임의로 끌어올리는 것이다. 시장에서 대규모 유통물량을 확보했다면 적은 비용으로 주가를 올리는 것은 아주 쉽다. 두 번째로 주가를 올리는 데 대한 명분이 필요하다. 시장 분석 및 기업 분석 리포트가 이러한 명분을 준비하는 도구가 된다. 이때 명분이 있는 주식 매수는 투자이지만 명분이 없는 주식 매수는 '작전'이라는 점에서 차이가 있다.

그럼 이제 두 번째 단계로 넘어가자. 외국인 투자자가 1만 원에 매수한 주식을 1만 2,000원에 매도하려고 준비했다면 누구에게 어떻게 팔아야 할까? 먼저 주가를 1만 2,000원까지는 끌어올려 놓고 해당 주식이 1만 6,000원의 가치가 있다는 정보를 흘려 파는 것이 가장 기본적인 방법이다. 그러면 1만 2,000원부터는 기관투자자 혹은 개인투자자들을 대상으로 적극적인 홍보작업을 편다. 여기서 발생하는 오류가 바로 '위력에 호소하는 오류'이다. 돈 많고 분석 능력이 뛰어난 외국인이 해당 종목의 주가가 1만 6,000원까지 간다고 보고 사들인

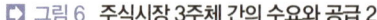

▶ 그림 6 **주식시장 3주체 간의 수요와 공급 2**

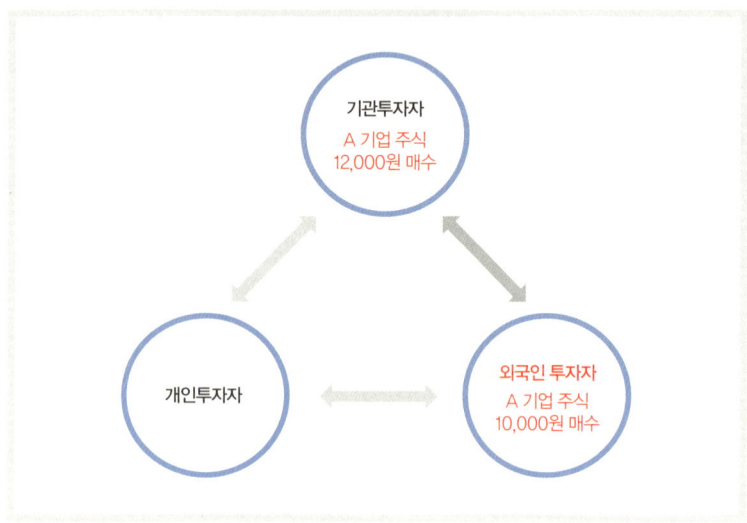

다는 판단이 서면 그 뒤를 이어 매수에 동참하는 주체 세력이 나오게 된다. 보통 개인투자자보다는 기관투자자들이 그 뒤를 잇는다. 2006년부터 코스피200 종목을 대상으로 관찰해 보면 이러한 특징이 뚜렷하게 나타난다(기관이 선매수하고 외국인이 후매수하는 경우 포함).

이제 작업이 본격적으로 진행되면 기관투자자들은 1만 2,000원에 외국인 투자자로부터 주식을 매수한다. 이렇게 서서히 손바뀜의 순환과정을 거치면서 가격은 점점 높아진다. 그러면 다음과 같은 상황이 벌어지게 된다.

두 번째로 물량을 받은 집단의 평균 매수단가는 처음 해당 주식을 매수한 외국인 투자자보다 높다. 하지만 충분히 이익을 남길 수 있는 가격이라는 판단을 내리고 적극적으로 외국인 투자자의 물량을 받는

▶ 그림7 **주식시장 3주체 간의 수요와 공급 3**

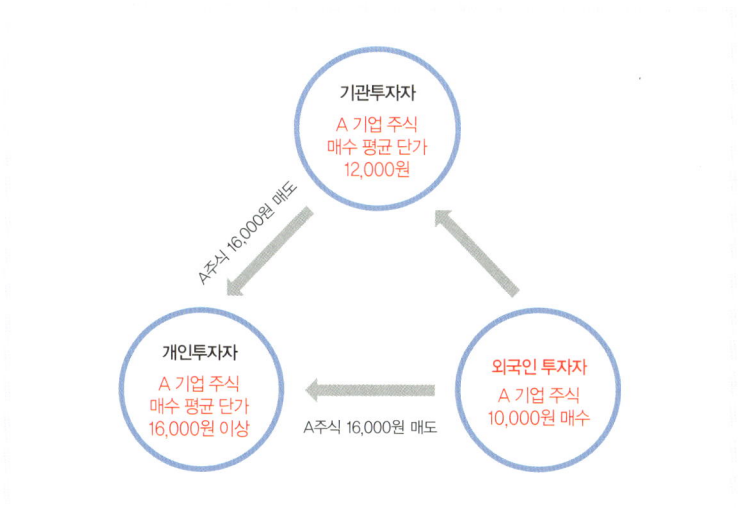

다. 결국 마지막으로 뛰어든 개인투자자들이 1만 6,000원에 해당 주식을 사 모을 때쯤이면 두 집단은 보유한 물량을 어느 정도 정리한다. 물론 이 단계에서는 상승추세를 보여주고, 목표가도 더 올려야 한다. 그래야 개인투자자들도 수익을 낼 수 있다고 생각하고 매수에 적극 참여할 테니까 말이다.

그러면 1만 6,000원에 주식을 매수한 개인투자자들은 결국 주가의 천장권에 직면하게 된다. 개인투자자들은 외국인이나 기관투자자처럼 주가를 추가로 끌어올릴 수 있는 자금력이 부족할뿐더러 단결도 되지 않기 때문이다. 이것이 주식시장의 현실이다. 코스닥 시장에서는 개인과 개인 간에 이러한 상황이 벌어진다. 이에 대해 금융감독원은 전체 불공정 거래에서 코스닥 시장이 차지하는 비중이 73.2%라는 통계치를 발표한 바 있다. 대규모 자금을 동원하고 합법적으로 명분을 쌓아가면서 주가를 끌어올리는 것은 정상이지만, 합법적인 명분을 만들기 힘든 개인투자자들의 경우는 불법적인 요소들이 더 많은 것으로 간주될 수밖에 없다.

이제 정리를 해보자. '천장권에서 강하게 보이고 바닥권에서 약하게 보인다' 라는 격언에 대해 앞서 2가지 상황을 동시에 대입시켜 보자. 먼저 그 누구도 지금의 주가가 천장권인지 바닥권인지 알지 못한다. 그러므로 주가의 상승기와 하락기에 확신을 갖지 못한다. 그렇지만 참여 주체 중 자금력이 있는 사람은 투자를 시작한다. 이때 그 투자의 전제 조건은 투자한 주체가 언제든지 마음만 먹으면 자신들의 주식을 끌어올릴 수 있는 명분과 자금이 있어야 한다는 것이다. 그러므로 개인은 절대로 코스피 시장의 주도 세력이 될 수 없다.

그렇다면 자금력과 정보력이 부족한 개인투자자는 어떻게 대응해야 할까? 먼저 큰 흐름을 파악하는 것이 가장 중요하다. 이어서 참여 주체의 움직임에 민감하게 반응하고 대응전략을 짤 수 있어야 한다. 그렇지 않으면 결국 그들만의 리그에 끼지도 못하고 시장의 주변만을 배회하게 될 것이다. 요즘은 HTS에서 이러한 외국인/기관의 동향에 대한 정보는 거의 필수적으로 제공한다. 주식투자를 하는 이상 이에 대해 세심한 관찰력과 지속적인 관심이 필요하다.

15

'물량이 터졌다'는 말의
진정한 의미는?

과거 객장에서 주식투자를 하는 사람들이 자주 했던 말 중 하나로 '물량이 터졌다' 라는 표현이 있다. 주식투자의 연륜이 높은 사람일수록 구사하는 표현도 핵심을 정확하게 나타내곤 한다. 주식투자에서 거래의 하이라이트는 누군가 저가에 사둔 주식을 모두 정리하면서 시작된다. 반대로 생각하면 누군가 저가에 사둔 주식을 모두 매수하는 주체가 거래의 끝을 알리는 것이다. 누군가는 팔고, 누군가는 사야 거래가 성립되는 것이니까 말이다.

그렇다면 대량의 거래가 일어났다는 것은 곧 대량의 물량이 나왔다는 것일까? 이론상으로는 그러한 추리가 가능하지만 현실적으로는 그렇지 못하다. 한 번의 대량 거래를 일으키기 위해서는 평소보다 더 많은 거래자를 이끌어내야 하지만 평소 거래량이 '딱 그만큼 시장의 관심'을 나타낸다면, 추가로 거래자를 끌어 모으기란 여간 어려운 문제가 아니다.

한번 생각을 해보자. 어떤 유리한 정보를 사전에 입수한 주체가 혼자만 알고 있으면 어떻게 주식을 고가에 팔 수 있을까? 뉴스나 공시를 이용할 수 있겠지만, 시장 참여자들은 바보가 아니다. 그런 시장 참여자들을 끌어 모으려면 적절한 물량 소화과정이 필요하다. 경우에 따라 합법적이지 못한 과정으로 물량을 떠넘기려는 시도를 하기도 한다. 다만 이 책에서는 합법적인 과정에 대해서만 설명하도록 하겠다.

먼저 거래가 순환되는 과정에 대해 살펴보도록 하자. 매수 주문 1건과 매도 주문 1건이 체결되어 거래량 1건이 성립된다. 또 고가의 매수 주문 1건과 고가의 매도 주문 1건이 고가의 체결량 1이 된다. 반대의 경우도 마찬가지다. 아주 당연한 상황에서부터 문제는 시작된다.

평소 거래량이 일정하게 유지되는 주식의 경우(비교적 거래량이 적은 주식의 경우) 시장 참여자들은 호재에 큰 반응을 보이지 않는다. 좀 더 정확하게 말하자면 대규모 매수 여력을 갖고 있는 투자자들은 호재에 큰 반응을 하지 않는다. 왜냐하면 그들은 그들만의 투자전략을 수행하기 때문이다. 결국은 자금이 적은 개인투자자들이 호재에 민감하게 반응하고 달려들게 된다. 이것은 상한가 잔량 주문 비율을 따져보거나 체결 빈도, 금액을 확인함으로써 증명할 수 있다. 그런데 시장 참여자들의 대다수는 어떤 호재가 발생했을 때 그 호재의 파급력을 알아보기 위해 한동안 거래를 지켜본다. 이럴 때 대량의 매물이 쏟아져 나온다면 의심을 품고 해당 주식의 매수를 주저하게 될 것이다.

그렇다면 대규모의 수량을 보유한 주체는 어떻게 이러한 물량을 처리할 수 있을까? 대규모 물량이 쏟아져 나오는지 여부는 거래량으로 바로 확인할 수 있다. 그런데 단순히 거래량이 늘었다고 해서 물량이 쏟아져 나왔다고 생각하는 것은 잘못된 판단이다. 물량이 어느 가격대에 나왔는지를 찾는 것이 중요하다. 실제로 고점에서 물량이 나오는 것과 저점에서 물량이 나오는 것은 해석 자체가 달라질 수 있다. 주식도 일정 부분 이상의 물량을 사들이다 보면(유통주식 수 기준 대비 일평균 거래량을 보고 판단) 미처 원하는 물량을 확보하지 못한 매수 주체가 있게 마련이다. 이런 경우 해당 매수 주체는 낮은 가격에 매도 주문을 내서 매수세 자체를 꺾으려 한다. 하지만 반대로 원하는 물량을 충분히 매집한 주체의 경우는 고점에서 매도하길 희망한다. 이럴 경우 뉴스에 반응하는 주가를 보면서 고점에서 매도하는 전략을 구사한다. 여기에 기여하는 것이 비교적 적은 금액의 매수 세력이고, 이들의 대다수가 개인투자자라고 보면 된다. 하지만 매수 세력의 규모가 작은 상태에서 물량의 대부분을 정리하려고 하면 10%도 채 정리하지 못한 상황에서 그나마 있는 매수 세력마저도 이탈하게 만들 수 있다. 따라서 개인투자자들이 호재에 주가를 끌어올리기 전까지는 대량의 매도 물량을 쏟아내지 않다가 고점에서부터 단계적으로 물량을 정리하게 된다.

이런 추측을 사실로 입증하는 방법은 간단하다. 고점에서 대량의 매도가 나오는 증권사 창구를 분석하는 것이다. 세력들은 고점에서 1차 매도 물량을 쏟아낸 뒤에, 시장에서 물량이 흡수되는 과정을 지켜

보게 된다. 물량을 받아간 개인투자자들이 다시 물량을 쏟아내 전체 매도 물량이 많아지는지 여부를 체크하고, 그것 이상으로 매수 세력이 존재하면 2차로 추가 물량을 정리한다. 여기서 조금 더 주가가 고점을 유지하는 것을 희망한다면 고점에서 매도하여 확보한 자금으로 저점 매수에 가담한다. 그래서 추가적인 매도 심리를 방지하고 매수세를 유도하는 효과를 얻는다. 이런 식의 매도전략을 반복하다 보면 실제 목표한 매도 물량에는 부족하더라도 상당수 물량을 정리할 수 있게 되고, 이 과정에서 거래량이 폭증하게 된다. 왜냐하면 신규 매수 진입자들과 물량 보유자의 초단기 매매가 이뤄지기 때문이다. 이러한 과정을 실제 사례를 들어 살펴보자.

〈그림 1〉은 모 상장사의 주가 추이를 일자별로 나타낸 것이다. 하단의 거래량에서 평소보다 거래량이 많이 발생한 날들에 주목하면서

▶ 그림 1 A사 일봉 차트

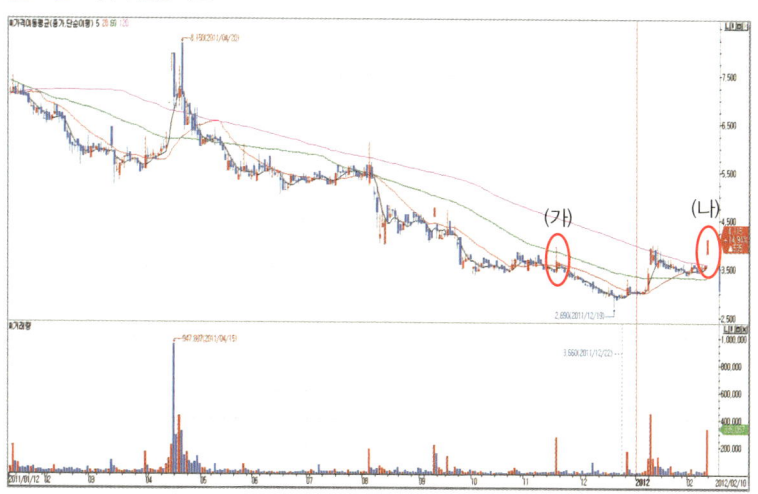

다음의 상세 차트를 살펴보도록 하자.

〈그림 2〉는 〈그림 1〉에서 (나) 시점의 주가흐름을 분 단위로 살펴본 것이다. 이날 이 회사의 주가는 대량의 거래량을 보인 다음 상한가로 마감했다. 이것은 무엇을 의미할까? 앞서 필자의 설명을 그대로 보여주는 사례라는 것을 알 수 있다. 차트를 자세히 살펴보면 고점에서 추가적인 매수세가 들어오지 않자 주가가 슬슬 하락하는 모습을 보이다가 폭발적인 거래량이 발생하면서 주가를 상한가까지 끌어올린 것을 알 수 있다.

이번에는 반대로 (가) 시점의 분 단위 흐름을 살펴보자. 〈그림 3〉을 보면 주가가 급등하면서 상한가까지 직행했지만, 상한가까지 도달하기 전에는 거래량이 많지 않았음을 알 수 있다. 이것은 실제로 적은 금액으로 상한가까지 끌어올렸다는 것을 확인할 수 있는 증거다.

▶ 그림 2 **A사 분봉 차트 1**

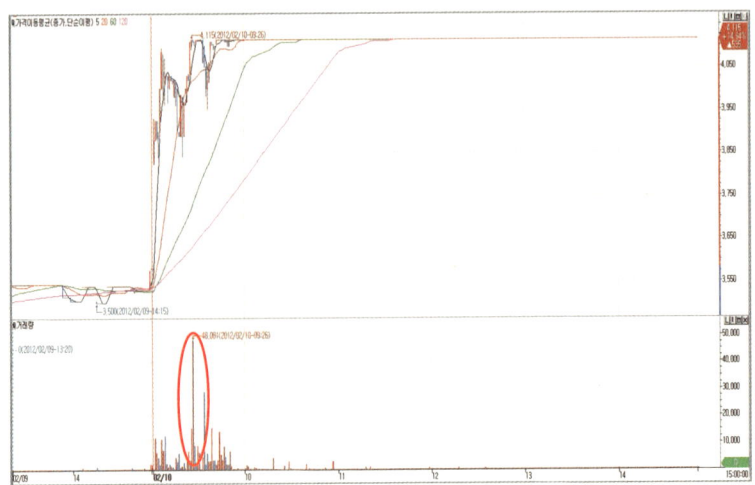

그림 3　A사 분봉 차트 2

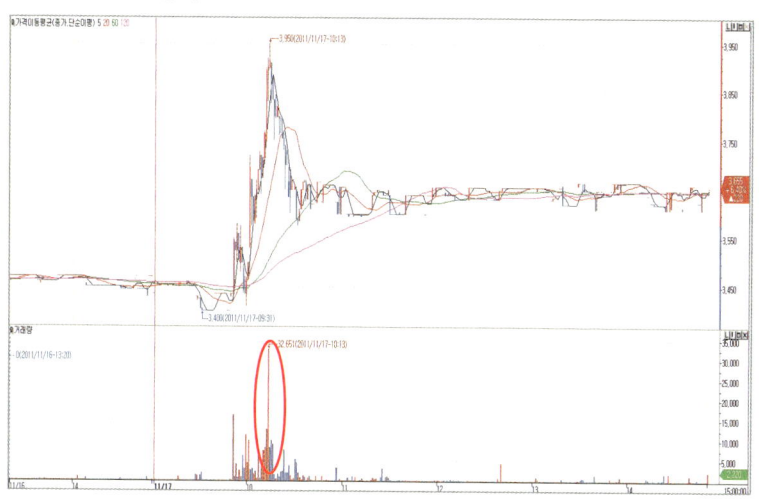

하지만 (가)는 (나)와 다르게 상한가에서 대규모 매도 물량의 출현으로 한 번에 무너져 내렸다. 그러면 실제로 무너지는 주가와 무너지지 않는 주가를 어떻게 구별할까? 그것은 바로 대량의 거래량이 터지면서 올라가는 경우와 고점에서 대량의 거래량이 터져서 무너지는 경우의 차이로 설명할 수 있다. 실제로 이렇게 고점에서 대규모 물량이 출회되면 당일뿐만 아니라 그 이후의 주가도 약세로 이어지는 경우가 대부분이다. 왜냐하면 많은 주식을 들고 있던 매수 주체가 빠져나가면서 시장에 풀었던 물량이 추후 시장에 부담으로 작용하기 때문이다.

(가)와 (나)의 가장 큰 차이는 물량을 매집하는지, 아니면 물량을 정리하는지 여부에서 비롯된다. 여기서 물량이 터진 것, 즉 거래량이 폭증한 것이 좋은지 나쁜지를 평가하기는 어렵지만, 어느 가격대에서

거래량이 폭증했는지가 향후 주가를 가늠하는 중요한 관건이 된다는 점을 알 수 있다. 거래량은 속일 수 없다고 하는 정설이 있다. 실제로 이러한 믿음은 어느 정도 신뢰성을 준다. 하지만 경우에 따라 이러한 믿음을 노리는 주체에 의해 인위적인 거래량이 발생할 수도 있다는 점을 기억해 둘 필요가 있다.

16

실적에 투자하는 당신,
과연 현명할까?

흔히 주식투자를 할 때 강조하는 것 중 하나가 기업의 실적이다. 분명 실적은 해당 주식을 평가하는 중요한 기준임에 틀림없다. 하지만 우리가 접하는 '실적'이라는 것은 대부분 과거의 사실일 뿐이다. 즉, 과거의 실적이 미래에도 그대로 이어질 것인지 여부는 아무도 알 수 없다. 그렇다면 이러한 실적을 믿고 투자를 결정하는 것이 과연 올바른 것일까? 만일 실적대로 주가가 평가된다면 주가의 움직임이 최소화되어야 하는데, 왜 실제로는 등락을 거듭할까? 이러한 의문에 대해 많은 학자들이 여러 가지 설명을 내놓았지만, 필자는 좀 더 이해하기 쉬운 관점에서 접근해 보겠다.

실적은 여러 가지 요인을 종합한 결과물이다. 중요한 것은 실적이 주가에 반영되는 시점이다. 실적은 언제 주가에 반영될까? 실적을 발표하는 순간일까, 아니면 실적이 발표되기 전일까? 이와 관련된 증시 격언이 있다. '소문에 사서 뉴스에 팔아라' 와 '모두가 좋다고 말하는 주식은 오르지 않는다' 가 그것이다. 전자의 격언은 실적에 영향을 주는 정보는 실시간으로 주가에 반영된다는 것을 의미한다. 후자의 경우 투자자가 실적을 확신하는 주식에는 이미 그러한 평가가 반영되어 있으므로 주가가 더 오르기 어렵다는 뜻이다. 하지만 실적이 정확히 언제 주가에 반영되는지 실제로 검증하기는 어렵다. 수많은 경제학자들이 이에 대해 검증하려고 시도했지만 아직까지 속 시원한 답변을 내놓지는 못했다. 그 배경에는 다양한 인간의 심리가 작용한다.

실적의 주가 반영이 언제 이루어지는지 본격적으로 논하기 전에 우선 효율적 시장이론에 대해 알아보기로 하자. '발 없는 말이 천리 간다' 는 속담이나 '세상에 비밀은 없다' 는 말을 들어본 적이 있을 것이다. 정보가 그만큼 빨리, 광범위하게 퍼진다는 것을 의미하는 말들이다. 효율적 시장은 정보가 발생하자마자 즉시 그 정보의 모든 양이 주가에 반영되는 시장을 의미한다. 주식의 가격 형성에 관련된 정보는 불편부당한 방법으로 재빨리 반영된다고 보는 것이다. 효율적 시장에서 주가에 유리한 정보는 가격을 상승시키고 불리한 정보는 가격을 하락시킨다. 주가 형성에 관련된 모든 정보를 모아놓은 집합을 정보집합이라 하는데, 이를 이용하여 주식의 매수 및 매도를 결정하고 집행한다. 이때 비정상수익(Abnormal Profits)을 올리는 것이 불가능한 시장을 이 정보집합에 대해 효율적이라고 한다. 비정상수익은 정상수익을 초과하는 수익을 말한다. 효율적 시장(Efficient Market)의 효율성이란 곧 정보 측면에서의 효율성을 의미한다.

정상수익은 기업가치의 상승에 의해 발생하는 수익이다. 주가는 기업가치와 일치한다. 기업가치가 상승하면 주가도 상승한다. 즉, 기업가치의 상승액과 동일한 액수의 주가 상승이 발생한다. 주식투자는 이 정상수익을 얻기 위해 수행한다. 효율적 시장이론에 따르면 주식투자를 통해 투자자가 얻는 것은 이 같은 정상수익뿐이다. 왜냐하면 기업가치에 대한 새로운 정보가 발생하는 바로 그 순간 주가는 새로운 기업가치로 조정되기 때문이다. 따라서 정상수익 이상의 이익을 얻는 것은 불가능하며 이에 따라 비정상수익은 올릴 수 없다.

반면에 기술적 분석은 정보가 발생하는 순간 모든 정보의 양이 고스란히 주가에 반영되지는 않는다는 주장이다. 정보가 발생하는 순간 정보의 일부가 반영되고 그 나머지도 시차를 두고 조금씩 주가에 반영된다는 것이다. 이에 따라 주가를 꾸준히 관찰해 나가면 비정상적 수익을 올릴 수 있다는 것이다.

지금 이 책을 읽고 있는 여러분의 생각은 어떤가? 정보는 발생하는 그 순간에 즉각적으로 주가에 반영될까? 아니면 일부만 반영되고 일부는 서서히 반영될까? 이에 따라 투자전략에 분명한 방향성을 취해야 할 것이다. 이 책의 도입부에서 필자는 분명한 투자의 목적과 방향성을 설정하는 것이 매우 중요하다고 강조했다.

사실 투자의 세계에는 다양한 분류의 가설과 용어들이 존재하지만, 그것들을 굳이 다 외워야 할 필요는 없다. 핵심은 하나다. 정보가 발생하는 그 순간에 주가에 영향을 주는지, 아니면 서서히 영향을 주는지에 대한 스스로의 판단과 결정이 필요할 뿐이다. 왜냐하면 이것을 어떻게 보느냐에 따라 여러분의 투자전략이 분명 달라질 것이기 때문이다. 주식투자에 정답이 없는 이상, 판단은 어디까지나 투자자 자신의 몫이다. 효율적 시장에 대한 이야기를 좀 더 심화해 살펴보기로 하자.

어느 한 주식과 관련된 정보가 생성되면 호재든 악재든 그 정보가 주가에 반영되는 것은 불문가지다. 주가에 유리한 정보는 주가를 상승시키고, 불리한 정보는 주가를 하락시킨다. 예를 들어 금을 채광하는 기업이 새로운 금맥을 찾았는데 매장된 금의 양이 엄청나다고 가정하자. 이것은 좋은 소식이다. 이 정보가 주식시장에 도달하면 해당 기업의 주가가 오를 것임은 자명한 이치다. 반면에 다른 한 회사는 신제품 개발에 실패했다고 가정하자. 그런데 이 회사는 신제품 개발에 많은 자금을 사용했고 그 돈은 부채를 통해 조달했다. 그렇다면 해당 기업은 파산의 가능성도 존재한다. 이것은 나쁜 소식이다. 이 같은 소식이 주식시장에 도달하면 누구나 주식을 매도하려 할 것이다. 당연히 주가가 하락한다. 정보가 주가에 반영되는 것을 '정보의 주가 반영과정'으로 설명할 수 있다.

〈그림 1〉에서 A라는 기업에 좋은 소식, 즉 유리한 정보가 발생한다. 그러면 주식시장은 이 정보에 반응한다. 만일 효율적 시장이라면 정보가 발생하는 바로 그 순간 주가에 반영되므로 주가가 정보의 양만큼 상승하게 될 것이다. 이것이 그림의 상부에 실선으로 표시된 부분이다. 하지만 효율적 시장이 아니라면 정보가 발생한 초기에는 주가에 일부만 반영될 것이다. 이런 경우 시장은 정보가 반영되는 결과를 보고 나서 또 일부를 반영시켜 나간다. 이러한 일련의 반영과정을 통해 정보의 양이 모두 반영된다. 그러자면 일정한 시간이

그림1 **정보의 주가 반영과정**

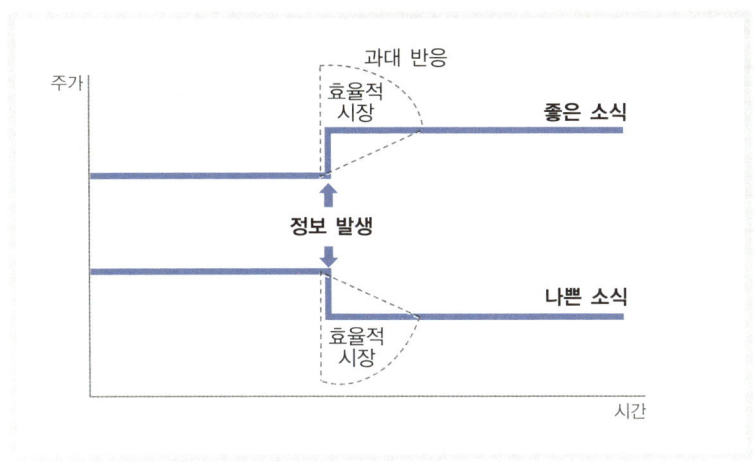

경과한다. 즉, 정보의 일부를 반영시키면서 반영의 정도를 학습하고, 이러한 학습을 통해 아직 A 주식에 반영시키지 않은 정보를 또 반영시켜 나가는 것이다. 이것이 그림 상부에 심각형의 빗변처럼 표시된 점선이다. 이 학습과정을 통해 궁극적으로 A 주식에 관련된 정보가 모두 반영된다. 따라서 효율적 시장과는 달리 A 주식의 주가가 서서히 상승한다.

정보가 발생하는 즉시 이 정보의 양이 주가에 한꺼번에 반영되지 않고 서서히 반영되어 정보가 소진되어 나가는 시장에서는 정보의 반영이 모두 끝나면 학습과정을 통해 상승한 A 기업의 주가가 효율적 시장에서 일시에 상승한 주가와 일치한다. 학습과정을 통해 서서히 주가가 올라 실선에 다다른 후 더 이상 반영시킬 정보의 양이 없어 멈추어 서 있는 지점과 효율적 시장에서 정보 도착 시 한꺼번에 주가를 올려 다다른 지점이 동일해진다. 분석 대상 주식에 관련된 정보를 학습과정을 통해 주가에 서서히 반영시켜 나가고 정보의 양이 주가에 모두 반영된다고 주장하는 것을 기술적 분석(Technical Analysis)이라고 부른다. 따라서 기술적 분석에서는 A 주가를 시간의 흐름에 걸쳐 관찰해 나가면 정보가 발생하는 시점을 파악할 수 있다. 주가가 상승하면 이 주식에 유리한 정보가 발생했다는 것을 해당 주식의 주가 관찰을 통해 파악할 수 있다. 정보는 서서히 주가에 반영되므로 이 학습과정을 관찰해 나가면 주가의 움직임을 정확히 파악할 수 있다. 또 주가의 관찰을 통해 해당 주식의 매수와 매도의 시기를 결정할 수 있다.

주식시장에는 신중하게 처신하는 사람이 있는가 하면 정보를 과대 평가하는 사람도 있다. 이 사람 역시 학습과정을 통해 정보에 과대한 반응을 보였다는 것을 깨닫게 된다. 정보가 지닌 양보다 주가가 고평가되었다는 것을 알게 되면 그에 따라 주가는 차츰차츰 내린다. 결국 과다하게 오른 주가의 거품이 조금씩 꺼지면서 종국에는 그 정보가 지닌 양만큼만 주가에 반영된다. 이와 같이 어느 정도 시간이 지나면서 한곳으로 귀결된 주가는 효율적 시장에서 정보 도착 시 일시에 오른 주가와 일치한다. 다른 점은 한꺼번에 참 주가에 도달하지 않고 서서히 근접한다는 것이다. 이 과정은 그림 상부의 반원과 비슷한 부분이다.

정보가 발생할 때에는 정보가 지닌 정보량보다 크게 그 양을 평가하고 과대량을 A 주식에 즉각 반영시킨다. 시간의 흐름에 따라 정보가 과대 반영된 것이라는 것을 학습해 나간다. 기술적 분석에서처럼 학습과정을 통해 정보를 평가해 나가는 것이므로 정보의 과대평가량이 서서히 감소해 나간다. 과대평가량이 모두 없어지면 효율적 시장에서 정한 가격과 일치한다.

나쁜 소식, 즉 주가에 불리한 정보도 주가에 유리한 정보와 같은 형태가 존재한다. 효율적 시장에서는 정보가 발생하는 즉시 정보의 전량이 한꺼번에 주가에 반영된다. 기술적 분석에서는 정보가 시차를 두고 서서히 반영된다. 과대반응에서는 지나치게 주가를 하락시키고 서서히 주가를 상승시켜 나간다.

한때 주가 조작으로 상당히 말이 많았던 모 기업의 차트를 살펴보자. 〈그림 2〉를 살펴보면 평소 3,000원 대를 유지하던 기업의 주가가 엄청난 양의 다이아몬드 채광 소식이 전해짐과 동시에 6번이 넘는 주가 상승을 보였다. 하지만 바로 그 다음을 보자. 이 기업의 주가는 대

▶ 그림 2 C사 일봉 차트

규모 다이아몬드 채광 소식에 한동안 급등했지만, 이것이 허위였다는 사실이 밝혀지면서 결국 원래 가격대 이하로 주가가 내려온 것을 알 수 있다. 이것은 새로운 정보가 발생함에 따라 일시적으로 변동할 수 있지만 결국 주가는 실적에 수렴한다는 것을 보여준다. 투자자라면 정보의 반영과정, 그리고 주가가 결국 실적에 수렴하는 모습을 차트를 보면서 이해하는 노력이 필요하다.

주가는 결국 실적에 수렴한다. 하지만 실적이 발표될 때쯤이면 이미 실적과 관련된 정보가 주가에 반영되어 추가적인 상승을 기대하기 어렵다. 성공적인 주식투자를 위해서는 이러한 2가지 모순된 점을 잘 이해하고 자신만의 투자전략을 수립하는 것이 매우 중요하다고 할 수 있다.

투자 대상 기업에 대한 새로운 정보를 듣고 발 빠르게 추격매수를 하면 큰 수익을 얻을 수 있을 것이다. 하지만 매수한 시점이 정보가 전달되는 과정의 끝물이고, 실적과는 아무런 상관없는 허상이라면 결국 투자자에게 엄청난 손실을 안겨줄 것이다. 결론적으로 정보의 속도전에서 이길 수 있는 자신이 있는 투자자라면 정보의 속도에 투자전략을 맞추면 될 것이다. 하지만 그렇지 않은 투자자라면 실적을 추적해 가는 투자의 기술이 필요할 것이다.

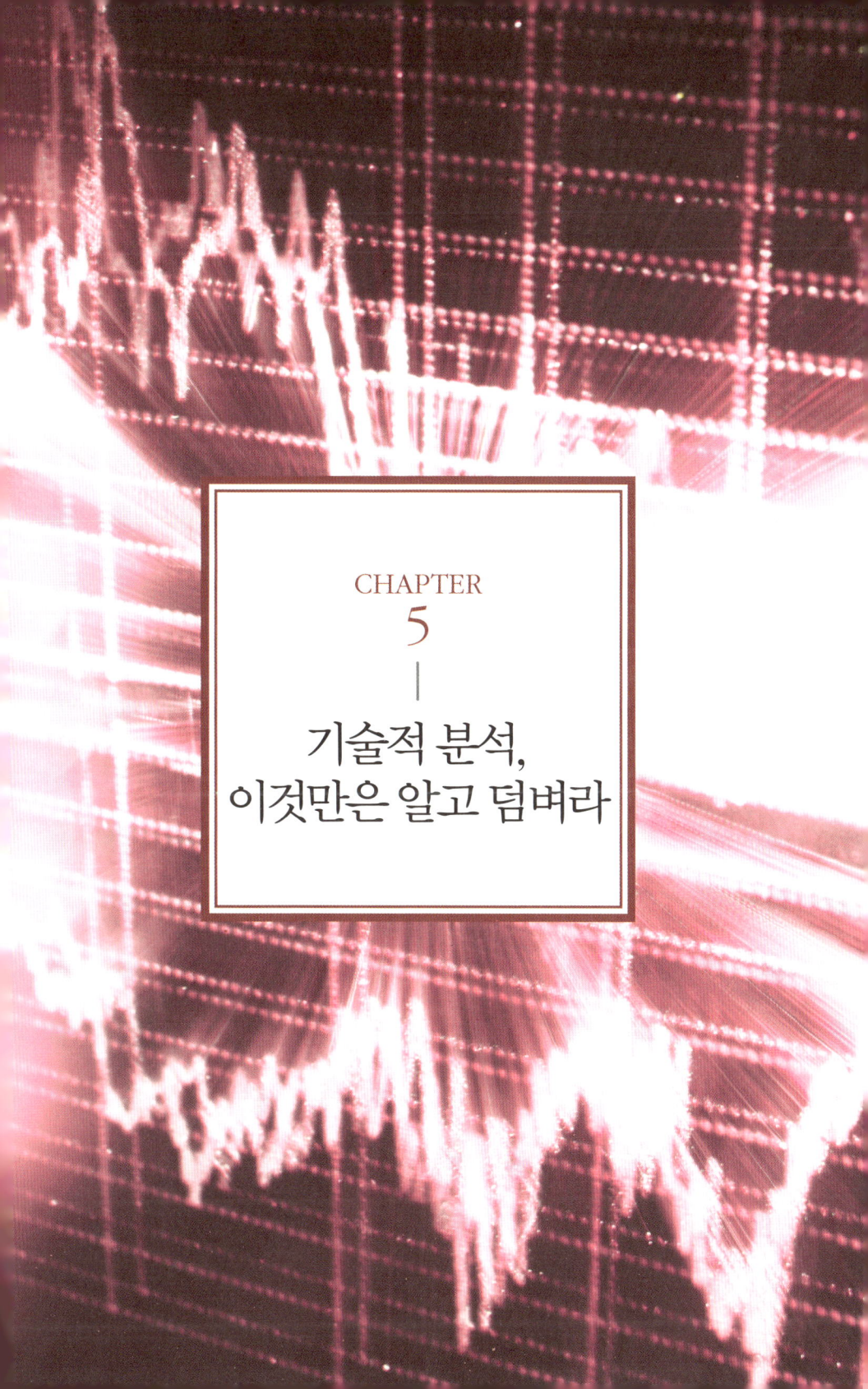

CHAPTER
5
—
기술적 분석,
이것만은 알고 덤벼라

17

캔들 차트와 이동평균선의 바이블

주식투자를 하는 사람이라면 캔들 차트가 어떻게 표시되고 무엇을 의미하는지 안다. 하지만 그것을 해석할 때는 오류에 빠지는 경우가 많다. 결국 캔들 차트를 제대로 이해하는 사람은 극소수다. 내가 주식투자에 대해 처음 공부할 때는 그저 주식 관련 서적을 읽는 것이 전부였다. 돌이켜보면 당시에는 투자의 가치관을 정립하는 시기였다고 하는 게 더 맞을 것이다. 당시 내가 주로 공부하던 분야는 재무분석이었다. 그만큼 기술적 분석에는 신뢰를 두지 않았다. 기술적 분석에 나오는 공식대로라면 재무분석 없이 모두 돈을 벌 수 있을 테니 믿음이 가지 않았던 게 사실이다. 이때만 해도 기술적 분석은 그저 말장난이라고 치부해 버리곤 했다.

기술적 분석에 대한 나의 생각을 바꿔놓은 것은 기술적 분석 전문가인 어느 경제학 교수와의 만남이 계기가 되었다. 그는 한 기업의 주가 차트를 보여주고 "이 기업의 주가는 바닥을 찍은 것일까?"라고 물었다. 물론 이 기업의 이름이나 유추할 만한 정보는 일체 알려주지 않았다. 그 당시 필자는 "알 수 없지요"라고 대답했다. 그러자 이번에는 다른 것을 보여주었는데, 그것은 우리나라의 코스피지수이다. 상승과 하락을 거듭하고 있지만 분명한 것은 차트가 우상향한다는 점이다. 그 과정을 보면서 내가 간과한 부분들을 발견할 수 있었다.

내가 차트에 눈을 뜬 건 대학생이던 당시 투자를 시작하고 나서 6개월이 지날 무렵의 일이었다. 이를 통해 나는 주식투자를 보는 편협한 시각을 버릴 수 있었다. 주식투자에서 절대적인 방법은 존재하지 않는다. 설령 존재하더라도 그것은 결코 세상 밖으로 나오지 않는다. 그것이 나오는 순간, 좀 더 정확하게 말하면 '공유되는 순간' 그 방법은 쓸모없는

➡ 그림1 코스피지수 일봉 차트

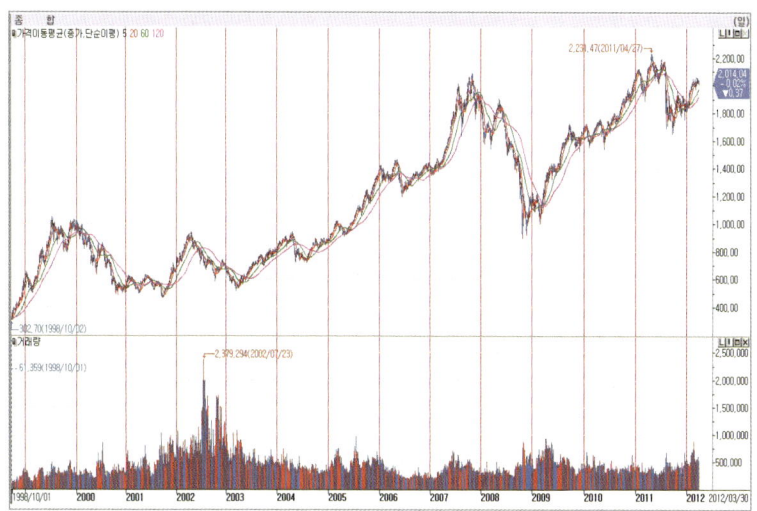

것이 되어 버린다. 모두가 승리하는 방법은 시장에서 통할 수 없기 때문이다. 투자에 있어 모든 방법론을 연구한다는 것은 또 다른 무기를 갖는 것이므로 편협한 시작을 버리고 연구하는 자세가 필요하다. 따라서 기술적 분석에 대해서도 고민과 연구를 할 필요성은 충분하다.

기술적 분석은 우리에게 '추세'라는 것을 가르쳐준다. '추세'는 여러 가지 움직임이 복합되어 나타나는 종합적인 산물이다. 이제 기술적 분석의 세계로 들어가 보자. 이 책에서는 독자가 여타 다른 기술적 분석 관련 서적을 어느 정도 습득했다는 가정하에 설명할 것이다. 따라서 아직 기술적 분석의 기초를 공부하지 않은 독자라면 먼저 이에 대해 공부한 다음 읽어보길 바란다. 분명 다른 책에서 읽어보지 못한 새로움과 충격을 안겨줄 것이라 확신한다.

★ 캔들, 주식투자의 시작 ★

주식투자를 처음 접할 때 흔히 차트를 보게 된다. 우리가 사용하는 차트는 무엇일까? 흔히 차트는 미국식 차트와 일본식 캔들 차트로 나눌 수 있는데, 우리나라를 비롯해 아시아권에서는 주로 일본식 캔들 차트를 많이 사용한다. 이 부분은 어느 책에서나 쉽게 볼 수 있는 내용이지만 초보 투자자를 위해 잠시 짚고 넘어가도록 하자. 기술적 분석 방법 중 하나인 캔들 차트 분석은 기업의 본질 가치보다는 과거의 주가 패턴은 미래에도 반복해 나타난다는 가정하에 과거의 주가 패턴과 거래량을 분석함으로써 향후 주가의 방향을 예측하고자 하는 가정적 분석기법이다.

▶ 그림 2 미국식 차트

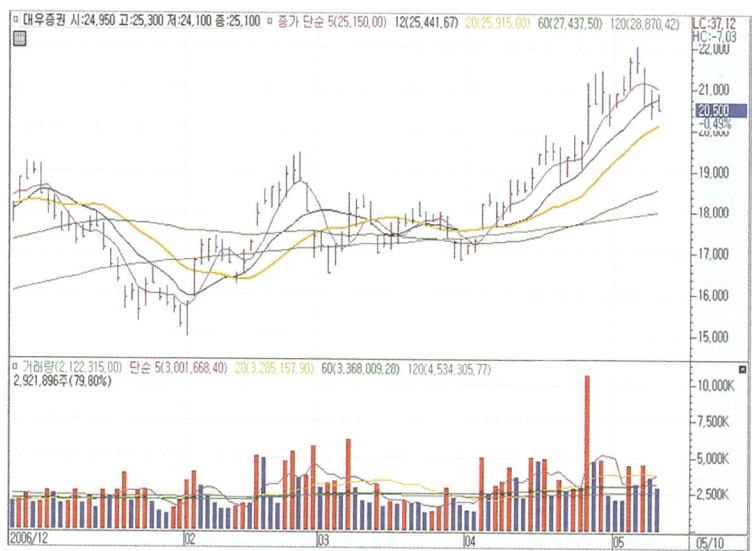

▶ 그림 3   일본식 차트

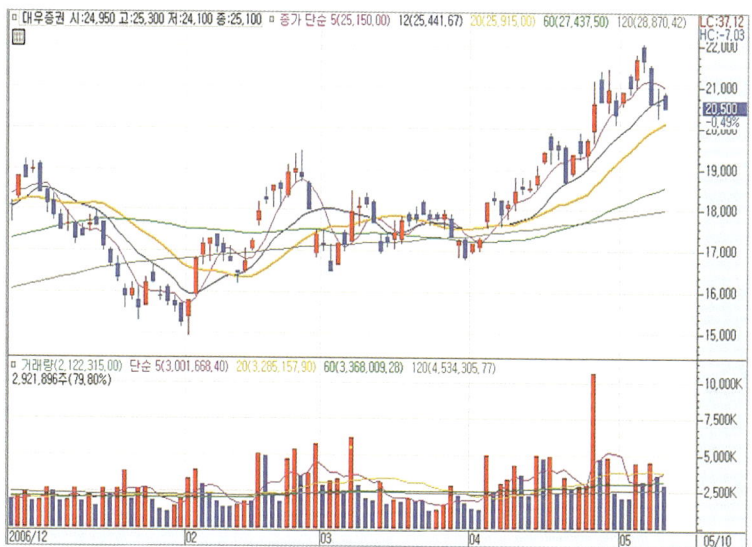

주가 차트를 표시하는 방법에는 미국식과 일본식이 있는데, 미국식 차트는 고가, 저가, 종가로 구성되어 있는 반면에 일본식 차트는 시가, 저가, 고가, 종가 등 총 4개 항목으로 구성되어 당일 주가 변화를 한눈에 볼 수 있다. 많은 사람들이 일본식 차트를 이용하며 현재 국내에서 사용하는 주식 차트의 대부분은 일본식 차트이다.

미국식 캔들은 다음과 같이 표시한다.

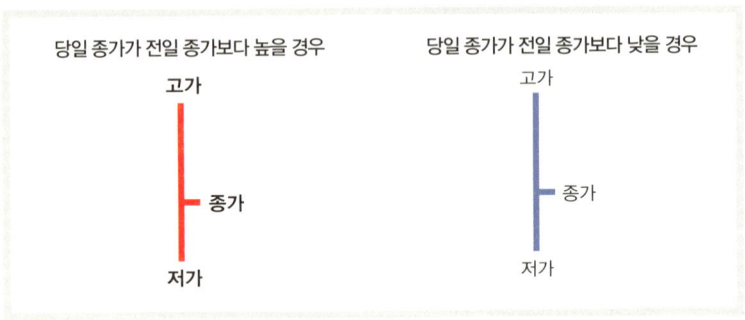

미국식 차트의 장점은 주가의 중요한 수치만을 중심으로 주가를 쉽게 파악할 수 있도록 되어 있다는 것이다. 하지만 해당일 주가의 시작점을 찾을 수 없다는 단점을 갖고 있다. 이를 보완한 것이 일본식 차트이다. 하지만 미국식 차트와 일본식 차트 모두 시간에 따른 거래를 표현하지 못한다는 문제점을 갖고 있다. 또한 두 차트 모두 주요하게 거래가 일어난 가격대를 표시할 수 없는 맹점이 있다. 따라서 캔들 차트 하나만 가지고 모든 것을 해결하려는 것은 무리다. 이러한 문제점을 잘 기억하고 캔들 차트 분석에 들어가야 한다.

일본식 캔들은 다음과 같이 표시한다.

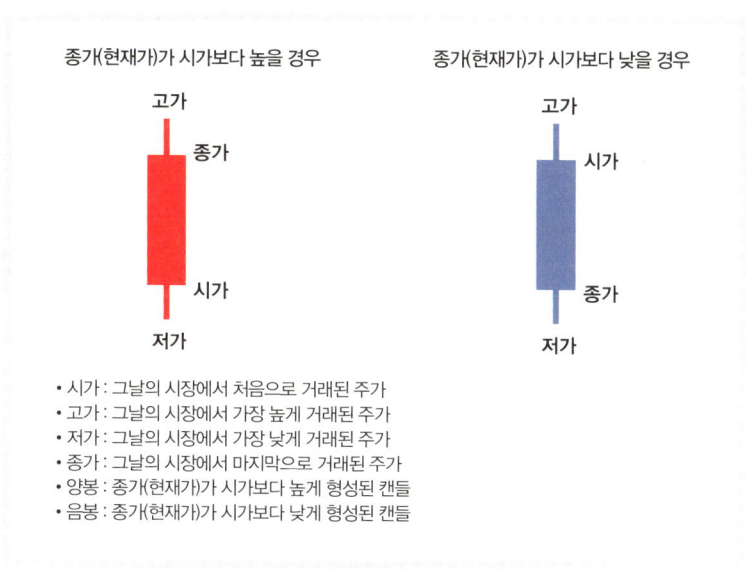

종가(현재가)가 시가보다 높을 경우

고가
종가
시가
저가

종가(현재가)가 시가보다 낮을 경우

고가
시가
종가
저가

• 시가 : 그날의 시장에서 처음으로 거래된 주가
• 고가 : 그날의 시장에서 가장 높게 거래된 주가
• 저가 : 그날의 시장에서 가장 낮게 거래된 주가
• 종가 : 그날의 시장에서 마지막으로 거래된 주가
• 양봉 : 종가(현재가)가 시가보다 높게 형성된 캔들
• 음봉 : 종가(현재가)가 시가보다 낮게 형성된 캔들

이제 일본식 캔들의 생성 원리를 살펴보자. 일본식 캔들 차트는 미국식 차트에서 단지 '시가' 라는 한 가지 요소가 추가되었을 뿐이지만, 캔들이 형성되는 원리는 훨씬 복잡하고 중요하다. 캔들 차트는 시간에 따라 색과 길이가 변한다. 시간과 거래의 변화에 따른 차트 형성과정을 살펴보도록 하자. 이 변화과정은 캔들 차트 해석의 50% 이상을 결정한다고 해도 과언이 아닐 정도로 매우 중요한 의미를 갖고 있으므로 반드시 짚고 넘어가도록 한다. 어느 날 다음과 같은 캔들이 형성되었다면 어떤 식의 거래가 있었는지 한번 유추해 보자.

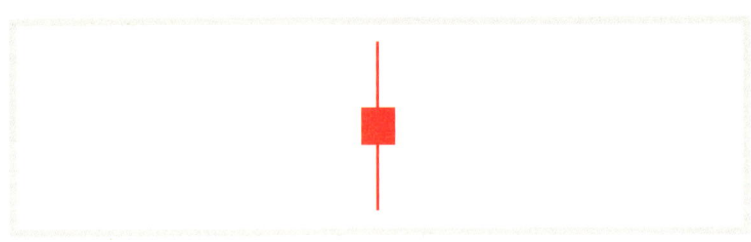

이것은 종가(현재가)가 시가보다 높게 형성된 캔들이다. 이와 같은 캔들이 형성되려면 어떤 거래과정이 있었던 것일까? 이와 같은 캔들이 형성되는 것을 유추하기 위해서는 먼저 고가와 저가를 어떻게 그려야 할지 살펴보아야 한다. 그리고 시가와 종가(현재가)를 중심으로 '양봉'이냐 '음봉'이냐를 계속해서 신경 써서 그리면 된다.

이제 예로 든 캔들처럼 형성될 수 있는 여러 가지 과정들을 살펴보기로 한다. 이 캔들의 형성과정을 보면 다음과 같이 될 수 있다. 형성과정이 다음과 같이 '될 수 있다'는 것은 반드시 그와 같이 된다는 것이 아니라 여러 가지 가능성이 있고 그중의 하나일 수 있다는 말과 같다. 이것은 수백 번을 강조해도 지나침이 없을 정도로 중요한 의미를 지닌다. 먼저 이 캔들은 다음과 같이 형성될 수 있다.

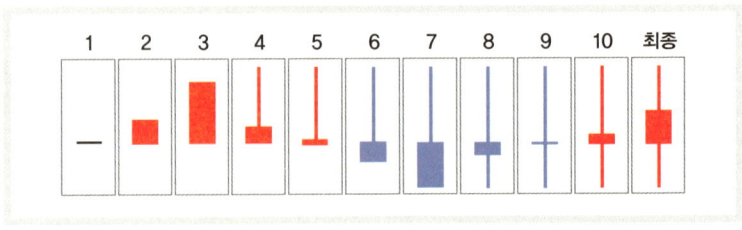

그림을 보면 처음에 1에서 시작한다. 주가가 매수세에 의해 2처럼

상승한다. 그리고 추가적인 매수세가 강하게 몰리면서 3처럼 그날 최고점까지 상승한다. 4는 차익매물에 의해 주가가 서서히 밀리는 모습이다. 그리고 5는 아침 시작한 가격대까지 주가가 밀린 상황이다. 6은 아침에 시작한 가격보다도 주가가 하락하는 상황이고, 7은 그날 최저치까지 주가가 내려간 상황이다. 그러던 주가가 8처럼 상승하면서 9와 같이 시가를 회복했다. 10은 다시 주가가 상승을 하면서 최종적인 결론에 이르게 된다. 캔들이 형성되는 과정은 앞서 설명한 형태만 있는 것이 아니다. 다음과 같은 과정을 거쳐 형성될 수도 있다.

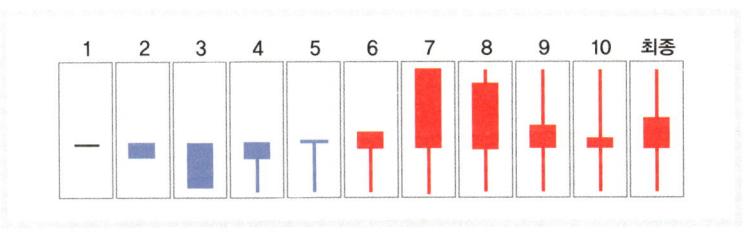

이 형성과정은 시초가보다 주가가 하락하는 상황이다. 3에 이르러서는 당일 최저치를 기록한다. 그러다 최대 낙폭을 인식함과 동시에 4처럼 반등하기 시작한다. 그러다 결국 시초가를 회복하고 주가가 상승하기 시작한다. 7에 이르러서는 주가가 최고치를 기록하고 차익매물에 부딪쳐 8과 9처럼 위꼬리를 만들고 등락을 거듭하다 최종 캔들이 나왔다.

형성과정 1과 형성과정 2를 살펴보면 최종 캔들은 동일하지만 과정은 엄연히 다르다. 전자는 '전강후약'의 패턴이고, 후자는 '전약후강'의 패턴이다. 최종 결론을 보고 1번부터 10번까지의 거래 패턴을 유추하는 것은 불가능하다. 통상적으로 형성과정 1과 같은 방식으로 완성된 차트보다 형성과정 2와 같은 방식으로 형성된 차트가 다음 캔들에 주는 영향이 크다.

만일 당신이 형성과정 2와 같은 패턴을 보게 된다면 다음날 캔들의 상승 방향성에 무게를 둔 해석을 내리는 것이 유리하다. 반대로 형성과정 1과 같은 패턴을 보게 되면 차익실현 또는 다음 캔들의 방향성 약화에 무게를 두고 해석을 내리는 것이 낫다.

캔들 차트가 어느 정도 주식시장에서 투자자들의 심리를 반영하는 것은 맞지만, 무조건 추종하는 것은 곤란하다. 이번에는 캔들 차트를 해석할 때 어떤 치명적인 문제점이 있는지 알아보자. 실제로 해석의 순서에 따라 다음날 예측뿐만 아니라 이후의 예측이 완전히 달라질 수 있다는 점을 알아야 한다. 캔들 차트를 해석할 때는 장중 분위기를 읽는 것이 매우 중요한데 장중 거래된 상황을 보지 못했다면 해석하는 사람에 따라 이를 다른 내용으로 해석할 수 있다. 따라서 캔들 차트를 제대로 해석하고 싶다면 이러한 오류가 발생할 가능성을 염두에 두고 꼼꼼하고 다양한 각도에서 해석하려 애써야 한다.

★ 기술적 분석의 오류 ★

HTS를 통해 차트를 살펴보면 캔들 외에 몇 가지 선이 표시된 것을 볼 수 있다. 이것을 이동평균선이라 한다. 이동평균선을 이용한 투자기법은 상당히 많다. 이는 기술적 분석을 다루는 증권 방송을 보더라도 빠지지 않고 등장하는 내용 중 하나이다. 과연 이동평균선은 어떤 의미를 갖고 있을까?

STOCK TIP

이동평균선 | 이동평균선이란 말 그대로 주가의 이동을 평균한 것으로, 일정 기간 동안 움직인 주가를 평균하여 전체적인 주가의 흐름을 관찰할 수 있도록 고안된 지표라고 할 수 있다. 이동평균선은 그랜빌(J. E. Granville)이 고안해 낸 것으로 구하는 방법은 다음 과 같다.

- A 기업의 1일째 종가
  1,000원
- A 기업의 2일째 종가
  2,000원
- A 기업의 3일째 종가
  3,000원
- A 기업의 4일째 종가
  4,000원
- A 기업의 5일째 종가
  5,000원(5일 이동평균 : 1,000+2,000+3,000+4,000+5,000÷5=3,000원)
- A 기업의 6일째 종가
  6,000원(5일 이동평균 : 2,000+3,000+4,000+5,000+6,000÷5= 4,000원)

이 예시는 5일 이동평균선으로 현재 시점을 포함하여 지난 5일 동안의 주가(종가)를 평균한 가격을 의미한다. 이와 같은 방법으로 현재 시점을 포함하여 지난 20일간의 주가를 평균한 가격을 구하면 20일 이동평균선이 된다.

실제로 이동평균선이 갖는 의미는 종가의 평균치라는 것 이외에 큰 의미는 없어 보인다. 그런데도 개인투자자들이 이러한 이동평균선에 열광하는 이유는 왜일까? 이동평균선이 밀집되면 에너지가 응집되었다든지 정배열이면 앞으로 더 상승 여력이 높다든지, 이동평균선이 지지되면 주가가 그 이하로는 쉽게 하락하지 않을 것이라든지 하는 판단의 근거는 무엇일까? 이동평균선에 숨어 있는 투자자들의 심리를 살펴보도록 하자.

먼저 이동평균선이 모여 있다는 것은 무슨 의미인가? 5일간의 종가와 20일간의 종가, 60일간 또는 120일간의 종가가 모두 모여 있다는 것은 쉽게 말해 약 6개월간의 종가가 거의 매일 똑같은 수준을 유지하고 있다는 의미다. 즉, 어느 한 기업의 주가가 6개월간 일정하게 유지되는 것은 쉽지 않은 일이고, 그러한 주가가 어느 방향으로든 한 번은 변동할 가능성이 높다는 뜻으로 해석할 수 있다. 그래서 사람들은 이동평균선 밀집 구간에 열광하는 것이다.

그러면 이동평균선 정배열의 의미는 무엇인가? 보통 이동평균선이 정배열되어 있다는 것은 장기 이동평균선(120일선)이 최하단에, 60일 이동평균선이 그 상단에, 그리고 단기 이동평균선이 60일 이동평균선의 상단에 차례로 놓이는 것을 말한다. 120일 이동평균선은 장기 이동평균선인데 장기적인 주가의 평균보다 중기적인 주가의 이동평균선이 상단에 있다는 것은 시간이 지남에 따라 주가의 수준이 높아졌다는 것을 의미한다. 또한 그 상단에 단기 이동평균선이 놓여 있다는 것은 단기적으로도 중기 이동평균선보다 높은 주가를 유지하고 있다는 것을 의미한다. 이것은 전체적인 주가의 수준이 한 차원 높아졌다고 해석할 수 있다. 그래서 투자자들은 이동평균선의 정배열 상태를 선호한다.

마지막으로 이동평균선의 지지에 대한 의미를 살펴보도록 하자. 이동평균선은 말 그대로 주가의 평균이다. 그것을 단기로 적용할 때는 단기 이동평균이 되고, 장기로 적용할 때는 장기 이동평균이 된다. 일시적으로 급등했던 주식이 다시 이동평균선에 다가왔다는 것(주가의 평균에 수렴)은 직전의 주가가 과매수권에 있었다는 말로 해석할 수 있고, 점진적인 상승추세에서 대기 매수자들에게 매수의 기회를 포착할 수 있는 매수권역이 된다는 뜻이기도 하다.

이렇듯 얼핏 보면 이동평균선 자체가 갖는 의미는 다양하게 해석할 수 있고, 향후 추세를 검증하는 데도 유효해 보인다. 실제로 과거 10년 전 이동평균선 투자기법이 각광을 받은 적이 있었다. 하지만 이동평균선 투자기법으로 수익을 본 사람은 거의 전무하다고 할 수 있다. 왜 이런 현상이 발생할까?

이동평균선 투자기법에는 치명적 약점이 있다. 그것은 바로 지표가 갖고 있는 본연의 '후행성'이다. 즉, 지나고 난 다음인 과거의 일을 보여준다. 실제로 투자에서 후행성 지표는 과거를 확인하는 것 이외에 어떤 도움도 되지 않는다. 물론 확실하게 지나갔다는 점을 확인할 수 있지만 그것이 향후 미래를 나타낸다고 단정하기는 어렵다. 아무리 과거를 정확히 맞추는 용한 점쟁이라 하더라도 미래에 일어날 일을 맞추지는 못하는 것처럼 말이다. 후행성은 이처럼 사람을 현혹시키는 데 아주 유용하다. 그 결과 이동평균선 투자기법은 귀에 걸면 귀걸이요, 코에 걸면 코걸이가 되는 수단으로 지금까지 수많은 차트 관련 서적에서 단골 메뉴로 활용되어 왔다. 두 번째로는 차트의 확대 및 급등 시 이동평균선은 언제든 변할 수 있다는 점이다. 즉, 급등락에 따른 이동평균선의 왜곡이 발생한다는 것이다.

무수히 많은 개인투자자들이 막대한 자금을 들여 지난 10여 년간 후행성과 왜곡이 빚어내는 이동평균선의 마술에 매달려 왔다. 하지만 그들의 도전은 결국 처절한 실패로 귀결됐다. 이제는 그런 왜곡된 정보에서 벗어나야 한다. 그러기 위해서는 개인투자자들의 적극적인 고민과 연구가 필요한 시점이다. 이동평균선에 대한 자세한 분석은 9장에 기술했으므로 참고하기 바란다.

18

숫자와 통계가 만든 보조지표,
해석의 오류를 찾아라

기술적 분석의 한 영역으로서 보조지표는 다양한 형태로 발전, 응용되어 왔다. 특히 매매시점을 포착하고 주가의 흐름을 한눈에 살펴볼수 있다는 점에서 유용하다. 하지만 보조지표를 통해 누구나 돈을 벌수 있다면 보조지표로 돈을 벌지 못한 사람들이 그렇게 많을 리도 만무하다.

〈그림 1〉을 살펴보자. 이동평균선은 역배열에, 주가는 하향세를그리고 있다. 일반적인 투자자의 경우 이런 형태의 차트와 수급을 보면 외면하기 십상이다. 하지만 이 기업의 주가는 이후에 〈그림 2〉와같이 전개된다.

추세가 완전히 붕괴되는 것처럼 보이던 주가가 급등하면서 가장이상적인 차트의 형태가 되었다. 이렇게 보일 수 있는 것은 바로 차트

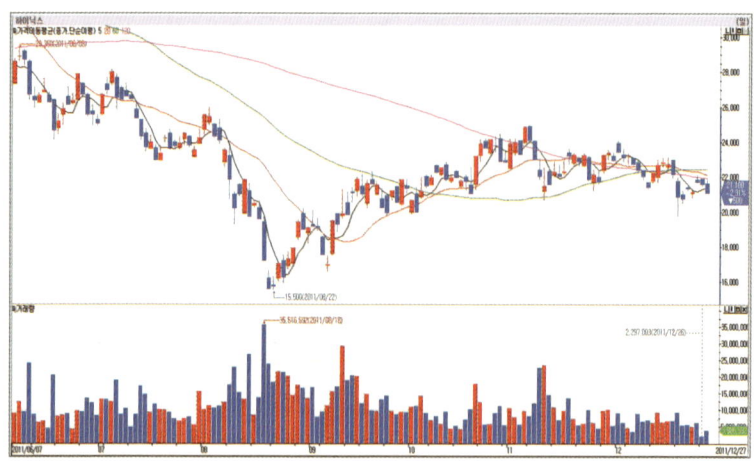

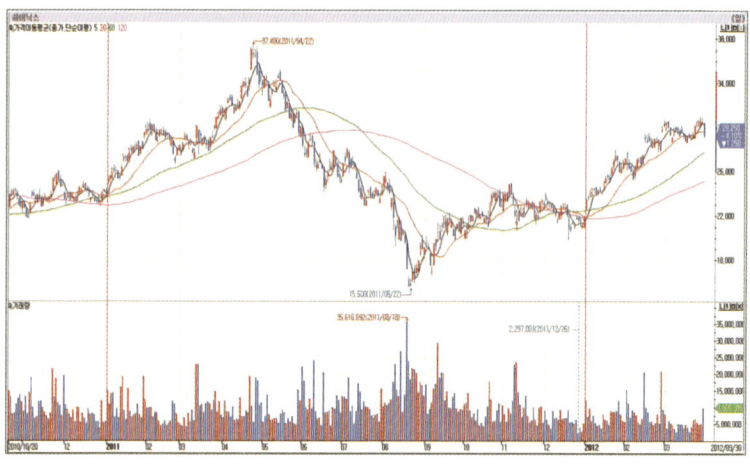

의 확대/축소 기능 때문이다. 또한 구간별 확대와 축소를 할 경우 때
로는 골든크로스가 발생하기도 하고, 데드크로스가 발생하기도 한
다. 이것이 기술적 분석을 할 때 가장 큰 오류를 가져다주는 점이다.

보조지표로 돈을 벌 수 없다고 한 이유는 간단하다. 언제 어디서나 보편타당한 기준이 있어야 전략도 일괄적으로 수립할 수 있다. 앞의 차트처럼 해석이 자의적으로 계속 바뀔 수 있는 도구를 사용한다면 어떻게 객관적이고 보편타당한 전략을 수립할 수 있겠는가? 그렇다면 이것을 어떻게 돈이 되게 만들 수 있을까? 먼저 이런 유형의 차트를 찾고 분석하는 데 시간을 들이지 말고 보다 큰 흐름을 보는 데 사용할 것을 권한다. 또 가능하다면 자신만의 변형된 기술적 분석 방법을 만들어보는 것이다. 물론 실력이 어느 정도 쌓여야 가능하겠지만 노력 여하에 따라 결코 불가능한 일은 아니다. 가령 나는 '레인보우 차트'라는 것을 스스로 만들어 사용한다. 이것은 국내에 공개된 적이 없다. 왜냐하면 내가 스스로 만든 하나의 지표이자 캔들이기 때문이다.

레인보우 차트는 캔들 차트를 기본으로 하지만 캔들 차트가 줄 수 없는 다양한 정보를 담아 문제점을 보완했다. 이 차트는 캔들 차트를 7개의 구간으로 나누고, 거래량이 집중된 부분을 빨간색으로 표시하고 주로 거래된 거래량을 기준으로 이외의 구간을 나머지 색들로 표시한다. 그렇게 되면 캔들 차트에서 보여주지 못한 구간별 거래량 정보를 보여줄 수 있다. 약간의 엑셀 지식과 컴퓨터를 다룰 수 있는 능력만 있으면 얼마든지 자신이 원하는 지표를 생산하고 해석할 수 있는 것이다. 이렇듯 자신만의 지표를 만들어 사용한다면 진정으로 돈이 되는 기술적 지표들을 무수히 만들 수 있을 것이라 생각한다.

19

팔기 쉬운 시세는 오르고,
사기 쉬운 시세는 내린다!?

주식투자를 하다 보면 흔히 겪는 일 중 하나가 '내가 사면 내리고, 내가 팔면 오르는 것'이다. 참 야속한 일이지만 이와 같은 일이 반복되는 것은 무엇 때문일까? 이와 같은 일을 겪고 나면 대다수의 투자자들은 비슷한 답변을 한다. "난 주식하고 맞지 않는 것 같아", "정말 운이 없는 것 같아"라는 대답이 그것이다. 그런데 이렇게 많은 사람들이 공통적인 경험을 하게 되는 이유는 분명히 있다. 세상에 원인 없는 결과는 없는 법이니까 말이다.

주가는 여러 가지 요인에 의해 결정되지만, 그중에서도 중요한 요소가 바로 '수요와 공급'이다. 이 수요와 공급에 대한 개념 정립은 투자에서 매우 중요하다. 수요와 공급이라는 표현은 너무나 간단한 부분에서 출발한다.

❶ 파는 사람이 있어야 사는 사람이 있다. 그리고 절충된 지점에서 가격이 형성된다.

❷ 사는 사람이 있어야 파는 사람이 있다. 그리고 절충된 지점에서 가격이 형성된다.

이건 초등학생도 아는 내용이 아니냐고 반문할 수 있을 것이다. 물론 문자 그대로를 이해하기는 쉽다. 하지만 그 속에 들어 있는 미묘한 차이점들을 파악하는 것은 결코 간단한 일이 아니다. 너무나 뻔한 내용일지 모르지만 이에 대해 자신이 얼마나 알고 있는지 점검해 보는 시간을 갖도록 해보자. 이 그래프는 중·고등학교 시절 많이 등장했던 수요와 공급 곡선이다. 〈그림 1〉의 빈칸을 보고 주식시장에 맞춰 각 물음표 항목들을 채워보기 바란다.

▶ 그림1 **수요와 공급 곡선 1**

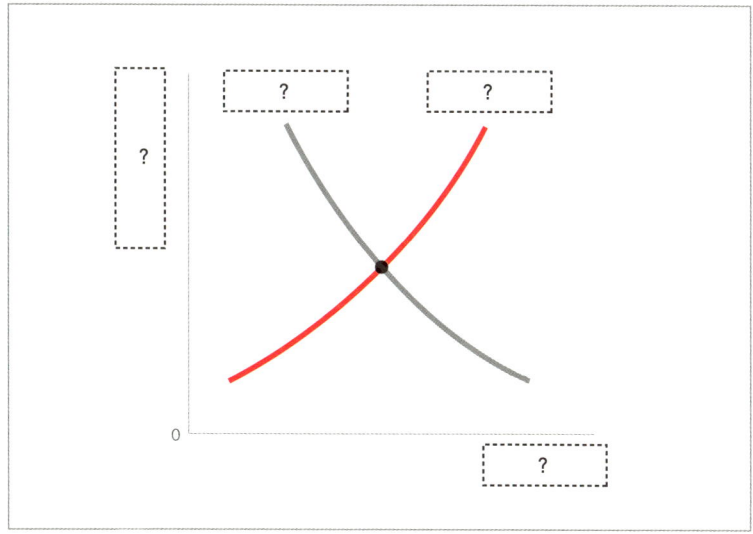

〈그림 1〉에서 각각의 물음표에 들어갈 항목에 대한 힌트를 주자면 가격, 수량, 수요, 공급 등 4가지 중 하나라는 것이다. 각 항목을 넣어보고 맞는지 생각해 보자. 생각을 정리했으면 정답 〈그림 2〉와 비교해 보자.

▶ 그림 2 **수요와 공급 곡선 2**

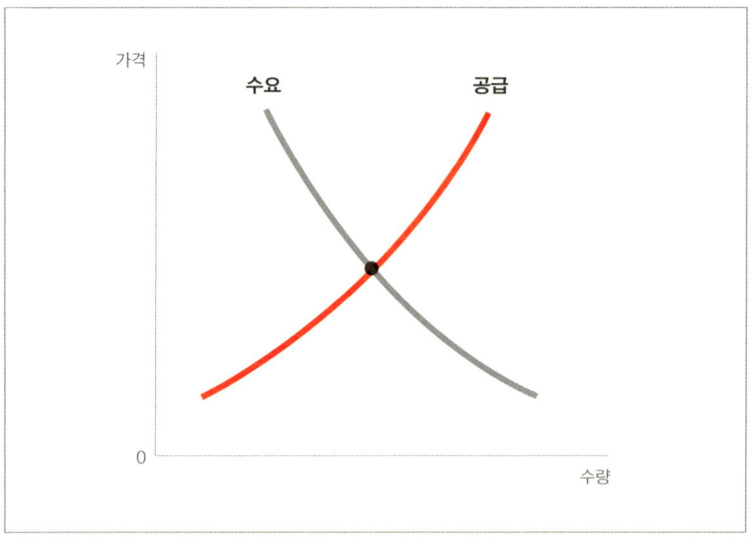

기입한 부분들이 맞았는가? 그렇다면 여기서부터 이제 의미를 찾아가는 과정을 시작해 보자. 가장 먼저 따져볼 것은 가격이 결정되는 지점을 찾는 것이다. 가격은 수요와 공급 곡선이 만나는 지점에서 결정된다. 이것을 주식으로 바꿔 생각해 보자. 여기서 수요는 매수호가이고 공급은 매도호가가 될 것이다. 매수호가와 매도호가가 일치하는 지점에서 '현재가'가 결정된다. 이것을 〈그림 3〉과 같이 그려볼 수 있다.

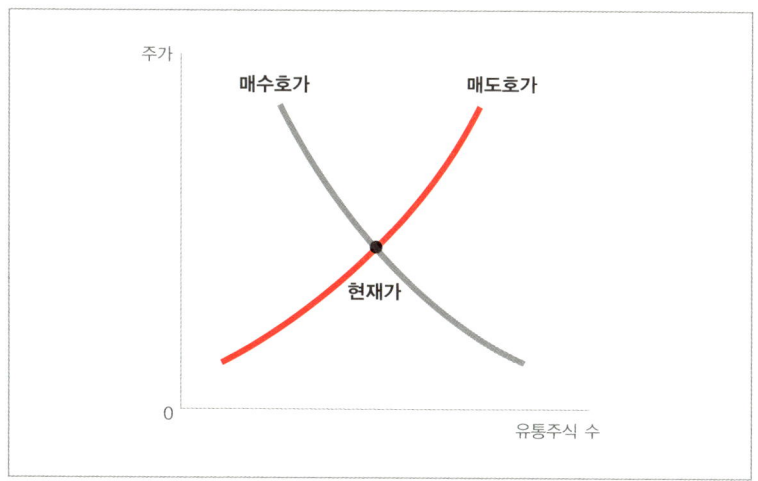

여기까지는 일반적인 설명이다. 이제부터 하나씩 그 의미를 탐구해 보자.

▶ 그림 4 **수요와 공급 곡선 4**

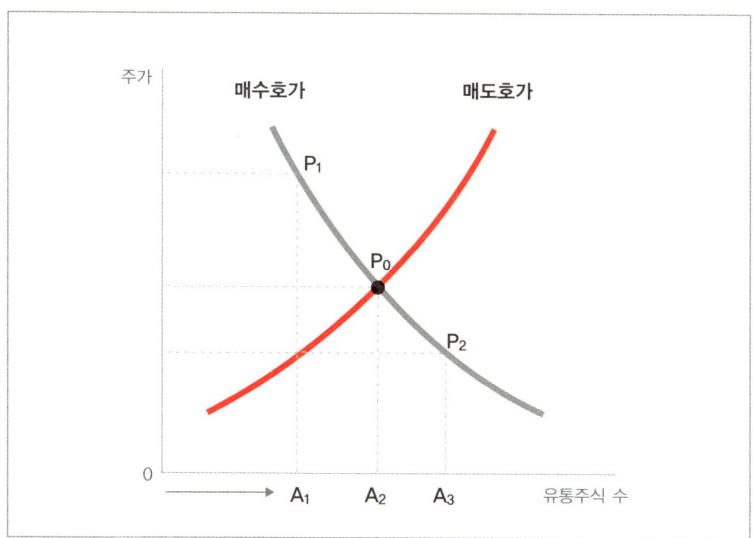

첫 번째로 살펴볼 사항은 유통주식 수에 대한 것이다. 추가적인 유통주식이 발생하지 않는다는 가정하에 A_1, A_2, A_3를 살펴보자. 먼저 A_1인 상황을 보면, 시중에서 주식의 유통주식 수가 적어 원할 때 주식을 마음대로 구매하기가 어려운 상황이 된다. 다른 말로 바꾸면 주식을 파는 사람이 적어 가격이 비싸다고 할 수 있다. 주식을 파는 사람이 적다는 것은 그만큼 주식의 매력이 높다는 말이 될 수 있다. 방금 언급한 사항에 대해 잘 기억하길 바란다.

이제 A_2인 상황을 살펴보자. 주식시장에서 어느 정도 주식의 유통이 잘 되고 있으며 손쉽게 사거나 팔 수 있다. 이러한 균형점에서 현재가는 움직이게 된다. 이 시점에서 누군가 주식을 사 모으면 유통주식 수가 적어지게 된다. 그러면 A_1인 상황으로 돌아가게 된다. 반대로 누군가가 지속적으로 주식을 매도한다면 A_3 상황으로 가게 된다. 이 점 또한 잘 기억하길 바란다.

마지막으로 A_3인 상황을 살펴보자. 이것은 주식시장에서 팔겠다는 사람이 충분히 많아 언제든 매수가 가능한 상황이다. 서두에서 '팔기 쉬운 시세는 오르고, 사기 쉬운 시세는 내린다'고 했다. 이것을 달리 표현하면 '팔기 쉬운 주식은 오르고, 사기 쉬운 주식은 내린다'라고 할 수 있다. 똑같은 표현이지만 여기서 무엇을 얻을 수 있는가를 생각하면 엄청나게 다른 결과를 가져다준다.

〈그림 4〉를 다시 확인해 보자. 팔기 쉬운 주식은 A_1, A_2, A_3 중에 어떤 것인가? 그렇다. A_1 상황이다. 여기서 무엇을 확인할 수 있는지 살펴보자. 이해가 쉽도록 다른 요소들을 지우고 〈그림 5〉와 같이 표시해 보자.

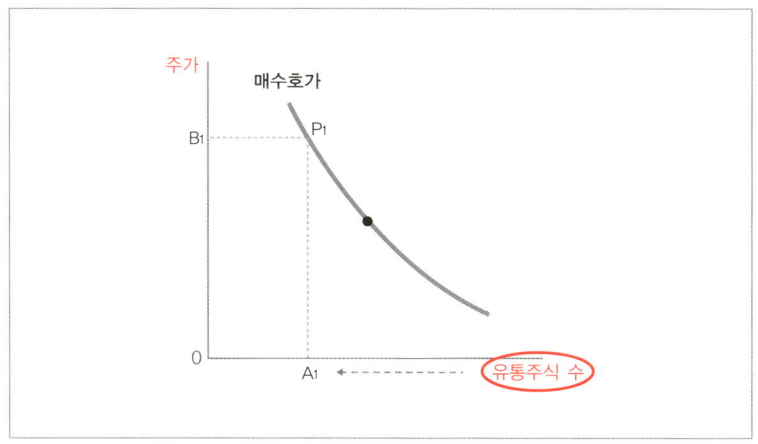

팔기 쉽다는 것은 누군가 비싼 가격에라도 기꺼이 살 뜻이 있다는 것이고, 가격이 비싸진다는 것은 그 속에 유통주식이 점점 감소한다는 의미를 내포한다. 유통주식 수가 점점 감소한다는 것은 특정 세력(주체 또는 집단)이 주식을 계속 사 모은다는 말이 된다. 그럼 또 다른 결론에 도달하게 된다. 초급, 중급 투자자들은 '팔기 쉬운 주식은 비싸게라도 살 사람이 있다'는 것까지만 생각한다. 한 발짝 더 나아가 고수의 입장에서 생각해 보면 '팔기 쉬운 주식은 유통주식 수가 감소

--| 여기서 잠깐! |

'세력'의 정의는 무엇인가?

보통 '세력'이라고 하면 흔히들 머릿속에 '작전 세력'을 떠올리기 쉽다. 하지만 이 책에서 세력이라는 표현은 '주체'를 뜻한다. 그것은 하나의 집단을 통칭하는 표현이 될 수도 있고, 개별적인 주체가 될 수도 있다. 따라서 '매수 세력'이라고 하면 '매수에 가담하는 집단' 또는 '개별 매수 주체'라고 이해하면 될 것이다.

한다'라고 하는 것이 좀 더 정확한 표현이다. 별 다른 차이가 없는 것 같지만 이것은 중요한 문제이다. 논리의 중간 생략과정을 거친다는 것은 논리와 상황 판단이 남들보다 한발 앞서간다는 것이다. 주식시장은 정보와 논리력의 치열한 싸움이 벌어지는 곳이다. 이렇듯 타인보다 논리력과 정보 판단 능력이 뒤처지게 된다면 결국 남는 건 손해뿐일 것이다.

이쯤에서 눈치 빠른 독자라면 벌써 어떻게 해야 돈을 벌지 알아챘을 것이다. 그렇다. 역순으로 생각하는 것이다. 가정이 '참(True)'이었고 결과가 '참(True)'이라면 반대로 '참'인 결과를 찾아 과정을 추론하면 된다. 유통주식 수가 감소하는 주식을 찾는다면? 그것이 바로 가격이 비싸지는 주식이 되지 않을까? 유통주식이 감소한다는 것은 누군가 계속 사 모은다는 것이다. 혹은 더 이상 누군가 팔지 않는다는 뜻이기도 하다. 이것은 개인투자자들도 명확하게 확인할 수 있는 방법이므로 속임수를 쓰기 어려운 만큼 판단착오를 최소한으로 줄일 수 있다. 이렇듯 결론에서 과정을 찾아야만 진정으로 돈을 벌기 쉬운 투자가 될 것이다.

사실 주식의 수요와 공급 곡선은 그 자체만으로도 책 한 권의 분량을 설명할 수 있을 정도로 방대한 내용을 담고 있다. 이론적으로 끝까지 따져보는 것은 각자의 몫에 맡겨두고 여기서는 기본 중에 기본을 찾고 그 핵심만 기억해 두기로 하자. 그것만으로도 큰 도움이 될 것이라 생각한다.

20

수급은 모든 재료에 우선한다

앞선 장에서 수요와 공급의 원리를 명확하게 이해했다면 이제 심화 과정으로 들어가도록 하자. '수급은 모든 재료에 우선한다'는 말을 들어본 적이 있을 것이다. 이것의 연장선상으로 '이유 없는 상한가는 무조건 따라붙어라'는 말이 있다. 이유 없는 상한가가 왜 나올까? 주식투자를 하다 보면 한 번쯤 고민해 보았을 테지만, 아마도 원하는 답을 얻기란 힘들었을 것이다. 세상에 이유 없는 상한가는 없다. 이 장에서는 그 이유를 찾을 수 있는 해법을 제시하고자 한다. 그리고 어떤 현상이든 이유 없는 것은 없다. 현상이라는 것은 결과를 말한다. 결과는 반드시 원인을 포함하게 된다. 예외가 있지 않느냐고 반문할 수 있다. 물론 예외는 있다. 바로 신(神)은 예외이다. 신은 그 자체가 이유이자 결과다. 논리의 끝까지 갔을 때 추론할 수 없는 존재(현상)이지만,

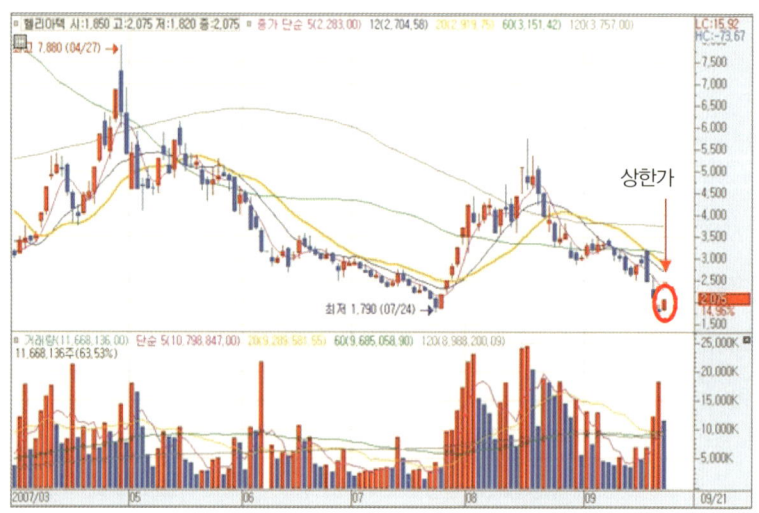

그러한 신을 제외하고는 모두가 다 원인은 있다. 그럼 이제 이유 없는 상한가의 근원을 찾으러 가보자.

어느 날 갑자기 〈그림 1〉과 같이 특정 주식이 아무런 이유 없이 상한가를 기록한다면 당신은 어떤 생각이 들겠는가? 〈그림 1〉은 어떤 공시나 뉴스, 혹은 시장에 알려진 재료에 의해 상한가를 기록한 것이 아니다. 따라서 이 상황에서는 투자자들이 상한가의 이유를 모른다. 여기서 주식투자자들에게 이 주식의 상한가에 대한 이유를 물으면 대답은 보통 다음의 2가지로 귀결된다.

'그동안 너무 많이 하락했다'는 대답과 '주가가 바닥이다'라는 의견이다. 그동안 너무 많이 하락했다고 생각하는 사람들은 〈그림 2〉에서 (가)의 부분에 초점을 맞춰 생각한 투자자들이다. 다음으로 주가가 바닥이라고 대답한 사람의 경우는 (나)의 부분에 초점을 맞춰 생각한

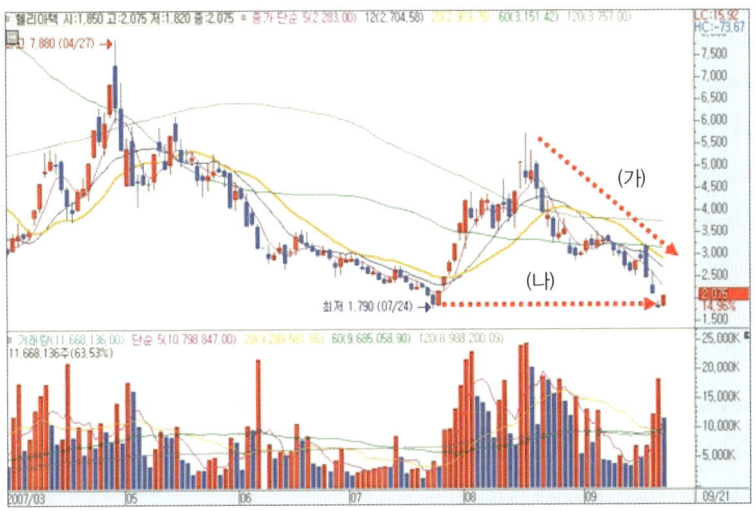

그림 2   H사 캔들 차트 2

투자자들이다. (가)를 보고 대답한 투자자든 (나)를 보고 대답한 투자자든 매수 의견이 그럴싸하다. 하지만 정말 그러냐고 다시 물으면 대부분 강한 확신을 갖지 못한다. 왜냐하면 그럴 수도 있고 그렇지 않을수도 있기 때문이다. 성공적인 주식투자를 위해서는 반드시 또는 최대한 확신할 수 있는 답을 구할 때까지 연구를 거듭해야 한다. 그렇다면 '왜 상한가를 갔을까?' 라는 물음에 대해 나름의 해답을 구해보자. 처음 이러한 질문을 받는다면 바로 대답하지 못하겠지만 분석을 해본 뒤에 다음과 같이 대답할 수 있을 것이다. 〈그림 3〉을 살펴보자.

첫 번째는 '이 주식은 3,000~3,500원대인 (A)부분에서 시장 참여자들 간의 가격 결정이 균형을 이뤘으나 3,000원 초반의 공급과잉(매도 증가)으로 인해 주가가 급락했고 그에 따른 대기 매수세가 등장하여 급등했다' 라는 대답이 가능하다.

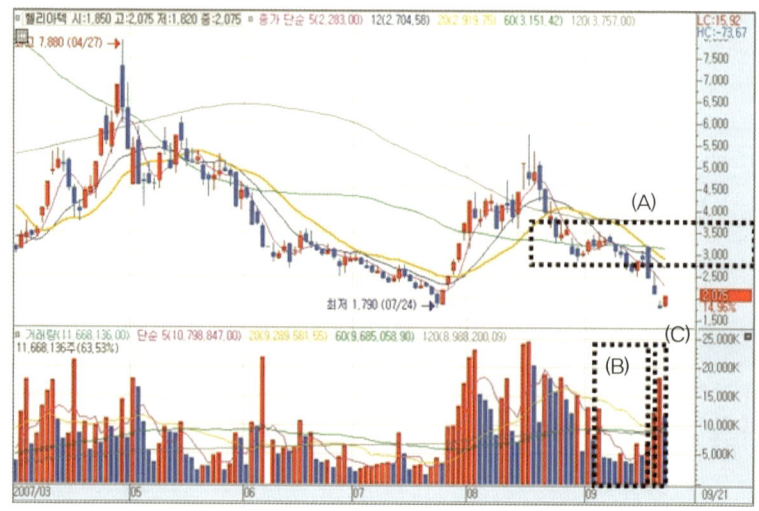

⬛그림3 H사 캔들 차트 3

두 번째는 '거래량 (C) 부근에서 유통물량의 순간적 급감(흡수)을 통한 반등이다' 라는 대답이다. 두 번째 이유는 참으로 황당한 대답이 될 수 있다. "분명히 거래량은 증가했는데 유통물량이 급감(흡수)했다니 이게 무슨 앞뒤가 안 맞는 소리인가?"라고 반문할 수 있다. 거래량이 폭증했다는 것을 다시 한 번 잘 생각해 보면 누군가는 대량으로 주식을 팔았다는 것이고, 반대로 누군가는 대량으로 주식을 샀다는 말이 된다.

거래량이 급등하면서 상승한다는 것은 매수세가 매우 강력하다는 것을 의미한다. 이렇게 매수세가 강력한 이유는 단 하나, 선취매를 하려는 것이다. 〈그림 3〉을 자세히 들여다보면 상한가가 발생하기 전날의 거래량이 매우 많았고, 상한가 당일에는 전일보다 적은 거래량으

170

로 상한가에 진입할 수 있었다. 이것을 해당일(상한가 진입일)로 돌아가서 생각하면 충분히 당일 상한가(급등 유지)를 예상할 수 있다는 결론이 나온다. 거래량은 전일보다 적은데 주가는 쉽게 급등하고 있는 중이므로 전일 매수하여 가져간 세력(집단)의 매도 물량이 나오지 않았다는 계산을 할 수 있다. 따라서 상한가가 일어난 당일 강세 분위기가 무너지지 않을 것임을 미리 예측할 수 있다는 말이다.

그렇다면 이처럼 이유 없는 상한가 현상은 왜 나타날까? 먼저 내부 정보를 얻은 소수의 정보 권력 집단이 선취매에 나서는 것을 들 수 있고, 또 다른 원인으로는 기대심리를 들 수 있다. 이때 소수 권력 집단의 제한된 정보가 아니라면 반드시 기대심리를 유발한 원인이 있다. 그러한 기대심리를 유발한 원인을 찾음으로써 해당 상한가 또는 급등의 이유를 알 수 있다. 앞서 예로 든 상한가는 유사 업종이 시장에서 유망하다는 평가를 받음으로써 관련 업종이 동반 상한가를 기록한 경우이다. 물론 직접적으로 해당 기업의 재무 상황이 좋아질 만한 이유는 없었지만 미래 전망에 대한 긍정적인 시각의 영향을 받은 데에서 원인을 찾은 셈이다. 만일 외부에서 이유를 찾기 힘들다면 원인

┤ 여기서 잠깐! ├

거래량 1주와 같은 것은?

질문을 하나 던지겠다. 매도 1주는 무엇과 같은가? 그렇다. 매수 1주와 같다. 반대로 매수 1주는 매도 1주와 같다. 그러면 거래량 1주는 무엇과 같은가? 즉답을 해보자. 만일 순간적으로 즉답이 안 나오면 스스로 정말 심각한 상황에 있음을 인지해야 한다. 답을 구했는가? 정답은 거래량 1주는 '매수 1주+매도 1주'이다. 너무 쉬운 질문을 했다고 타박하지 말자. 역으로 생각했을 때 해석에 대한 오류를 범하는 사람이 많기 때문이다. 즉 '매수 1주+매도 1주=거래량 1주'라는 공식에서 해석에 대한 중요한 문제가 대두된다. 나의 경우에는 양쪽 모두의 입장을 두고 해석을 했을 때 문제가 없으면 옳은 판단으로 본다.

은 내부에 있을 것이다. 더 정확하게 말하면 소수 권력 집단이 제한된 정보를 가지고 선취매에 나섰다고 이해해도 무방하다. 만일 거래량이 동일한 상황에서 이와 같은 상한가가 발생한다면 그것은 드문 경우가 되겠지만, 일시적 하락에 따른 반발 매수세라고 판단할 수 있다. 이럴 경우에는 따라붙지 않는 것이 현명하다. 하지만 충분한 거래량을 동반한 상한가(급등)의 경우에는 일반적으로 내부 정보의 발생이라 생각하면 맞는 해석이 된다.

다시 이 장의 원점으로 돌아가서 '순간 공급과잉에 대한 현상'을 설명하고자 한다. 이것은 이 파트의 핵심이므로 꼭 기억하도록 하자. 순간 공급과잉에 대한 현상을 보기 전에 먼저 특성을 기억해야 한다. 여기서 기억해야 할 단어는 '적응력'이다. '적응력'이라는 것은 변화된 환경에 익숙해져 현재 상황을 중심으로 가정하고 매매하는 것을 의미한다. 즉, '변화된 환경→적응→변화된 환경→적응'이 반복된다는 점이다.

어떤 주식의 초기 상장주식 수가 100주라고 가정해 보자. 여기서 누군가 50주를 매수해 시장에서 유통되는 주식이 50주(50%)밖에 안 된다고 할 때, 시장에서는 제한된 주식 수로 거래가 이뤄진다. 이러한 제한된 유통주식 수로 계속 거래가 이루어지면, 시장 참여자들은 50주가 지속적으로 거래된다는 인식을 갖게 된다.

여기서 과거에 50주를 가져간 사람(매수자)이 자신이 보유했던 주식을 순간적으로 팔면 시장에서는 공급과잉 현상이 일어난다. 엄밀히 말하면 초기 상장주식 수는 변화가 없었지만, 시장에서의 환경이 순간적으로 변화되는 것과 같은 효과를 갖는다. 이것은 주식시장의 증자 효과와 동일한 효력은 아니지만 유사한 효력으로서 의미를 갖는다.

여기까지 이해했다면 〈그림 4〉의 왼쪽 모습이 어떻게 변화될지 예상을 할 수 있겠는가? 앞서 163쪽의 〈그림 3〉에 대한 설명을 이해했다면 옆의 그림을 스스로 그려보도록 하자.

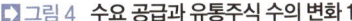
▶ 그림 4 **수요 공급과 유통주식 수의 변화 1**

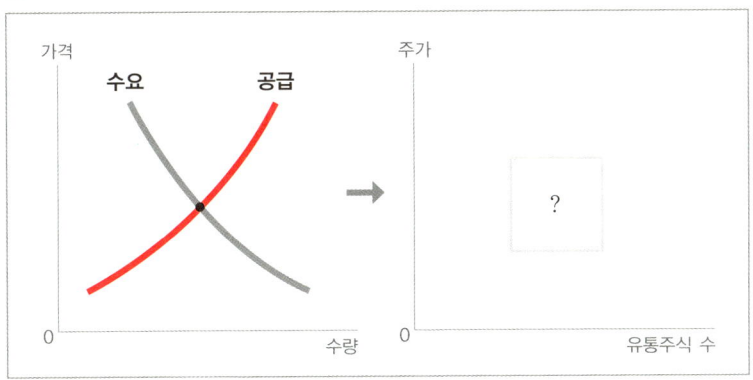

기존의 수요와 공급 곡선이 어떻게 변해야 할까? 해당 물음표 영역에 대한 공백을 다 채웠으면 다음 〈그림 5〉와 같이 답이 맞는지 살펴보자.

이와 같은 그림을 그렸다면 맞게 이해한 것이다. 즉, 공급곡선이 변화했다는 것을 인식해야 한다. 분명 증자나 기타 이유로 기업에서 주식 수를 늘리지 않았지만, 실질적으로 시장에서는 이와 비슷한 현상이 발생한다. 위에서 설명한 경우는 〈그림 5〉의 P_0, P_1, P_2 중에서 어느 포인트일까? 일시적으로 유통물량이 늘어난 상황은 P_1이다. 이게 주식투자와 얼마나 상관이 있다고 계속 반복해서 설명하는지 궁금할 것이다. 이제부터 돈 되는 노하우를 섞어 설명을 계

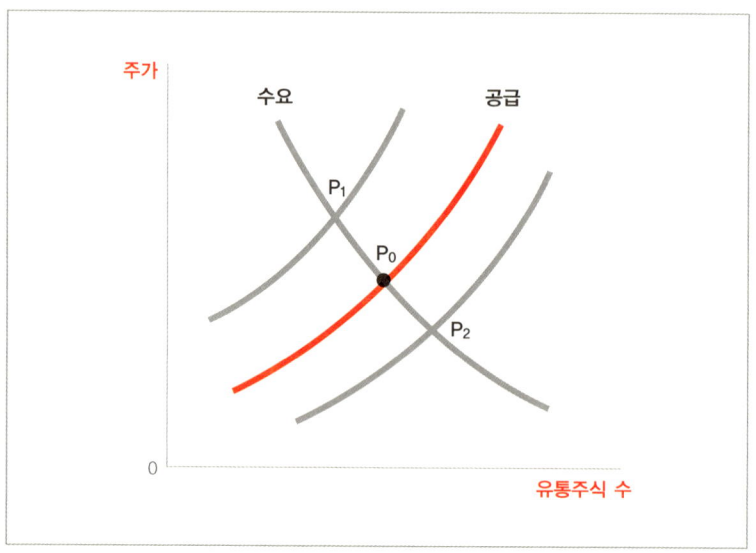

속하겠다. 개인투자자들이 좋아하는(?) 작전 세력에 대해 한번 살펴
보자.

　모든 작전 세력은 기본에 충실하다. 최소한의 투자로 최대한의 효
과를 누리는 것이 바로 투자의 핵심이자 기본이다. 다시 말해 돈이 많
아 단지 돈의 힘으로 주식을 사 모으는 게 아니라는 것이다. 소량의
주식을 매집해 연속 상한가를 만들 수 있고, 적은 주식 수를 가지고
주가를 흔들어 놓을 수도 있는 것이다. 그것의 기본은 〈그림 5〉에서
설명한 것과 같은 논리로 출발한다. 즉, 공급을 조절함으로써 최소한
의 투자로 최대의 효과를 볼 수 있다는 원리를 이용하여 그들은 적은
양으로 주가를 쉽게 끌어올린다.

　기본을 이해하고 실전투자에 활용한다면 이보다 더 좋을 수는 없

다. 주식투자를 하다 보면 누구나 한 번쯤 '저 회사 주식 작전주래. 나도 한번 들어가 볼까?' 라는 얘기를 들어보게 될 것이다. 하지만 정말 그 주식이 작전주인지 아닌지는 쉽게 결론을 내리기 어렵다. 작전주가 대놓고 작전주라고 신호를 보내지는 않기 때문이다. 그러므로 주식을 매수하여 손해를 보고 있더라도 달콤한 유혹에 빠져 손절매를 하지 못하고 더 큰 손실을 맞는 경우도 생각해 볼 수 있다. 이럴 때를 대비해 수요와 공급에 대한 개념을 확립해 놓으면 큰 손실을 보지 않고 어려움에서 빠져나올 수 있을 것이다.

21

잃은 종목은 팔고,
수익 난 종목은 지켜라

주식에서 큰 손실을 보는 경우는 어떤 것들이 있을까? 깡통 차는 법을 알면 반대로 부자가 되는 법을 알 수 있지 않을까? 그렇다. 깡통 차는 방법만 피하면 최소한 부자는 못되더라도 비교적 성공적인 투자에 한 발 가까이 다가가게 될 것이다.

어느 날 당신이 A 주식 100주를 1만 원에 사고, B 주식 100주를 똑같이 1만 원에 매수했다고 가정하자. 그런데 A 주식은 매일 조금씩 하락하여 9,000원이 되고, B 주식은 조금 올라 1만 500원이 되었다. 여기서 어떤 결정을 내릴지는 개인의 투자성향에 달렸다고 해도 과언이 아니다. 자신의 손절매(Loss Cut) 범위가 −10% 이내라고 한다면 이 정도 손실은 충분히 견딜 수 있다. 하지만 손절매 범위가 −5%라면 어떻게 할 것인가? 원칙대로라면 A 주식이 9,500원이 되는 순간

팔아야 하지만, 이런 저런 이유로 매도시점을 놓쳐서 팔지 못할 수도 있을 것이다. 그렇다면 다음날 주식시장 개장 전까지 선택을 해야 한다. 이대로 다시 주가가 회복될 때까지 보유할 것인가, 손절매 시기를 놓쳤지만 지금이라도 팔아야 할 것인가?

머릿속으로는 아침 장이 시작하면 바로 팔겠다는 결심을 굳혔더라도 실제로 주식을 갖고 있는 사람이라면 이런 결정을 내리기가 참으로 망설여진다. 왜냐하면 주식은 온종일 변동하기 때문에 하루만 더 보유하면 손실을 어느 정도 만회할 수 있을 것이라는 생각이 들기 때문이다. 조금이라도 더 반등할 때를 노려 매도하겠다는 생각이 잘못된 것은 아니다. 그렇지만 모든 문제는 항상 예측과 반대가 되었을 때 일어나는 법이다. 손절 기준이 −5%인 투자자의 경우 보유주식이 −7%의 수익률을 기록해도 경우에 따라서는 손절 기준을 안 지키는 것이 좋을 때가 있다. 어떤 경우에 이러한 예외가 허락될까? 순간적으로 시장가 매도 주문에 의해서 일시적으로 장중 최저점이 손절 가격

여기서 잠깐!

'물타기'의 정확한 뜻은?

결론부터 말하면 '물타기'는 추가 매수를 뜻하는 말이다. 1만 원에 산 10주의 주식이 극단적으로 하락해 5,000원이 되었을 때 5,000원에 10주를 추가로 매수하면 총 보유수량은 20주에 평균 매수단가는 7,500원이 된다. 이것이 바로 물타기이다. 그런데 이 주식이 만일 2,500원이 되면 추가로 매수한 주식은 더 큰 고통이 되어 돌아온다. 물타기를 하는 순간에는 매수단가를 낮췄기 때문에 조금만 오르면 본전을 찾을 수 있을 것 같은 착각에 빠진다. 왜 하필 손실이 난 주식을 더 사게 될까? 그것은 자신의 심리적 만족도 때문이다. 투자할 종목은 많은데 굳이 손실이 난 주식을 추가로 매수하는 행동은 자신의 투자 실패를 인정하고 싶지 않은 심리 때문이므로 스스로 손을 들어 하늘을 가리는 것과 같다고 할 수 있다.

을 넘어선 순간이다. 다시 팔려고 할 때 손절 가격보다 높으면 예외가 통한다. 반대로 말하면 이런 경우를 제외하고는 모두 손절을 하는 것이 옳은 결정이다. 주식투자에서 섣불리 '물타기'를 하는 것은 매우 위험한 결정이다.

잠시 다소 엉뚱한 이야기를 하자면 나는 중독이라고 할 만큼 커피를 좋아하는 편이다. 내가 어렸을 때 한 번은 커피의 물을 맞추지 못해 어머니에게 혼난 적이 있다. 단지 커피 물을 못 맞춘 탓에 혼난 것이 아니라 아예 커피를 한 대접으로 만들어 놓았기 때문이다. 처음에는 프림을 너무 많이 넣어 손을 쓸 수 없게 되었는데, 내가 택한 방법은 이미 만들어 놓은 커피에 물을 더 넣는 것이었다. 그런데 물을 더 넣자 커피가 아니라 우유에 가까운 맛이 났다. 그래서 커피를 더 넣었더니 대충 색깔은 비슷한데 여전히 맛이 아니었다. 그래서 이번에는 설탕을 더 넣었더니 너무 달았고 타놓은 커피가 아까워 다시 또 물을 넣었다. 이렇게 해서 최종적으로는 내 입맛에 맞는 커피를 만들었다. 하지만 정신을 차려 보니 커피는 냉면 대접에 가득 찰 정도가 되어 버렸다. 이건 커피가 아니라 국이 되어 버린 것이다.

주식투자에서 물타기는 내 입맛에는 맞출 수 있어도 다 먹을 수 없게 된 이 상황과 비슷하다. 내가 원하는 수준까지 물타기로 매수단가를 계속 낮출 수는 있어도 결국 수익을 낼 수 없는 처지에 빠지게 되는 것이다. 그럼 왜 물타기로 수익을 내기 힘든지 하나씩 따져보자.

그림 1 주식 매수와 유통주식 수의 변화

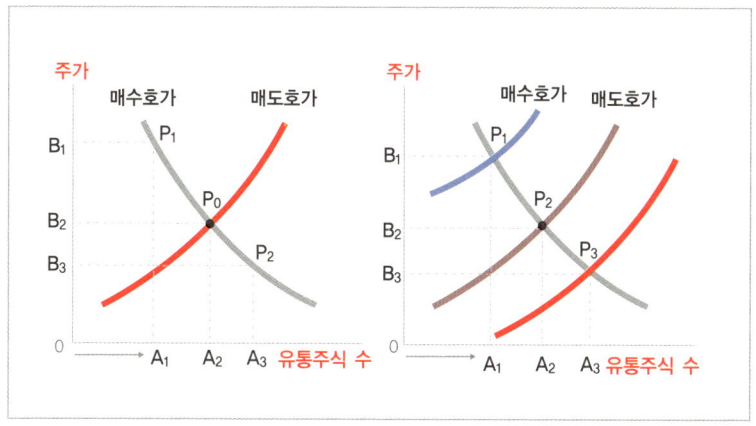

〈그림 1〉의 왼쪽과 〈그림 1〉의 오른쪽을 집중해 살펴보자. 먼저 초기에 주식을 살 때는 〈그림 1〉 왼쪽의 P_0, P_1, P_2 중에서 P0에 해당할 것이다. 이것은 〈그림 1〉의 오른쪽 P_2와 같은 상황이다. 〈그림 1〉의 왼쪽에서 자신이 매수할 때 상황은 큰 변수가 없어 보였다. 하지만 163쪽에서 〈그림 1〉의 오른쪽과 같이 변할 수 있음을 배웠다. 주식을 매입하기 이전에 매수할 주식을 탐색할 단계는 〈그림 1〉의 왼쪽과 같고 주식을 매수한 순간부터는 〈그림 1〉의 오른쪽 상황에 돌입한다는 것을 기억하자. 여기서 물타기의 상황은 P_3와 같은 상황이다. 그럼 P_3의 상황만 놓고 의미를 파악해 보도록 하자.

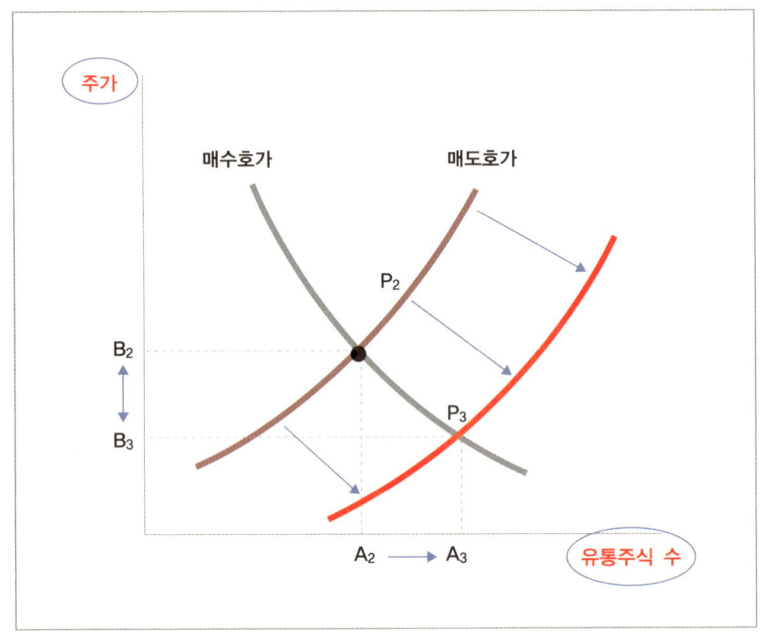

〈그림 2〉의 P3는 물타기를 했을 때 처해진 상황이다. 주가는 B2에서 B3까지 이동했다. 그래서 현재가는 새로운 균형점인 P3에 형성되었다. 단순히 주가만 하락했다고 생각했지만, 실제로는 주가가 내릴 때 유통주식 수는 A2에서 A3까지 이동했다. 즉, 유통주식 수가 늘었다는 점을 간과한 것이다. 매도호가가 낮아졌다는 것은 공급 물량이 늘었다는 말이 되는데, 여기서 공급 물량의 증가는 곧 유통물량의 증가를 의미한다. 시장에서 공급 물량이 늘었다는 것은 추가적으로 당신이 매수를 해도 주가에 플러스(+) 요소가 되지 못한다는 것을 역설해 준다. 추가 매수가 수익률의 현상 유지는 될지 모르지만 수익률 상

승요인은 아니라는 것을 이 그림에서 찾아야 한다. 물론 돈이 엄청 많아 이 기업의 주요 주주까지 등극할 정도의 재력이라면 추가 매수가 도움이 될 수도 있을 것이다.

이제 당신은 새로운 시각에 눈을 뜬 것이다. 주가 하락으로 인한 수익률 희석 뒤에 숨겨진 또 다른 진실 말이다. 주가가 하락할 수밖에 없는 이유가 전혀 다른 곳에 있었던 것이다. 지금 당신이 물타기를 고려하고 있다면 아마도 섬뜩한 느낌을 받지 않을까 생각된다.

자, 이제 돈 버는 노하우를 공개할 시간이다. '달리는 말에 올라타라' 는 투자격언을 들어본 적이 있을 것이다. 〈그림 1〉의 오른쪽에서 P₁ 상황이 달리는 말에 올라타는 경우가 될 것이다. 그렇다고 무조건 폭등주에만 매달리라는 뜻은 결코 아니다. 여기서는 172쪽에서 설명한 '적응력' 의 참뜻을 기억하라는 의미다. 시장의 환경은 변화하고 투자자들은 변화한 환경에 적응하는 과정의 반복 속에서 제한된 유동성과 제한된 주식을 매매한다는 사실을 꼭 기억하길 바란다.

당신의 주식은 안녕하십니까?

CHAPTER
6
—
정석 투자의
3원칙은 무엇인가?

22

주식을 사기보다 때를 사라

본격적으로 기술적 분석의 세계로 입문하기 위해 이번 장부터는 복잡한 이론보다 중요한 원칙들을 중심으로 설명하겠다. 누군가 당신에게 "기술적 분석을 배우려는 사람에게 가장 중요한 것은 무엇인가?"라고 묻는다면, 당신은 "타이밍"이라고 단호하게 대답해야 한다. 기술적 분석의 꽃은 '타이밍'이다. 재무정보를 중심으로 한 기본적 분석도 타이밍이 중요하지만, 우선순위에서 기술적 분석보다 뒤로 밀린다. 타이밍을 잡는다는 것은 기술적 분석의 기본이자 핵심이 되는 추세를 잡는다는 뜻이다. '주식을 사기보다 때를 사라' 는 표현은 다소 과장된 측면이 있지만, 이 책을 모두 읽고 이해할 무렵이면 당신의 마음속에 중요한 격언 중 하나로 자리 잡게 될 것이다.

그렇다면 당신은 어떤 투자자인가? 당신은 스스로 초단타를 하는 투자자인지, 단타를 하는 투자자인지, 중장기 투자를 하는 투자자인지 정확하게 파악하고 있는가? 자신의 투자성향을 알아야 하는 이유는 각 성향에 맞는 투자 패턴에 따라 배워야 할 기술적 분석의 종류와 범위도 달라지기 때문이다. 이 책에서는 주로 단기 투자와 중기 투자를 중심으로 서술하고자 한다.

당신은 어떻게 단기 투자와 중기 투자를 구분하는가? 여기에 절대적인 기준이 존재하는 것은 아니다. 전문가의 견해나 관련 서적을 참고하면 된다. 필자의 경우에는 단기 투자를 2~5일로 잡고, 중기 투자를 6~30일까지로 본다. 이렇게 설정한 이유는 돈을 벌기에 최적의 기간이라고 생각하기 때문이다. 주식은 '상승하는 때'와 '하락하는 때'가 있어 솔직히 그 이상의 기간 동안 주식을 보유한다고 해도 큰 수익을 보기란 쉽지 않다. 또한 재투자 시 누릴 수 있는 '복리'의 수익률이 있기 때문에 단기 투자와 중기 투자를 선호한다. 그렇다고 단기 투자와 중기 투자를 강요하는 것은 아니다. 무엇보다 개인의 성향에 맞는 투자가 중요하기 때문에 먼저 자신의 성향을 파악하라고 한 것이다.

자, 이제 본격적으로 들어가 보자. 먼저 기술적 분석에서 가장 중요하다고 강조한 '타이밍'의 의미에 대해 알아둘 것이 있다. 주식투자에서 타이밍은 여러 가지 의미로 사용된다. 당일 매수나 매도시점의 타이밍을 말할 수도 있고, 일주일 중 가장 저점이거나 고점인 날을 잡는 것을 의미할 수도 있다. 모두 똑같이 '타이밍'이라는 명칭을 사용하지만 엄연히 다른 용도임을 기억하고 사용해야 한다. 이 책에서는 당일 매매시점을 잡는 타이밍을 '순간 타이밍'이라고 하고, 일주일 중 가장 저점이거나 고점인 날을 잡는 것을 '단기 타이밍'이라 부를 것이다.

타이밍에 대한 용어 정리가 명확해졌으니 이번에는 단기 투자와 중기 투자자들을 위한 '타이밍' 활용법에 대해 알아보자. 그 전에 《삼국지》에 등장하는 제갈공명에 대해 잠시 언급하고 넘어가자. 제갈공명은 적국의 뛰어난 전략가인 사마의와 전투를 벌일 때 전략의 기본으로 항상 사용하는 원칙이 있었다. 그것은 '위치와 지형이 아군에 유리한 곳에서만 싸운다'는 것이다. 그래서 그는 실제로 대다수의 전투에서 승리를 기록했다. 주식에서도 '위치와 지형'만 좋으면 불리한 상황에서도 돈을 벌 수 있다. 여기서 '위치와 지형'은 바로 해당 주식의 상승기냐 하락기냐를 뜻한다. 유리한 위치를 점령한다는 것은 구체적으로 어떤 상황일까? 다음의 차트를 살펴보자.

▶ 그림 1 **실전 차트 1**

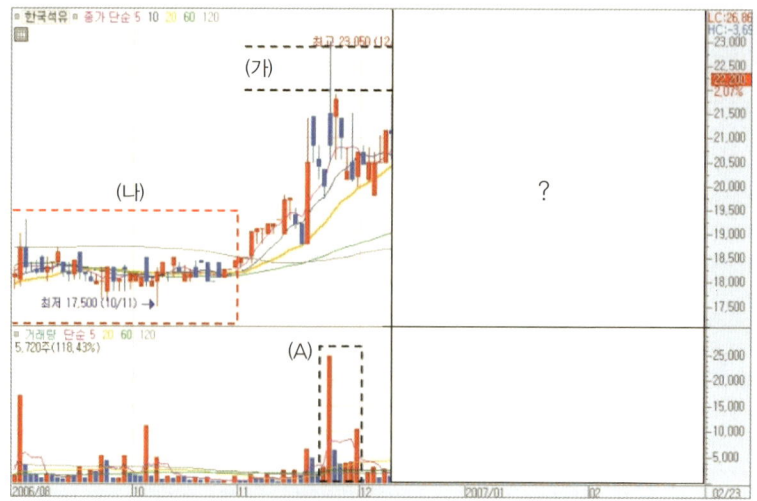

〈그림 1〉에 표시해 둔 단서를 보고 물음표로 표시된 부분의 주가는 앞으로 어떻게 될지 잠시 머릿속으로 그려보자. 또 언제 얼마에 매수할지 결정을 내려야 한다. 〈그림 1〉을 보면 주가가 서서히 움직인다는 판단을 내릴 수 있다. 주가가 서서히 상승할 것 같은 느낌이 들지 않는가? 박스로 표시한 (나) 구간을 보면 주가는 고점들을 넘지 못하고 횡보하다가 (나) 구간을 지나면서부터 이전 고점들을 넘기 시작했다. 이러한 사실을 놓고 보면 향후 주가가 레벨업 될 것이라는 판단이 선다. 따라서 매수 타이밍으로 잡기에 아주 좋은 시점이다. 하지만 좀 더 안정적인 투자를 위해선 상승을 확인할 필요가 있으므로 주가가 본격적으로 상승을 시작한 이후에 매수를 고려하는 것도 좋은 전략이다. 매매 참여자들이 늘어 거래량이 급증한 (A) 구간에서 주가가 장중 등락을 거듭하는 것을 보면 상승을 위한 시장의 매수 여

▶ 그림 2 실전 차트 2

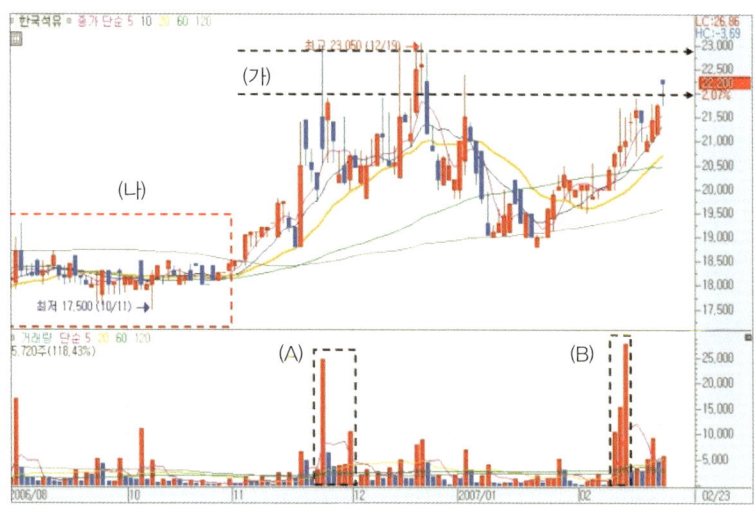

력이 어느 정도 집중되었다고 볼 수 있으므로 (A) 구간에서 매수를 고려한다. 그런데 박스권을 탈출한다는 것은 장중 저점과 고점의 변동이 커진다는 의미를 내포한다. 기왕이면 장중 저점 근처에서 사는 게 좋겠지만, 누구도 그날의 장중 저점을 알 수 없으므로 고점만 피해 산다는 마음으로 매수에 나서야 한다. 이 파트의 핵심은 타이밍의 중요성을 확인하는 것이므로 나머지 설명들은 이 책의 다른 장에서 확인하기로 한다.

〈그림 1〉에서 뒷부분을 가리고 봤을 때 이 주식은 분명 상승추세대에 올라선 것으로 보인다. 따라서 (가) 부분에서 매수한 투자자들이 많을 것이다. 그런데 이 주식은 중장기적으로 상승추세에 있다고 판단할 수 있지만, (가) 지점에서 매수했다면 이후 40% 넘게 하락했기 때문에 4개월간 수익은커녕 손실만 가중되고 손절의 위기도 여러 차

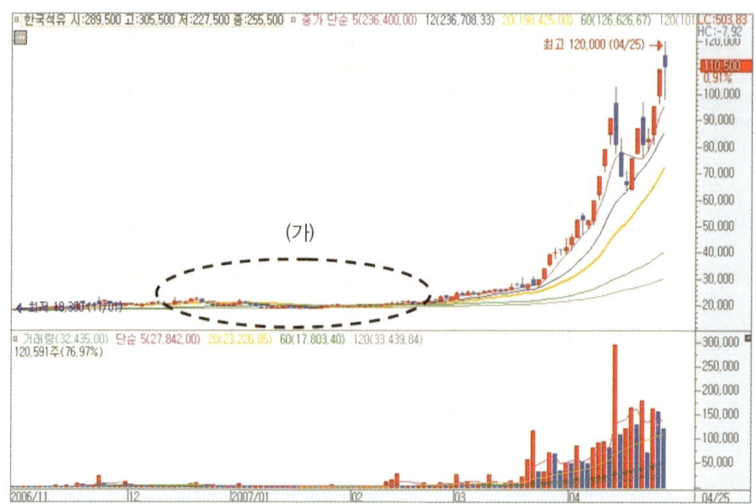

■❱그림 3 실전 차트 3

례 맞았을 것이다.

〈그림 3〉은 이 회사의 최종적인 주가 움직임을 나타낸 것이다. 〈그림 1〉과 〈그림 2〉는 〈그림 3〉의 (가) 부분에 해당한다. 이렇게 차트가 왜곡되어 그려지는 현상은 후술하기로 한다. 여하튼 2만 원대의 주식이 최고 10만 원대까지 상승했는데, 만일 중간에 〈그림 1〉의 (가) 부분에서 매수했다가 단기 하락으로 손절했다면 얼마나 억울했겠는가? 아마도 손절에 대한 원칙을 지키기 위해 대박을 놓쳤다고 크게 후회했을 것이다. 이처럼 큰 상승이 예상된다고 하더라도 적절한 매수 타이밍을 잡지 못하면 주가의 단기 변동에 심리적으로 흔들릴 수 있으며, 자칫 어렵게 잡은 수익의 기회를 날려버릴 수도 있다. 기술적 분석을 위주로 한 주식투자에서 타이밍의 중요성은 아무리 강조해도 지나치지 않은 셈이다.

23

시세는 시세에게 물어라

어떤 주식이 향후 상승할지 하락할지 안다면 전문가의 도움은 필요 없을 것이다. 그런데 증권 방송을 시청하다 보면 전문가들이 나와 제법 확신에 찬 말투로 종목 추천을 한다. 전문가라는 사람들은 어떻게 주식의 상승 혹은 하락에 대해 확신을 가지고 말을 할까? 방법을 알면 당신도 전문가가 될 수 있지 않겠는가? 여기서는 예측이 아니라 '확신' 하는 법을 알아보고자 한다.

주식을 처음 공부할 때 '시세에게 물어본다' 는 말의 뜻을 잘 이해할 수 없었다. 시세에게 물어본다는 말의 뜻은 무엇일까? 그것은 시세 속에 주가에 영향을 주는 정보가 지속적으로 반영된다는 의미로 해석할 수 있다. 따라서 미래 시점에 기업에 영향을 줄 정보가 발생하면 그 정보는 현재 주가에 영향을 주게 되어 주가는 변동하게 된다.

따라서 현재 주가를 보면 미래 시점에 영향을 줄 정보가 반영될 것인지 아닌지를 판단할 수 있고, '확신'을 가질 수 있다.

다음의 〈그림 1〉을 보자. 내 경우에는 주가의 역사상 고점 돌파에 대해 상당한 비중을 두고 매매를 하는 편이다. 즉, 지속적으로 이전 고점을 돌파하지 못하고 횡보하던 종목이 어느 시점을 돌파한다는 것은 강력한 무언가가 발생했다는 뜻으로 해석한다. 〈그림 1〉을 보면 (가) 선을 중심으로 매번 주가가 그 이상 올라가지 못했다. 이것은 그 가격대가 오면 팔겠다는 의지를 갖는 사람들이 많기 때문이다. 이를 소위 '매물벽'이라고 하는데, 매물벽이 돌파되면 매물벽이 지지선으로 바뀌면서 새로운 주가 추세를 형성한다.

〈그림 1〉의 차트는 2007년도 증권주 중에 하나를 골라 선택한 것이다. 2007년은 증시가 사상 최고치를 갱신했고 자본시장통합법 등 여러 가지 굵직한 금융 관련 이슈들이 많았다. 당시 주요 화두는 증시의 지속적인 상승 여부와 자본시장통합법이 중소형 증권사에 미치는 영향 정도였다. 이를 토대로 당시의 투자 판단을 어떻게 하고, 어떤 확신을 가질 수 있는지 살펴보자.

물음표에 해당하는 부분을 처음부터 보여주지 않는 이유는 앞으로의 주가 움직임이 어떻게 전개될 것인지 미리 알려주지 않음으로써 투자에 대한 감각과 판단력을 기르게 하기 위한 것이다. (가) 부분은 역대 저항선이었으므로 이 저항선을 뚫는 순간이 수익을 내는 타이밍이 될 것이다. 이 종목은 (나) 시점에 이르러 저항선을 뚫었다(종가 상으로 저항선을 뚫는 순간을 저항선 돌파라 한다). 바로 이 시점에서 매수에 들어가는 것이 1차 정석 매매법이 된다. 단, 이 시점에서 저항선 밑으

⚡그림 1 실전 차트 1

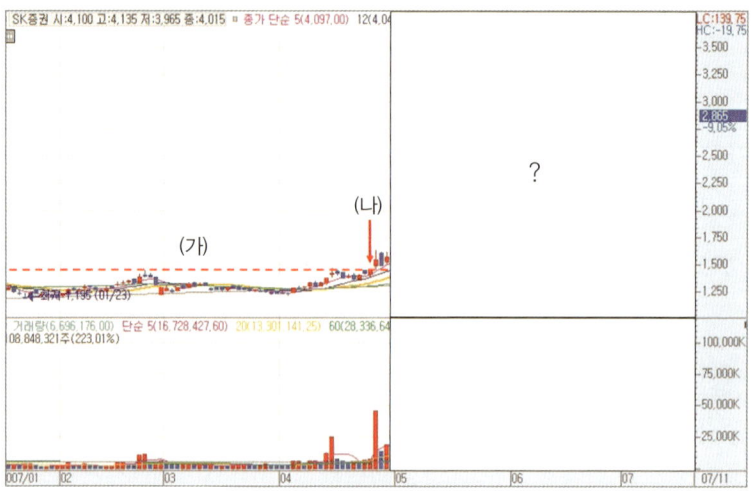

로 주가가 하락하면 바로 매도하여 손실을 줄이는 전략을 취해야 할 것이다.

매수를 완료했으면 〈그림 2〉를 보자. 〈그림 2〉처럼 자신이 매수한 가격 이하로 주가가 하락하지 않는다면 매수 포지션을 유지해도 좋다. 주가는 여기서부터 물음표로 가려진 부분까지 상승한 것을 볼 수 있다. 어떤 기사나 공시가 없어도 향후 변수가 이 주식에 영향을 주고 있음을 알 수 있다. 또한 현재 매수가와 손절에 대한 기준과 방법을 당신은 알고 있으므로 이는 곧 '확신'으로 이어질 수 있을 것이다. 즉, 앞으로 증시가 활황이 되고 각종 변수가 이 종목에 긍정적인 영향을 줄 것이라고 판단할 수 있다.

이제 다시 〈그림 2〉를 살펴보자. 보통 주식을 보유한 투자자의 경우 〈그림 2〉의 물음표 시작점에서 매도(이익실현) 여부를 고민한다. 이

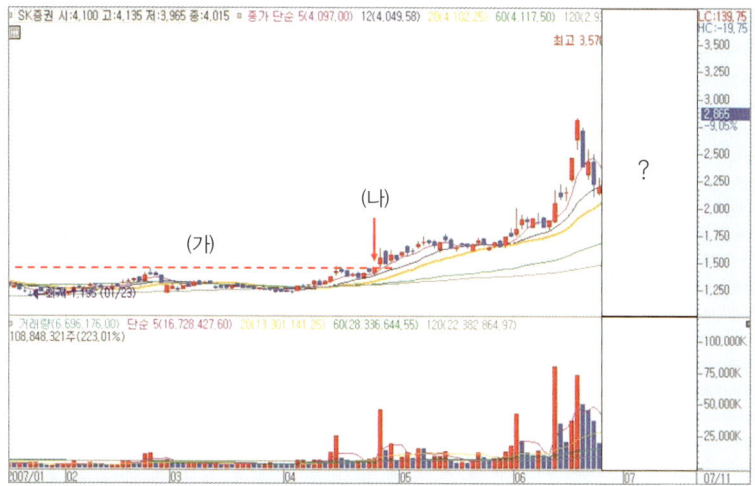

그림 2 실전 차트 2

유는 지속적으로 상승하는 것은 맞지만 주가가 급등락을 반복하므로
두려움이 생기기 때문이다. 이 구산을 '확신의 결여 구간'이라고 한
다. 이러한 상황에서 이익실현과 지속적인 보유 중 당신은 어떤 판단
을 내릴 것인가?

결론부터 말하면 무조건 보유하는 것이 맞다. 이유는 이 종목의 매
수 기준인 '저항선 돌파'를 충족한 상황이 계속 유지되고 있는 데다
기간별로 수익률이 높아지고 있기 때문이다. 만일 여기서 이익실현
을 하지 않고 계속 보유했다면 어떤 상황이 벌어질까? 〈그림 3〉은 당
신의 결정에 대한 답변이다.

이 정도의 결과면 만족하겠는가? 아니면 여전히 계속 보유할 것인
가? 판단은 본인의 몫이다. 여기서 만족할 경우 매도하면 되고, 불만
족스러우면 계속 보유하면 된다. 그러면 도대체 언제 주식을 팔아야

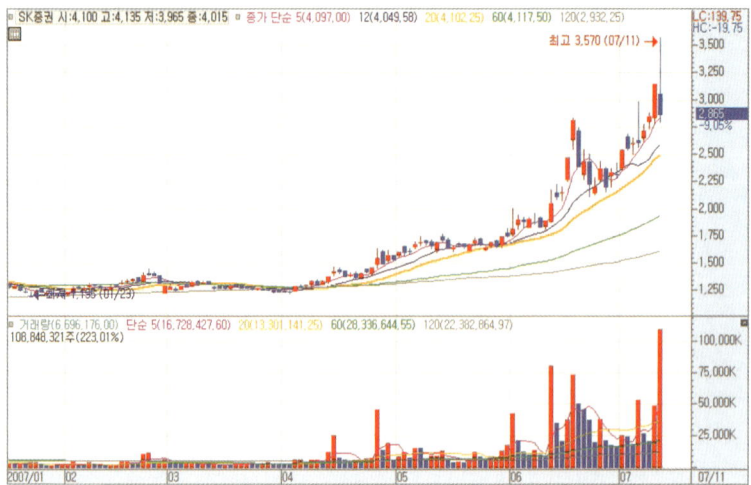

하는가? 이 장에서는 자신의 매수 기준을 충족(유지)하는 이상 계속 보유하라고 했는데, 그럼 결국 주가가 원점으로 돌아올 때까지 무조건 들고 있으라는 말이냐고 반문할 수 있을 것이다. 그러면 투자할 이유가 없지 않겠는가? 다음 장에서는 그러한 물음에 해답을 제시해 보겠다.

24

생선의 머리와 꼬리는
고양이에게 주어라

가장 좋은 것은 자기가 다 갖고, 필요 없는 것들을 남에게 주면서 미련을 갖는 사람을 보면 참으로 한심스럽기 짝이 없다. '나 갖기는 싫지만 남 주기는 아까운 마음'을 먹으면 주식투자에서 득보다 실이 많다. 이제 과감하게 고양이에게 머리와 꼬리를 주는 연습을 해보자. 머리와 꼬리를 줄 때는 먼저 어떤 것이 '머리'이고 어떤 것이 '꼬리'인지 구별하는 게 가장 중요하다. 그런데 말이 쉽지 그것을 알면 누가 머리와 꼬리를 사겠는가?

사실 들을 때는 귀에 쏙쏙 들어오지만, 실제적인 방법론에 이르면 벽에 부딪치는 게 바로 투자격언이다. 주식 관련 서적 중에는 이처럼 듣기에는 좋지만 모호함과 뜬구름 잡는 소리들로 포장된 책들이 적지 않다. 실질적인 방법론을 제시하지 못하는 책을 읽느니 차라리 그 시간에 경제학 서적이나 신문을 한 번 더 읽는 것이 주식투자에 훨씬 도움이 된다는 게 내 생각이다.

다시 머리와 꼬리를 찾는 문제로 돌아가자. 앞 장의 상황을 연장하여 매수 타이밍을 잡고 매수를 완료했다고 가정해 보자. 이제 중요하게 대두되는 문제는 바로 이익실현이다. 이때는 스스로 '목표가'를 설정해 두고 이에 도달하면 매도하는 것이 좋다. 단, 매도하지 않아도 상승 여력이 충분한데 서둘러 매도하는 것은 참으로 안타까운 일이다. 상승 여력이 충분하다는 것은 바꿔 말해 투자자가 상승에 대한 '확신'이 있어야 한다. 그러한 '확신'을 갖는 방법들을 다음 장부터 하나씩 배워갈 것이다. 이제 본인의 매도 목표가보다 시장 분위기가 좋아져서 추가적인 이익이 기대될 때 어떻게 목표가를 설정할 것인가에 대한 문제가 대두된다. 즉, 꼬리를 찾는 것에 대한 모색은 각자

 그림 1 **실전 차트 1**

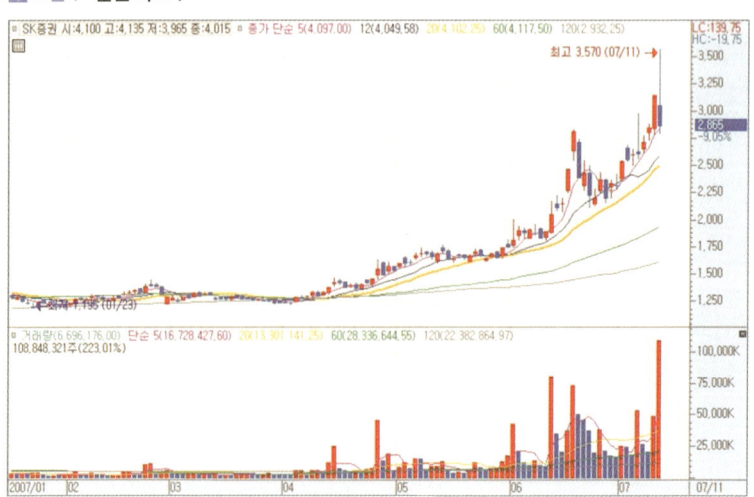

196

정한 목표가를 벗어난 상황이기 때문에 차트에서 찾아보아야 한다.

〈그림 1〉에서 계속 주식을 보유하고 있으면 어떻게 될까? 만일 당신이라면 어떤 판단을 내리겠는가? 〈그림 1〉의 마지막 날을 기준으로 당신은 계속 보유를 할 것인지, 이익실현을 단행할 것인지 고민해보자. 당신은 이 주식을 1,500원대에 매수하여 3,000원을 바라보고 있는 현재, 수익률 100% 이상을 채운 상황이다. 그것도 비교적 단기간에 높은 수익률을 달성했다. 이제 결정을 내렸다면 결과를 살펴보자. 〈그림 2〉는 당신이 내린 결정에 대한 결론이다.

그대로 주식을 보유했으면 그 시점부터 일주일 만에 주가가 2배나 상승해 지금쯤 주변 사람들에게 술을 사고 있을 것이다. 반면에 매도했다면 그동안 얻었던 높은 수익률에도 불구하고 대단히 불만족스러울 것이다. 결과가 너무 황당하지 않은가? 그런데 이것은 가상의 상

▶ 그림 2 **실전 차트 2**

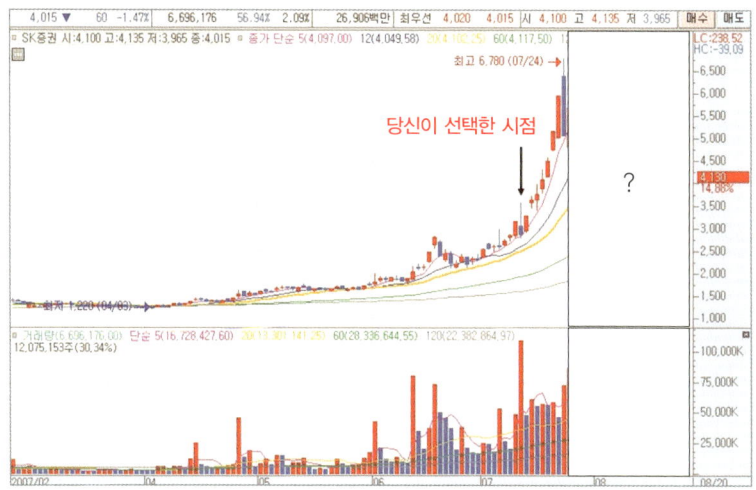

황이 아니라 실제로 일어난 일이다. 만일 당신이 실제로 이 종목에 투자를 하고 매도 결정을 내렸다면 그 시점에 따라 극명한 감정차를 느꼈을 것이다.

기회를 한 번 더 달라는 당신에게 다시 판단의 기회를 주겠다. 이번에는 〈그림 2〉에 있는 물음표 영역을 예측하고 투자 결정을 내리는 것이다. 당신이 1,500원에 매수하여 현재 6,000원대까지 주식을 보유한 것으로 가정하고 매매 결정을 내린다. 현 시점에서 상승 여력이 더 있어 보이는가? 아니면 하락할 것 같은가? 당신의 판단에 따라 계속 보유할 것인지, 매도하여 이익실현을 할 것인지 결정하면 된다. 다만 결과를 보기 전에 당신의 판단은 어느 쪽을 선택했고, 또 그렇게 한 이유가 무엇인지에 대해 꼭 메모해 두길 바란다. 이것은 매우 중요한 메모가 될 것이다. 이 책을 덮게 될 무렵 당신은 지금과는 다른 시각으

▶ 그림 3 **실전 차트 3**

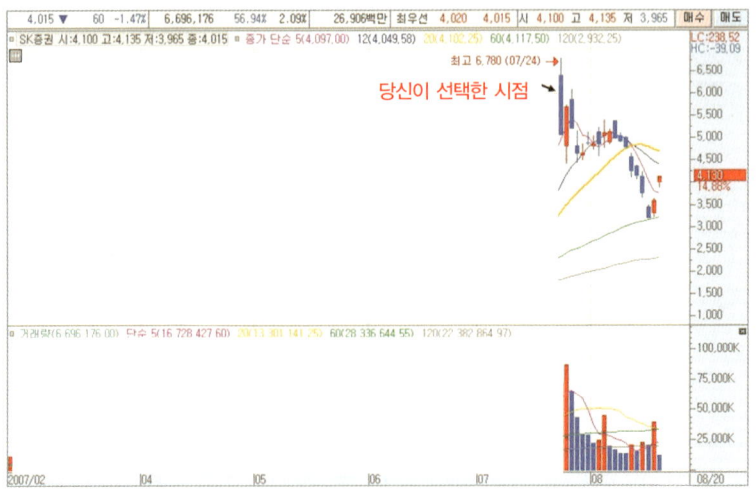

로 차트를 보게 될 테니까 말이다. 다시 한 번 강조하지만, 결과를 보기 전에 반드시 먼저 메모를 하라. 그러면 당신의 실력이 지금보다 50% 이상 상승할 것임을 확신한다. 그럼 이제 결론을 보기로 하자.

혼동을 막기 위해 지난 시점의 차트를 지웠다. 만일 당신이 계속 이 종목을 보유한다면 6,000원대의 주식이 3,000원대까지 −50%가량 하락하는 쓰라린 경험을 하게 된다. 계속 보유한다는 결정이 이번에는 무리한 욕심이 되었다. 반대로 정확한 근거를 바탕으로 매도를 선택했다면 당신은 차트 분석의 기본부터 응용까지 충분한 실력을 갖춘 사람일 것이다. 그럼 이전에 메모해 둔 매매 사유에 대해 맞춰보도록 하자.

당신은 왜 매도를 선택했는가? 힌트는 이미 차트에서 충분히 주어졌다. 그러므로 각 요소들을 찾아 빠짐없이 적어야 비로소 100% 맞

▶그림 4　실전 차트 4

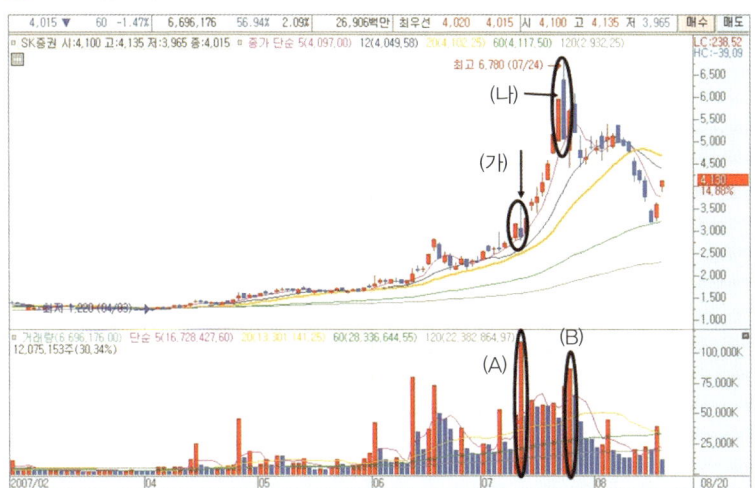

았다고 할 수 있다. 〈그림 4〉는 정답의 요소들을 표시한 것이다.

먼저 (가) 부분을 보면 대규모 거래량을 동원하면서 직전 최고점을 돌파했지만, 결국 장을 마감하면서 종가상으로 전일 종가 및 직전 최고가를 갱신하지 못했다. 사실 이때부터 매도에 대한 준비를 해야 하지만, 추세가 꺾였다는 판단은 50:50이므로 판단을 유보하는 것이 맞다.

두 번째 (나)의 시점을 보면 역시 최고가를 갱신하지 못하면서 종가상으로 밀리면서 끝났다. 이 부분부터는 반드시 머릿속에 기억해두기 바란다. 주가의 급등에서 2번째로 직전 고점을 갱신하지 못하고 종가상 거래량도 처음 대규모 거래량(A 지점)을 갱신하지 못하면(B 지점) 일단 시세는 꺾인 것으로 판단하는 것이 정석이다. 설령 추후에 계속해서 상승한다고 하더라도 그때부터는 '꼬리'를 넘겨준 것이므로 욕심을 내지 말아야 한다.

이번 파트에서 강조하고 싶은 부분은 욕심을 끊고 매도를 결정할 때는 막연히 감이나 수익률에 의존하기보다 과학적으로 계산된 시점에서 하락을 확인하고 정리하는 습관을 들이라는 것이다. 그래도 절대 늦지 않는다.

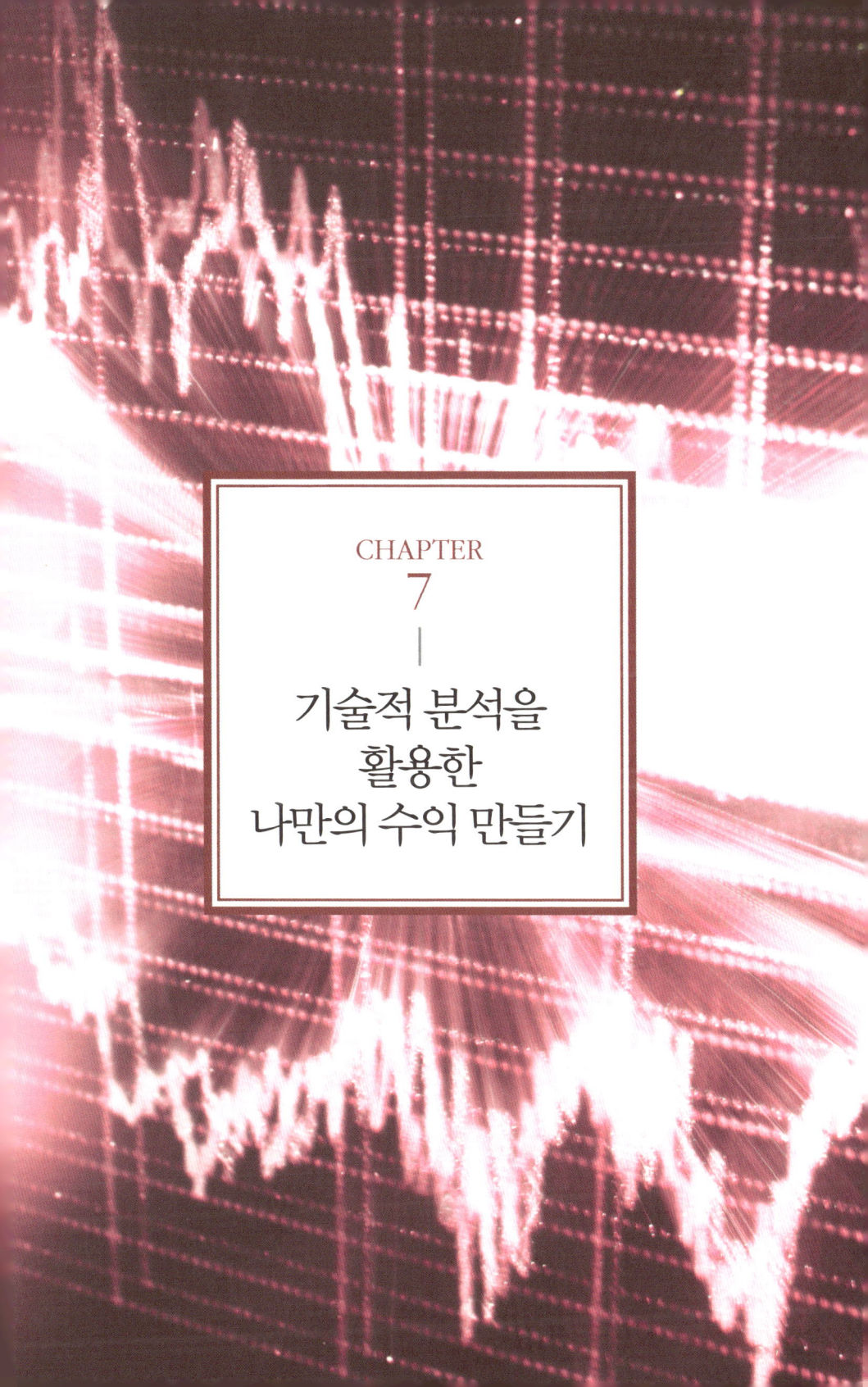

CHAPTER

7

기술적 분석을
활용한
나만의 수익 만들기

25

당신은 가장 위험한 사람인가, 가장 현명한 사람인가?

주식투자와 게임이론(Game Theory)은 기본적으로 경제 현상에 대한 고찰을 다룬다는 점에서 상당 부분 유사하다. 따라서 게임이론의 핵심요소를 분석해 보면 주식투자에 도움을 얻을 수 있다. 게임이론은 '과점 기업이 어떻게 생산량 및 가격을 결정하는가?' 하는 문제를 분석함으로써 태동했다. 하지만 이는 특수한 상황에 대한 모형을 중심으로 시도한 것이라 일반적인 이론에 대한 시초라 하기엔 무리가 있다. 일반적으로 통용되는 게임이론의 역사는 지금으로부터 반세기 전으로 거슬러 올라가 헝가리 출신의 유태인 천재 이론물리학자 폰 노이만(John Von Neumann)과 오스트리아 출신의 경제학자 모르겐슈타인(Oskar Morgenstern)이 1944년 출간한 《게임의 이론과 경제적 형태(Theory of Games and Economic Behavior)》에서 찾아볼 수 있다. 그들은 이 책에서 경제학의 많은 분야를 게임이론으로 접근했으며, 2인 게임에서 출발하여 여러 명이 하는 게임까지 체계적으로 확장시켜 분석했다. 이 책은 기대효용이론(Expected Utility Theory)을 분석한 책으로도 잘 알려져 있다.

우리가 하는 많은 일들은 서로 상관없어 보임에도 불구하고 게임이라는 동일 범주 안에 분류될 수 있는데, 그것은 상호 간에 공통점이 존재하기 때문이다. 그러한 공통점으로 먼저 모든 게임은 나름대로의 규칙(Rule)이 있고, 그러한 규칙에 맞게 진행된다는 점을 꼽을 수 있다. 주식시장을 예로 들면 투자 주체들은 거래소라는 곳에 모여 주문을 내면서 주식을 사고팔 수 있다. 또한 주식의 하루 가격 변동 제한폭을 정해 그에 따라 매매한다. 이 모든 것이 일정한 규칙에 따라 진행된다.

두 번째 공통점은 전략(Strategy)의 중요성이다. 게임이론의 중요한 역할 중 하나는 성공한 전략과 실패한 전략을 가려내는 데 있다. 실제로 당신이 매수측에 서서 매수를 하느냐 매도측에 서서 매도를 하느냐에 따라 성공 또는 실패한 전략이 될 수 있다.

세 번째로 모든 게임에는 최종적인 결과가 있다는 점이다. 매도에 따라 이익실현이냐 손실확정이냐가 결정된다는 점이 그러하다.

네 번째로 전략적 상호작용(Strategic Interaction)에 의해 게임의 결과가 결정된다는 점이다. 이것은 내가 부도날 회사의 주식을 산다고 하더라도 팔았을 때 다시 사주는 사람이 존재한다는 것과 같다. 이것은 잘못된 판단착오로 인해 돌이킬 수 없는 결과를 초래하기 전에 누군가 더 잘못된 판단착오로 나의 손실을 막아줄 수 있으며, 결과적으로 상대적으로 우월한 선택을 했다는 의미다.

우리는 일상생활에서 의식적이든 무의식적이든 게임의 상황에 참여한다. 게임이론은 게임의 특징을 체계화시킨 것으로 이를 이해함으로써 인간의 사회적 행태와 경제 사회의 현상을 파악하는 데 도움을 얻을 수 있다. 게임이론의 핵심을 파악한다는 것은 돈을 놓고 벌이는 게임의 심리를 파악한다는 뜻이다. 게임의 심리를 파악하려면 먼저 게임의 종류와 속성을 파악하는 것이 중요하다. 게임의 종류는 협조적이냐 비협조적이냐, 정적이냐 동적이냐, 전략형이냐 확장형이냐, 완전 정보 게임이냐 불완전 정보 게임(비대칭 정보 게임)이냐, 제로섬 게임이냐 비제로섬 게임이냐 등으로 구분할 수 있다.

주식투자는 어떤 종류의 게임에 속할까? 꼭 한 종류의 게임에만 포함되는 것은 아니다. 비협조적 게임인 동시에 전략형 게임이 될 수도 있고, 불완전 정보 게임이 될 수도 있다. 그중 불완전 정보 게임은 상대방 중 누군가는 정보를 알고 있고, 반대편 상대는 정보를 일부만 갖거나 가지고 있지 않은 경우를 말한다. 누군가와 불공평한 게임을 한다고 할 때 이길 수 있는 방법은 과연 무엇일까?

불완전 정보 게임에서 이기려면 2가지 조건이 충족되어야 한다. 하나는 상대와 동일한 전략을 사용할 것, 또 다른 하나는 상대가 어떤 수단을 동원하더라도 그 수단을 무력화할 수 있는 막강한 힘을 갖는 것이다. 먼저 상대와 동일한 전략을 사용한다는 것은 완전한 정보를 쥐고 있는 사람의 전략을 무용지물로 만든다는 의미다. 주식투자에서는 궁극의 목적을 위해 수단을 달리해야 한다. 즉, 내가 비싸게 팔기 위해서는 어떤 방법으로든 비싸게 파는 것이 중요하다. 가령 상대가 싸게 살 때 같이 싸게 사고, 비싸게 팔 때 같이 비싸게 판다면 강자의 입장에 서는 것과 같은 효과를 얻을 수 있다. 이것을 실전에 대입하면 '외국인 투자자 따라하기', '기관투자자 따라하기', '대주주 따라하기' 등에 해당한다. 정보력 측면에서 개인투자자들은 기관이나 외국인 투자자에 비해 상대적으로 약자일 수밖에 없다.

이러한 투자 방법은 효과적이라 할 수 있지만 원천적으로 상대와 동일한 시점에서 전략을 구사하기란 불가능하고, 상대의 의도를 모른다는 문제가 여전히 남는다. 즉, 외국인 투자자들이 어떤 기업의 주식을 산다고 가정할 때, 개인투자자들은 외국인이 그 기업의 주식을 매수하고 난 이후에나 매수에 동참할 수 있으므로 시차가 발생한다. 또한 외국인 투자자가 매수하는 기업의 주식 수량과 보유기간을 알 수 없으므로 자칫하면 닭 쫓던 개 지붕 쳐다보는 격이 될 수도 있다.

두 번째 필요조건은 상대를 능가하는 강한 힘이다. 주식시장에서 강한 힘은 곧 자본력을 의미한다. 가령 어떤 기업의 실적이 악화될 것을 사전에 알고 내부자가 주식을 매도한다고 하더라도 막대한 자본으로 그 주식을 사들이면 사전 정보가 무용지물이 된다. 이 전략은 개인투자자들에게는 현실적으로 사용하기 불가능한 방법이다.

그렇다면 게임에서 이기기 위한 다른 방법은 없을까? 여기서 언급한 2가지 전략은 기본 중의 기본이다. 이것을 기억하고 이해해야 더 발전된 전략들을 이해하고 구사할 수 있다.

★ 주식투자가 확률 50%의 게임이라는 착각 ★

내가 일본을 갔을 때 있었던 일이다. 저녁시간에 슬롯머신을 하러 게임장에 갔다가 한국 여행객들의 대화를 들었다.

"이거 무조건 이기는 방법이 나에게 있어! 나만 믿어"라고 한 남자가 자신 있게 말했고, 여자 친구로 보이는 사람이 "어떻게?"라고 방법을 물었다. 그 남자는 "처음에 내가 100의 자본이 있으면 1을 거는 거야. 만일 실패하면 다음에는 처음 베팅 금액의 2배수를 걸고, 또 실패하면 직전 베팅 금액의 2배수를 거는 거야. 그러면 한 번은 걸리지 않겠어?"라고 설명했다.

처음에는 제법 일리가 있는 말로 들렸다. 하지만 이 남자의 말에 동의한다면 당신이야말로 가장 위험한 사람이다. 나는 스스로에게 질문을 던졌다. '그럼 왜 손해를 보는 사람이 생기는 걸까?' 해답은 어렵지 않게 구할 수 있었다. 10초만 생각하면 계산이 잘못되었다는 것을 금방 알 수 있다. 그 남자는 무엇을 간과한 것일까? 그는 3가지를 간과했다. 잘못된 판단 3가지가 무엇인지는 다음에서 확인하면 된다. 그 전에 먼저 스스로 답이 무엇일지 고민해 보자.

STOCK TIP

남자가 간과한 점

❶ 두 배수로 베팅한다면 몇 번 버틸 수 있는가?
 → 자본금에 대한 한계점을 계산하지 못한 오류
❷ 이번 판에서 졌다고 다음 판에서 이길 확률이 높아지는가?
 → 잘못된 확률 계산
❸ 이기거나 졌을 때 직전 베팅한 모든 금액을 보상하는 구조가 아니다.
 → 배당금(수익률과 수익금)에 대한 잘못된 계산

당신이 생각한 이유와 모두 동일한가? 그렇다면 다행이다. 이제 주식시장의 상황과 비교하면서 3가지 계산의 오류를 하나씩 살펴보자. 먼저 남자의 말대로 2배수로 베팅을 계속한다면 과연 몇 판까지 베팅을 할 수 있을까? 단순한 계산이므로 쉽게 알 수 있다. 초기 자본금으로 100을 가지고 있었으므로 정확하게 7판까지 게임을 할 수 있다. 즉, 7판까지 이기지 못한다면 완전히 실패하게 된다. 〈표 1〉을 보며 직접 눈으로 확인해 보자.

▶표1 2배수로 베팅을 계속할 경우 필요한 금액

게임 판수	필요한 베팅 금액
1	1
2	2
3	4
4	8
5	16
6	32
7	64
8	128
9	256
10	512
11	1,024
12	2,048
13	4,096
14	8,192
15	16,384
16	32,768
17	65,536
18	131,072
19	262,144
20	524,288

〈표 1〉을 보면 7판까지는 베팅 금액이 64만큼 필요하므로 게임 진행이 가능하다. 하지만 8판부터는 128로 자본금인 100보다 커져 베팅을 할 수 없게 된다. 결국 7판에 원하는 결과가 나와야 하는데 알다시피 그렇게 되기란 참으로 어렵다. 그 이유는 두 번째로 잘못 판단한 부분에 있다.

게임을 계속하면 될 것 같다는 단순한 생각은 위험한 결과를 초래할 수 있다. 객관적으로 보면 이기거나 지거나 둘 중 하나이므로 모든 판의 확률은 50%이다. 하지만 이번 판에 잃었으니 다음 판에는 딸 것이라고 생각하는 자체가 이성적이지 못한 계산이다.

세 번째로 가장 큰 문제를 간과했는데, 이것은 자신이 이기면 직전에 베팅한 금액을 모두 돌려받을 수 있는 게임이 아니라는 점이다. 당첨금이 직전 베팅액의 절반밖에 안 될 수도 있고 더 적을 수도 있다. 남자는 전액을 다 돌려받을 수 있는 또 하나의 확률에 베팅한 사실을 잊고 있었던 것이다.

주식시장에도 이와 같이 생각하는 투자자가 상당수 있다. 특히 초보일 때 이러한 판단을 하기 쉬운데, 시간이 지나면서 경험적으로 자신이 기대한 결과를 얻지 못한다는 것을 깨닫게 된다. 주식시장에서 주식을 매수하기 위해서는 앞서 언급한 게임의 예와 같이 투자자 자신의 투자원금이 있어야 한다. 더욱이 주가는 게임에서처럼 1부터 시작하는 것이 아니라 시장에서 정해지는 가격에 따르고 그 높은 가격들은 2배수로 투자할 경우 엄청나게 큰 자본금을 필요로 한다. 또한 주식시장 역시 확률이 지배하지 않는다. 오늘 상승했다고 내일 하락할 것이라고 예상하는 바보는 없을 것이다. 마지막으로 주식은 가격 제한폭이 있기 때문에 직전에 손실 본 금액을 즉시 복구하거나 직전 손실폭을 한 번에 만회하지 못할 수도 있다. 이것은 어떤 기업의 주가가 1만 원이라고 가정할 때 거래한 첫날 하한가를 기록하면 그 다음 날 상한가를 기록한다고 하더라도 전일 주가인 1만 원을 회복하지 못한다는 것을 의미한다. 또한 4일 만에 1만 원의 주가가 50% 하락하여 5,000원이 되었을 경우 다시 1만 원을 회복하려면 주가는 50%가 아니라 무려 100%나 올라야 한다. 게다가 그 사이에 수많은 상승과 하락에 대한 경우의 수가 존재한다. 이렇듯 단순하게 머릿속의 느낌만으로 접근하면 엄청난 손실이 기다리는 곳이 주식시장이라는 점을 반드시 명심해야 한다.

당신의 주식은 안녕하십니까?

기술적 분석 속
나만의 전략

26

다시 보는 기술적 분석

기술적 분석이란 무엇인가? 주가는 시장의 수급(수요와 공급)에 의해 결정된다는 전제에서 출발하며, 일반적으로 주가의 과거 자료를 이용하여 주가 변화 추세를 찾아내고, 이를 이용하여 미래의 주가를 예측하는 것이다. 또한 주가는 항상 반복하여 변화하는 속성이 있으므로 재무상태가 좋지 못한 기업의 주식이라도 주가의 시점을 잘 포착하면 투자수익을 올릴 수 있다는 것을 전제로 한 분석이다. 따라서 과거의 주가나 거래량 정보를 이용하여 일정한 추세가 시작되는 시기를 결정하는 데 그 목적이 있다.

게임이론에서도 간략하게 설명했듯이 기업의 주가는 시장에 참여하는 모든 이들의 다양한 의사결정과 그에 따른 행동으로 인해 변화한다. 즉, 어떤 투자자는 향후 주가가 하락할 것을 예상하여 주식을 팔고, 어떤 투자자는 향후 주가가 오를 것이라는 기대감으로 주식을 사면서 그 결과에 따라 주가가 형성되는 것이다.

★ 기술적 분석의 이론 ★

기술적 분석에 대해서는 여러 가지 이론이 있다. 다우이론, 엘리엇 파동이론, 사케다 전법 등이 있으나 여기서는 다우이론에 대해서만 알아보기로 한다. 엘리엇 파동이론은 현실적으로 적용이 어렵고 해석상의 문제가 많으며 지나치게 주관적인 해석이 가능하기에 배제하도록 한다. 사케다 전법은 이 책의 뒷부분에서 캔들 차트와 함께 설명한다.

다우이론은 추세 분석의 주요한 이론이다. 찰스 다우(Charles H. Dow)가 고안한 것으로 주가 움직임이 주기적인 추세를 형성한다는 가설을 정립하여 1929년 미 증시 붕괴를 예측하면서 유명해졌다. 다우이론에 따르면 주가는 단기 추세와 중기 추세, 장기 추세로 구별하는데 단기 추세는 매일의 주가 움직임으로 인해 나타나는 추세이고, 중기 추세는 3주에서 몇 달간 지속되는 추세이며, 장기 추세는 1~10년에 걸친 장기적 흐름을 나타내는 추세이다. 새로운 중기 추세의 바닥점이 그 이전의 바닥점보다 높으면 장기 추세는 상승국면으로 진입하고, 새로운 중기 추세의 최고점이 장기 추세의 최고점을 갱신하지 못하면 장기 추세는 하락국면으로 전환하거나 하락국면에 존재한다고 본다.

다우이론의 주요한 원칙을 정리하면 다음과 같다.

- 모든 시세는 대내외적으로 여러 가지 요인들에 의해 결정된다.
- 평균주가 개념은 전체 주가흐름을 정확하게 반영한다.
- 주가는 파동법칙(장기, 중기, 단기)에 의해 형성된다.
- 장기 파동은 평균주가가 바로 직전에 형성된 최고가를 돌파하여 상승할 때 만들어지며 중기 파동은 최저가를 하향 돌파하기 전에 끝난다.
- 강세국면에서는 경기 및 경제여건이 호전되고 전문가들이 저가주를 매입하며, 중간 단계부터 말기에 이르기까지 일반 투자자를 중심으로 과열된 투기가 일어난다.
- 약세국면에서는 경기와 경제여건이 악화되고 전문가들이 매도를 시작하며, 국면 말기에는 소형주를 중심으로 우량주에 대한 투매 현상이 나타난다.
- 어떤 종목의 평균주가 변동은 다른 종류의 주가변동을 유발시킨다.
- 횡보하던 주가가 추세선 이탈과 함께 상향 돌파 시 상승 신호로 간주한다.
- 강세국면에서 거래량이 계속 증가하거나 약세국면에서 거래량이 점차 감소하면 시장 내부에 상승 에너지가 축적되는 과정으로 여긴다.
- 다른 추세로 전환될 때까지 하나의 추세(강세/약세)는 지속된다.

이제 다우이론의 장기 추세 진행과정과 투자 결정에 대해서 알아보자.

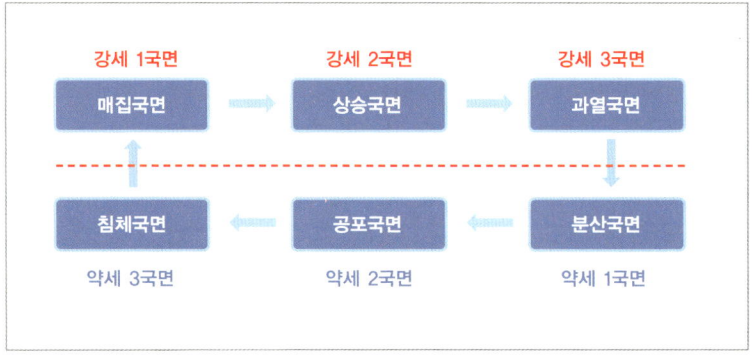

그림 1 다우이론의 장기 추세 진행과정

강세 1국면   강세 2국면   강세 3국면

매집국면   상승국면   과열국면

침체국면   공포국면   분산국면

약세 3국면   약세 2국면   약세 1국면

장기 추세는 크게 강세국면과 약세국면으로 구분할 수 있고, 강세국면은 다시 매집국면, 상승국면, 과열국면으로 나뉜다. 또한 약세국면은 분산국면, 공포국면, 침체국면으로 나눌 수 있다. 먼저 강세국면부터 순서대로 살펴보도록 하자.

강세 1국면인 매집국면은 경제 전체 및 시장 상황과 기업 환경이 회복되지 못하여 장래에 대한 전망이 어둡다는 특징이 있다. 따라서 이에 실망을 느낀 많은 투자자들이 그간의 침체국면을 버티지 못하고 저가에 주식을 매도하려 든다. 하지만 시장의 내외 여건이 호전될 것을 미리 판단한 전문가들이 개인투자자들의 실망매물을 매입하려는 거래가 일어나게 됨에 따라 거래량은 점차 증가한다.

강세 2국면인 상승국면은 전반적인 경제여건 및 기업의 수익이 호전됨으로써 일반 투자자들의 관심이 증가하여 주가가 상승하고 거래량도 증가하게 된다. 통상적으로 이 구간에서 개인투자자들이 많은 수익을 올린다.

강세 3국면인 과열국면은 경제 전반과 기업의 수익이 호조를 나타내고 주식시장도 과열된 양상을 띠게 된다. 주식투자 경험이 적은 사람들은 이때 확신을 갖고 주식을 사들이게 되는데 이때의 매수자는 대개 손해를 보게 된다. 객장에 사람이 붐비면 증시는 고점이라는 격언을 참고할 만하다.

약세 1국면인 분산국면은 주식시장의 지나친 과열을 눈치 챈 투자전문가들이 수익을 챙기고 빠지는 단계로, 이때는 주가가 조금만 하락해도 거래량이 증가하는 패턴을 보인다.

약세 2국면인 공포국면은 경제 및 기업의 실적이 나빠짐에 따라 주식을 매도하려는 개인투자자들이 늘어나는 시기다. 이 시기는 매도하려는 마음이 앞서고 주식을 매수하려는 세력이 상대적으로 적어 주가가 급락하고 거래량도 감소하는 패턴을 보인다.

약세 3국면인 침체국면은 직전 공포국면에서 정리하지 못한 실망 매물로 투매가 나타나는 것이 특징이며, 투매가 나타남에 따라 주가는 하락하지만 낙폭은 점차 줄어드는 특징을 가진다.

27

추세선에 숨겨진 수익의 비밀

추세 분석은 주가가 일정한 기간 동안 일정한 추세를 그리며 움직이는 성질을 이용한 분석기법이다. 매일의 주가는 불규칙적으로 움직이는 것처럼 보이지만 긴 시간을 두고 보면 어떤 하나의 특정한 추세선을 가지고 상승과 하락, 횡보를 거듭하는 것을 알 수 있다. 추세선이 한번 형성된 이후에는 상당 기간 지속하는 성질이 있으며, 이러한 성질이 무너지는 경우에는 새로운 추세선이 형성되면서 주가 변화의 기점이 되기도 한다.

결국 추세 분석은 주가의 움직임에서 도출된 추세선을 통해 주식의 매매 타이밍을 포착하는 기법이라 할 수 있다. 그런데 추세선은 왜 긋는 것일까? 그것은 주식가격의 변동 속도가 일정하게 유지된다는 믿음 때문이다. 만일 시장가격이 기존 추세선의 각도를 벗어난다면

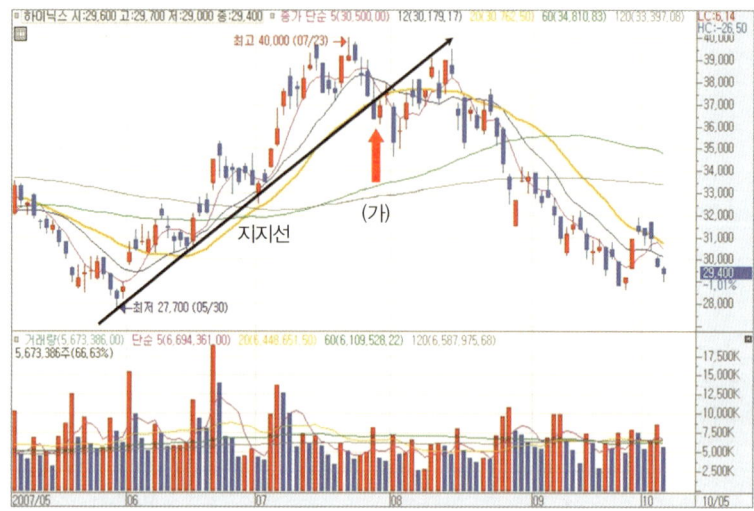

▶ 그림1　추세 분석1

가격 변화의 속도가 바뀌고 있다는 것을 의미하며, 이는 추세 변동의 중요한 정보로 인식할 수 있는 것이다. 〈그림 1〉을 살펴보자.

지지선, 즉 추세선을 그어보면 주가가 일정한 추세선을 따라 움직이는 것을 볼 수 있다. 주가가 추세선(지지선)을 지키지 못하고 (가)와 같이 하향 돌파하면서 추세를 이탈한 이후 새로운 추세가 생긴 것을 볼 수 있다. 즉, (가)와 같이 추세의 전환점을 찾기 위해 추세선을 사용한다고 보면 된다. 이렇게 '주가는 추세를 따라 움직인다'는 믿음이 추세선을 긋는 첫 번째 이유이다.

앞의 설명으로 돌아가서 기존 추세선의 각도를 벗어난다면 가격 변화의 속도가 바뀌고 있다는 것은 어떤 경우를 말하는 것인지 한번 살펴보도록 하자. 먼저 각도라고 하는 것은 지지선의 경사각을 의미

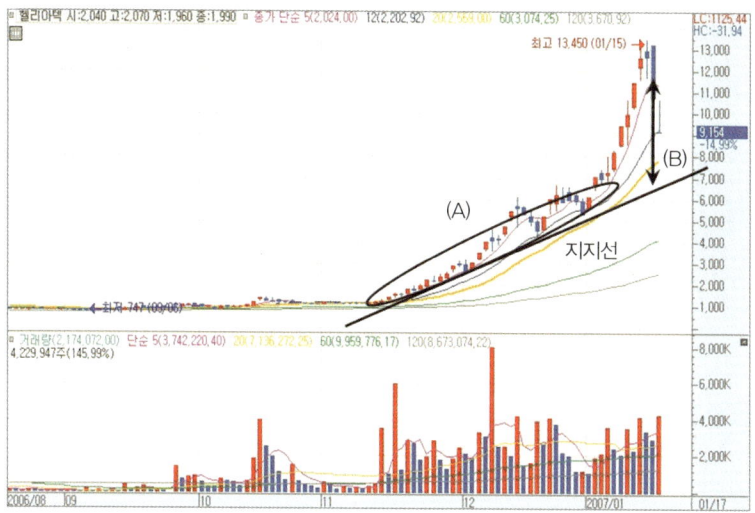

■ 그림 2 추세 분석 2

한다. 지지선은 주가 고점 간의 연결선 또는 저점 간의 연결선 등 여러 가지 방법으로 정할 수 있고, 시간의 경과에 따라 고점들이 높아지면 그것들을 연결하는 경사각이 높아지거나 낮아지는 것을 관찰할 수 있다. 이것을 〈그림 2〉를 통해 살펴보자.

〈그림 2〉는 각도에 대한 접근을 보여준다. 추세선을 그어놓고 (A) 구간과 (B)구간을 비교해 보면 (A)구간은 상대적으로 추세선과 큰 간격을 벌이지 않고 일정하게 따라가는 모습을 볼 수 있다. 하지만 (B)의 구간으로 가면 추세선과의 거리가 상당히 벌어진다. 정리하면 〈그림 2〉에 그려져 있는 추세선(지지선)의 각도와 주가와의 벌어지는 정도를 각도라 하고, (B)의 구간처럼 괴리가 커질 때 가격 변화도 커진다. 즉, 각도가 크다는 것은 가격 변화의 속도가 크다는 의미다.

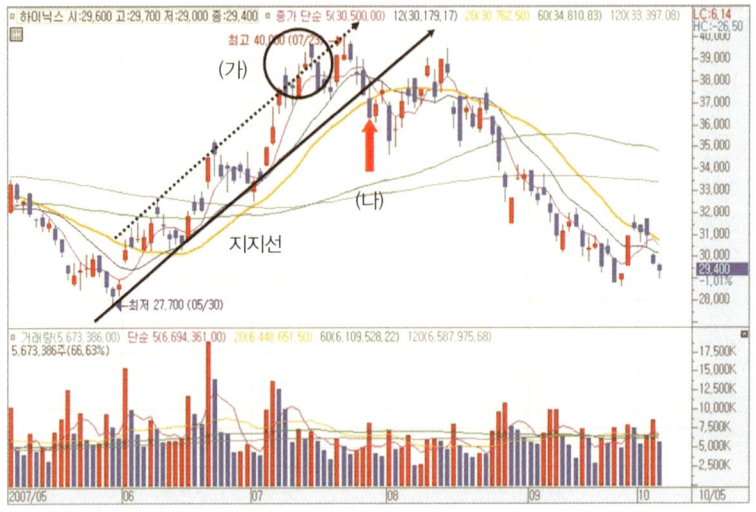
■➡그림 3 **채널선 분석 1**

마지막으로 추세선을 얼마나 신뢰할 수 있는가에 대한 문제가 남는다. 물론 추세선의 신뢰도는 반드시 경사도에 따라 측정되는 것은 아니지만, 일반적으로 겐(W. D. Gann)이 주장한 45도 각도의 경사도가 가장 견고하고 신뢰성 높은 추세선으로 알려져 있다. 좋은 예로 우량주의 중·장기적인 추세와 급등주의 단기적인 추세를 비교해 보면 이 말의 의미를 알 수 있다.

그런데 추세선 만으로 모든 문제를 해결할 수는 없다. 만일 그렇다면 주식시장에서 돈을 잃는 사람은 없을 것이다. 이제 한 걸음 더 나아가 채널선(Channel Line) 분석기법에 대해 설명하겠다. 〈그림 3〉은 앞서 설명한 〈그림 1〉에 새로운 보조선을 그어 만든 채널선(Channel Line) 분석에 대한 그림이다. 이처럼 고점과 저점들을 연결한 선을 '채널선'이라고 한다. 이 채널선을 기술적 분석에서 사용하는 이유는 가격의 움직임은 일정한 등락폭을 갖고 움직인다는 데서 기인한다. 따라서 채널선을 그어 가격이 고점이나 저점의 추세선에 얼마나 근접하고, 추세선을 돌파하는지 여부를 분석할 경우 기존 추세선의 변동 가능성을 파악할 수 있고, 그에 따른 전략을 수립하기도 용이하다.

〈그림 3〉을 살펴보면 각각의 고점들을 이은 점선(채널선) 중 동그라미로 표시한 (가) 부분을 번번이 돌파하지 못한다. 채널선은 바로 여기가 고점이라 판단하고 주식을 매도할 때 사용하는 근거가 된다. 채널선 활용에 대한 설명은 다음 장에서 하겠지만, 기본적으로 (가)의 영역을 돌파하지 못하면 매도 준비에 들어간다. 또 (나)의 구간에서 추세 이탈로 매도한다고 할 때, 매도 준비 시점을 잡아주는 또 하나의 기준 틀로서 채널선의 유용함을 기억하도록 하자. 물론 채널선이 매도 타이밍만 잡아주는 것은 아니다. 매수 타이밍을 잡을 때도 채널선을 활용할 수 있다. 다음의 〈그림 4〉는 매수 타이밍의 활용으로써 채널선의 역할을 보여준다.

〈그림 4〉는 〈그림 2〉에서 채널선을 추가한 것이다. 지지선과 동일하게 보조선을 그었을 때 (가) 구간에서 채널선을 돌파하여 가는 모습을 볼 수 있다. 주식을 매수하려는 사람의 경우 (가) 구간의 채널선 돌파를 보고 매수에 들어간다면 수익을 얻을 수 있다. 이때 채널선 돌파 후 추세가 유지되는 확률은 50%이므로 반드시 주가가 돌파된 채널선 이하로 내려오는지 여부를 확인해야 한다. 〈그림 3〉의 (가) 구간처럼 일시적으로 채널선을 돌파했지만 하락하게 되는 경우도 발

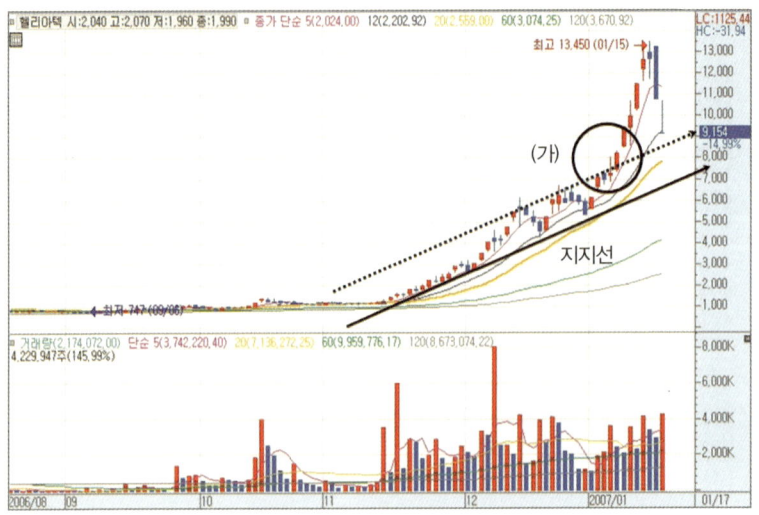

생하기 때문이다. 이와 같이 일시적으로 채널선을 돌파한 상황에서 주식을 매수한 뒤 계속 보유한다면 정말 속 쓰린 경험을 할지도 모른다. 이때 필요한 전략은 돌파된 채널선에서 계속 멀어지는 것을 확인하여 이익실현을 할지 여부를 결정하고, 다시 돌파된 채널선으로 복귀할지 혹은 다시 그 채널선 이하로 주가가 내려갈 때 어느 시점에서 손절매를 할지 정하는 일이다. 실제로 실전에서는 채널선을 정하는 것도 중요하지만, 돌파 시에 어느 시점에서 이익실현을 하고, 어느 시점까지 손실을 감수할 수 있는지를 명확하게 정하는 것이 더욱 중요하다. 〈그림 4〉에서 매수한 것이 결과적으로 〈그림 3〉의 (가)처럼 되지 않는다는 보장이 없으므로 반드시 이익과 손실에 대한 기준을 미리 마련하는 것이 현명한 전략이다.

추세 분석에서는 단순히 주가에 대한 추세뿐 아니라 뒤에서 배우게 될 이동평균선 등의 여러 가지 지표에 대한 추세까지 포괄적으로 다룬다. 기법 측면에서 볼 때 추세 분석은 간단해 보이지만 실제 적용 시에는 많은 혼란이 따른 것이 사실이다. 결국 누가 올바른 추세 분석을 하는가는 투자가 각자의 경험이나 능력에 달린 문제라 할 수 있다. 다만 추세 분석 시 전제되어야 할 것은 자신의 투자성향에 맞는 차트 분석을 병행해 나가야 한다는 것이다. 투자의 목적이 장기라면 월봉 차트를, 중기라면 주봉 차트를, 단기라면 일봉거래를 분석하면서 각자 거래하는 기간에 따라 다양한 거래 방법을 선택할 수 있을 것이다.

28

패턴 분석을 활용한
수익 만들기 전략

추세 분석이 커다란 주가흐름의 변화시점을 알기 위한 것이라면, 패턴 분석은 추세선이 변화할 때 나타나는 여러 가지 주가변동모형을 미리 정형화해 놓고 실제로 나타나는 주가의 움직임을 거기에 맞추어줌으로써 주가 추이를 예측하려는 기법이다. 추세 분석보다 조금 더 상세한 개념이라 이해하면 적당하다.

  본격적인 패턴 분석을 하기 전에 패턴 분석 시의 유의사항부터 알아보자. 먼저 돌발적이거나 폭발적인 변화에는 전체적인 시장을 예측할 수 없다는 점에서 시장이 과거와 같은 패턴으로 움직인다는 가정을 전제로 하는 패턴 분석에는 일정한 한계가 있다. 또한 분석하려는 기업의 주가 차트는 모두 과거 수치이며, 기계적인 지표로 표시되므로 잘못된 정보에 의한 일시적인 거래는 거짓된 신호로 나타날 수 있다. 마지막으로 성공적인 분석을 하기 위해서는 투자자의 개인별 재능과 경험, 직관력이 필요하다. 투자자에 따라 같은 상황을 놓고 다른 의견을 내놓기 때문이다.

패턴 분석은 적절한 매매시기를 예측하기 위해 천장권이나 바닥권에서 일어나는 주가변동의 전형적인 패턴을 찾아냄으로써 주가흐름이 상승국면인지 하락국면인지 전환시점을 포착하려는 것이다. 내게 주식투자의 고수가 되는 필요요소를 꼽으라면 경험과 기억력, 논리력을 꼽을 것이다. 그중에서도 경험한 사실을 기억하는 것이 가장 중요하다. 그러한 기억을 토대로 적절한 상황에서 적용 가능한 것인지를 판단하는 논리력은 그 뒤의 문제라 생각한다. 경험과 논리력은 시간이 흐르고 각자가 노력하면 상대적으로 쉽게 늘려나갈 수 있기 때문이다.

패턴 분석에서는 '지지선'과 '저항선'이 중요한 요소이다. 먼저 저항선이란 주가 상승을 억제시키는 실질적이고 잠재적인 매도 세력에 의해 형성되는 선을 말하고, 반대로 지지선은 주가 하락을 방어하고 잠재적인 매수 세력에 의해 형성되는 선을 의미한다. 따라서 지지선에서는 주식을 매수하려는 매수세가 증가하고, 저항선에서는 주식을 매도하려는 매도세가 증가하여 일정 기간 이와 같은 추세가 지속된다. 그러나 이런 저항선을 돌파하여 신고가를 나타내면 상승세로 전환되고, 지지선을 하향 돌파하여 신저가를 갱신하면 하락추세로 전환하게 된다.

추세 전환을 암시하는 가장 대표적인 패턴으로는 '머리어깨형(Head And Shoulder Formation)'이 있다. 가장 전형적인 모형으로 꼽히는 머리

어깨형은 흔히 '삼봉형'이라고도 부르는데, 형태에 따라 천장형, 바닥형, 다중형으로 구분된다. 그중 천장형은 상승과 하락을 3번 반복하는데, 두 번째 정상이 다른 좌우 정상보다 높은 머리에 해당하며 나머지가 각각 왼쪽 어깨와 오른쪽 어깨로 구분된다. 이밖에도 원형 모형, 이중 모형, 삼중 모형(머리어깨), 다중 모형(삼각형), 대칭형, 확대형, 깃대형 등의 여러 가지 패턴이 있다.

패턴 분석은 주식투자에서 중요하게 다루는 분야이지만 실전에 접목하기는 상당히 어렵다. 패턴 분석은 많은 상황에 대한 기억력을 필요로 할뿐더러 가장 자의적인 해석이 가능하기 때문이다. 주식투자에서 성공과 실패를 결정하는 변수 중 하나가 바로 '자의적 해석의 범위'를 규정짓는 것이다. 패턴 분석은 '이 시점이 고점인데 알고 보니 저점이었다'는 안타까운 해석을 남발할 수 있는 영역이다. 따라서 단순히 똑같은 그림 찾기에 혈안이 되지 말고 상황을 머릿속에 담는 노력을 기울여야 한다.

패턴 분석에 대해 다룬 주식 관련 서적을 볼 때 주의해야 할 것도 바로 이런 부분이다. 즉, 단순하게 주가 패턴만을 찾아 돈을 벌 수 있다는 식으로 기술된 책이라면 이를 있는 그대로 받아들여선 곤란하다. 주식 차트의 패턴은 그 범위와 수가 너무나 광범위하여 일일이 다 열거할 수 없다. 그런데 대표적인 패턴 수십 개를 나열하고 그와 비슷한 패턴이 나오면 이것이 답이라는 식의 경직된 사고로는 성공적인 주식투자를 할 수 없다는 말이다. 따라서 사고의 유연성을 키우는 것이 무엇보다 중요하다. 투자에 대한 비판 능력을 키우고 자기 스스로 합리화나 모순에 빠지지 않도록 연습하는 것이 이 책의 핵심 중 하나

이기도 하다.

이제 당신은 패턴 분석의 이면에 '상황'이란 변수를 추가시켜 패턴을 공부하는 연습을 하게 될 것이다. 다만 앞서도 언급했지만 주식 차트의 패턴은 너무나 광범위하므로 여기서는 중요한 몇 가지 패턴을 선정하여 핵심을 설명하고 그 의의를 찾는 데 초점을 두도록 하겠다.

▶그림1 **패턴 분석 유형 1**

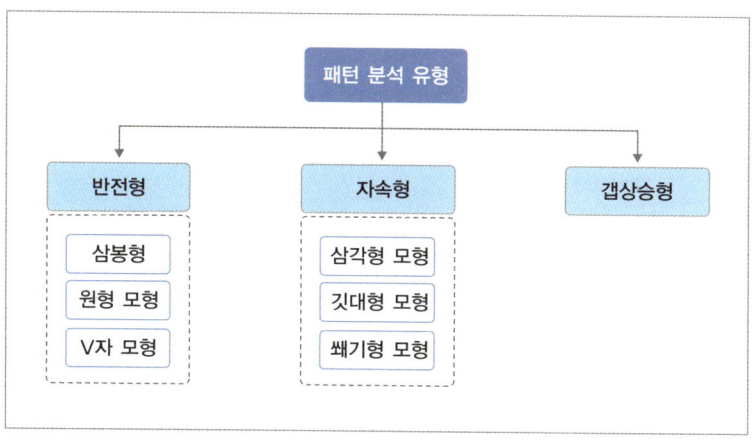

패턴 분석은 크게 반전형, 지속형, 갭상승형으로 구분한다. 반전형의 종류 중 가장 기본이 되는 삼봉형(삼봉 천장형, 삼봉 바닥형)과 원형모형(원형 전장형, 원형 바닥형), V자 모형을 공부하고, 지속형의 종류 중대표적인 삼각형, 깃대형, 쐐기형 모형에 대해 알아본다. 그리고 마지막으로 갭상승형에 대해 설명하겠다. 앞으로 배울 패턴들이 반전형, 지속형, 갭상승형 중 어떤 범위에 속하는지를 기억해야 추후 차트해석에 돌입했을 때 큰 실수를 범하지 않게 된다.

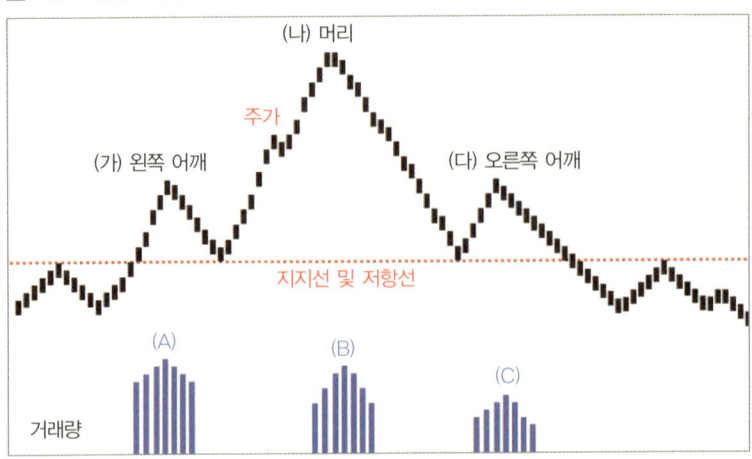

▶️ 그림 2 **삼봉 천장형**

먼저 반전형 중 삼봉형에 대해 알아보자. 삼봉형은 삼봉 천장형과 삼봉 바닥형으로 나눌 수 있다. 삼봉 천장형은 이름처럼 차트에 봉우리가 3개이며 각각의 고점을 만드는 형태의 패턴임을 알 수 있다.

〈그림 2〉를 보면 과거 저항선에 번번이 부딪쳐 상승하지 못하던 주가가 저항선을 돌파하면서 새로운 패턴을 이룬 것을 알 수 있다. 또한 기존의 저항선을 돌파하는 과정에서 거래량이 증가하는 것을 볼 수 있다. 거래량을 동반하여 (가) 왼쪽 어깨 지점까지 도달하면 최대의 거래량이 일어나면서 저항선을 돌파한 이후 최고점을 기록하게 된다. 여기까지는 일반적인 주식 관련 서적에서 설명하는 방식 그대로다.

이미 〈그림 2〉를 보긴 했지만 이번에는 〈그림 3〉을 살펴보자. 막상

---┤ 여기서 잠깐! ┤

저항선을 돌파하기 위해 거래량은 필수요소다.

실전에서는 이런 상황에서 판단을 해야 한다. 어떤 생각이 드는가? 그렇다. 지속적으로 더 상승할 수 있을지도 모른다는 판단을 갖게 한다. 단순히 눈으로만 보는 그림 차트 책의 맹점은 '아, 그렇구나' 하고 지나가게 만들 뿐 실력을 증가하게 해주는 것은 아니라는 점을 알아야 한다. 그럼 당신이 이 주식을 보유한 사람이라면 〈그림 3〉에서 어떤 전략을 짜야 할까? 당신이 만일 단기 투자자나 중기 투자자라면 다음과 같은 전략을 구사하는 것이 좋다.

결론부터 말하면 화살표가 표시된 부분에서는 어떤 결론도 내릴 수 없다. 만일 당신이 정해놓은 목표수익률을 달성했으면 매도하면 되지만, 목표수익률을 정하지 않고 끝까지 시세를 누리고 싶다면 여기서는 판단을 유보해야 한다. 왜냐하면 더 상승할 수 있는 여력이 있을지 모르기 때문이다. 그럼 향후 대처하는 방법을 〈그림 4〉를 통해

▶ 그림 3   **실전 패턴 분석 1**

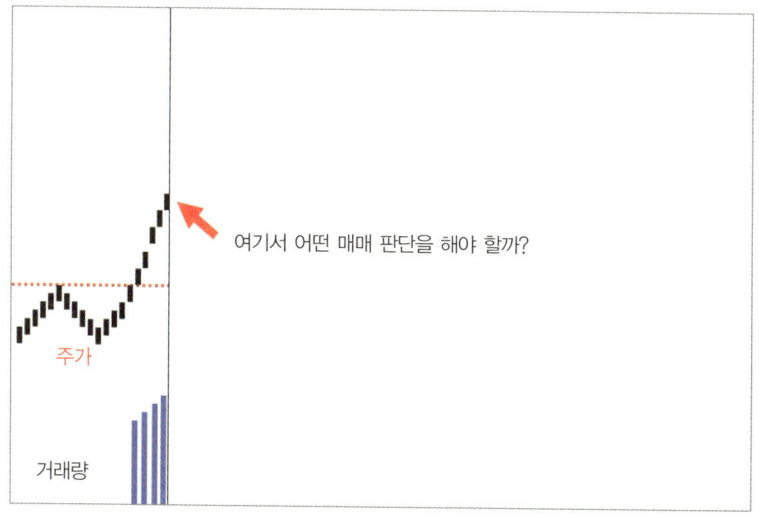

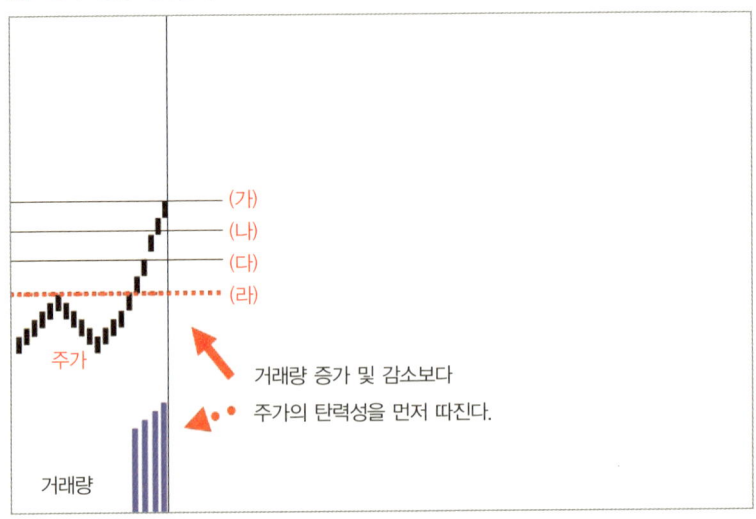

(가)
(나)
(다)
(라)

주가

거래량 증가 및 감소보다
주가의 탄력성을 먼저 따진다.

거래량

알아보자.

　〈그림 4〉에서 거래량보다 주가의 탄력성을 먼저 따지는 이유는 다음과 같다. 차트에서 거래량은 시간이 지남에 따라 조금씩 위로 그려진다. 따라서 거래량에 해당하는 막대는 '무조건 후행성'이다. 시간이 지나야 확인되는 후행성 지표로 투자를 결정했다가는 큰 낭패를 볼 수 있다. 거래량의 증가를 확인하라고 강조하는 수많은 차트 책의 문제는 바로 이러한 한계를 분명히 지적하지 않는다는 점이다. 실제로 거래 당일 거래량 그래프를 확인할 방법은 없다. 그날의 거래량을 확인하려면 주식시장이 끝난 '장 마감' 이후에나 가능한 일이다. 다음날 주식시장이 개장하여 거래를 시작하면 무조건 거래량이 전일보다 작게 그려질 텐데 어떻게 당일 최종 거래량 그래프를 알 수 있단 말인가? 그것은 단지 유추할 수 있을 뿐 정확하게 알 수 없는 것이다.

당신이 만일 단기 투자자나 중기 투자자일 경우 이러한 오류에 대해서는 꼭 기억해야 한다.

다시 〈그림 4〉로 돌아가자. 이 상황에서는 슬슬 고점이 온다고 부담을 느끼는 투자자들이 매일 늘어난다. 언제든 고점에서 팔려고 하는 잠재적 매도자들이 기회만 노리는 형국이다. 하지만 한편으론 저항선을 돌파하여 고공행진을 하는 주식을 지금이라도 사려는 매수세 또한 만만치 않다. 그래서 여기가 고점일 거라고 믿는 투자자와 주가 상승이 지속될 것이라고 믿는 투자자 사이에서 격렬한 매매 싸움이 시작된다. 이것은 주가가 올라가면서 거래량이 따라서 증가하는 상황을 보고 읽을 수 있다.

〈그림 4〉의 (가) 시점에서 매도 여부는 그 다음날 주가의 흐름을 먼저 보고 결정하는 것이 중요하다. 주가가 (가)보다 높은 시점에서 매매되는 상황이 지속되면 굳이 매도할 필요가 없다. 문제는 주가가 (가)보다 낮아질 경우인데 이때는 일시 조정인지, 하락 전환인지를 파악해야 한다. 주가가 꼭 삼봉 천장형처럼 되란 보장은 없으므로 이때는 모든 가능성을 열어두고 전략을 짜야 한다. 현 시점에서는 보유자의 입장이므로 매도시점을 잡아보도록 하자.

〈그림 4〉에서 (가) 시점을 돌파하지 못하고 하락했을 경우 1차 매도 준비를 해야 한다. 이것은 굳이 필자가 언급하지 않아도 충분히 알 수 있을 것이다. 그러면 언제 매도 주문을 내야 할까? 결론부터 말하면 〈그림 4〉에서의 (나)와 (다) 사이다. (나)와 (다) 사이에 주문을 넣어야 하는 이유는 다음과 같다.

(가) 근처에 있던 주가가 (나) 부근까지 내려오면 일시적인 조정이

될 수 있다. 일시적인 조정에 주식을 팔아버리면 더 큰 상승에 따른 이익을 얻지 못하므로 이때는 보유전략을 유지하는 게 좋다. 이 전략은 거래비용과 관련이 높다. (나)부터 (다)까지는 거래비용을 빼고 실질적으로 수익을 얻을 수 있는 구간이다. 만일 (다) 지점을 하회하여 (라)까지 내려갈 때까지 주식을 보유한다면 그간의 상승에 대한 이익을 고스란히 헌납하는 것이고, 구태여 저점 매수에 들어갈 이유가 없었던 셈이 된다. 이것은 기회비용과도 관련이 있다.

이제 구간에 대한 개념을 정립했으면, (나)와 (다) 구간을 계산하는 법을 알아야 한다. 그러기 위해 (가)부터 (라)까지 구간을 정하는 방법을 살펴보자. 직전 저항선이 지지선이 될 수 있다는 믿음으로 (라)의 가격대를 구할 수 있고, (가)는 전일 주가라인을 그대로 그리면 구할 수 있다. (다)의 기준은 자신의 매수가에 수수료를 포함한 금융비용을 제하고 손익분기가 0을 넘는 구간이다. 내 경우에는 손익분기를 넘기고 손익분기에서 10개의 호가 위 가격으로 정한다. 실제로 매도할 때 발생할 수 있는 호가 간격을 염두에 둔 계산이다. 이제 남은 것은 (나) 구간이다. (나) 구간은 다음과 같은 식에 의해 구하면 적당하다.

실질적 이익실현이 가능한 (나) 구간 구하는 식
→ 자신의 손익분기 + 10호가 < (나) 구간 < 전일 종가 − 7%

이렇게 매일 구간의 변화를 측정하여 자신이 언제 매도 주문을 내

야 할 것인가를 잘 살펴야 한다. 삼봉 천장형 패턴에서 집중적으로 공부해야 할 구간은 〈그림 2〉의 (가)와 (나) 구간이다. 이것만 알아두면 된다. 또 전일 종가에서 −7%를 기준으로 하는 이유는 실질적으로 단기 추세가 중기 조정으로 돌입하는 첫 거래일의 전환 포인트가 −5% 이상의 하락이라는 특징 때문이다. 즉, −5% 이상 하락하기 시작하면 실질적으로 매도할 수 있는 것은 −6%~−7% 구간이기 때문이다. 이에 대해서는 〈그림 5〉의 요약을 보면 쉽게 이해할 수 있다.

여기서 잠시 정리하자면 우리는 지금 패턴 분석에서 반전형 중 삼봉 천장형의 도입 부분을 공부하고 있다. 앞서 〈그림 4〉에서 (가)의 보유전략이 유효했다면 다음으로 공부해야 할 것은 고점 부근이다. 이제 마지막으로 고점까지의 전략을 공부하도록 한다. 극단적으로 말하면 당신은 하락이 어떻게 진행될 것인가에 관심을 가질 필요는

 그림 5 **실전 패턴 분석 3**

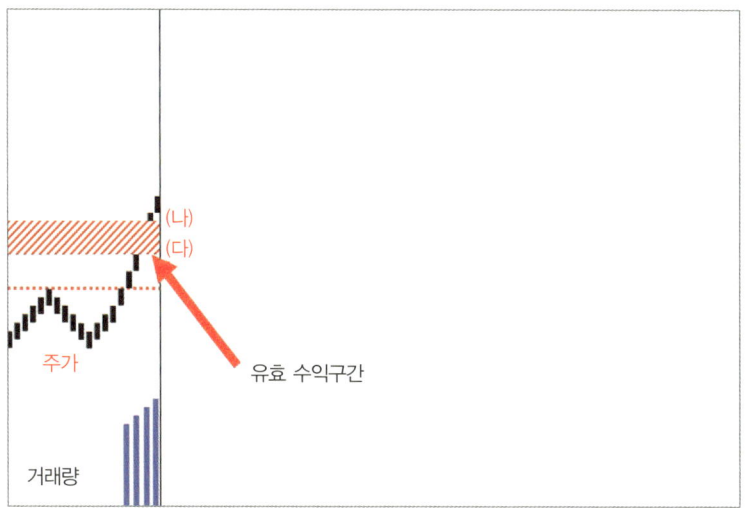

없다. 그보다는 상승 시 수익을 내는 전략을 연구하는 것이 훨씬 더 효율적이다.

〈그림 6〉은 당신의 보유전략이 옳았을 경우 최종적인 매도 타이밍에 대한 것이다. 〈그림 6〉을 보면 알겠지만 이 지점이 고점인지 저점인지는 지나봐야 알 수 있다. 하지만 앞서 〈그림 3〉에서 전략을 충실하게 연구했다면 보다 쉽게 매매전략을 짤 수 있다. 다만 같은 종목에서 동일한 전략이 통하려면 더 확실한 증거를 기반으로 매매를 해야 한다. 그러한 확신을 뒷받침해 주는 것은 무엇일까?

〈그림 7〉을 잘 보면 거래량에 표시를 해두었다. 〈그림 7〉에서 거래량을 보면 직전 1차 상승 고점의 거래량과 비슷하거나 그보다 조금 더 적은 거래량이 발생한다. 1차 상승 시의 거래량을 기준으로 보면 2

▶ 그림 6 실전 패턴 분석 4

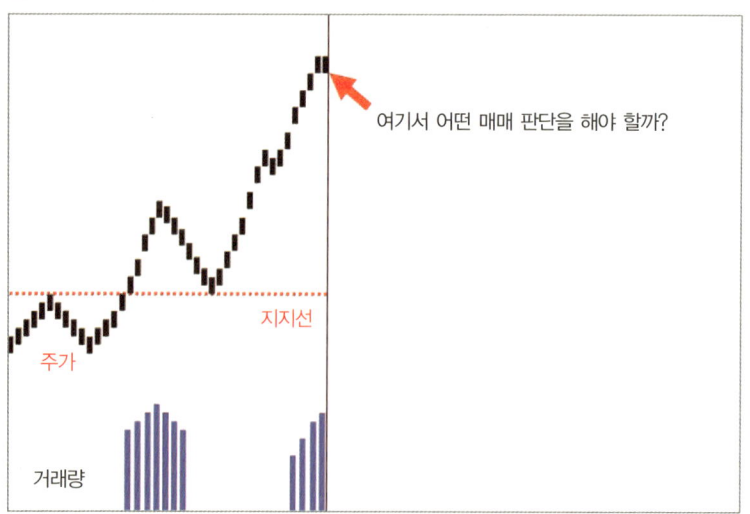

지지선

주가

여기서 어떤 매매 판단을 해야 할까?

거래량

차 고점에서의 거래량이 그래도 전체적으로 많은 편이지만, 최대 거래량을 보이는 빈도는 적어진다. 이와 같은 현상은 여러 가지로 설명할 수 있지만, 수요와 공급의 논리로 따져보면 쉽게 이해할 수 있을 것이다.

다시 〈그림 7〉로 돌아와서 고점까지 거래량이 지속적으로 증가하고 주가의 상승률이 점점 적어지는 시점을 2차 고점의 징후로 보면 된다. 매도전략은 1차 고점에서와 같은 전략을 사용하면 되므로 2차 고점은 거래량을 기준으로 한다는 것만 기억하면 된다. 이렇게 해서 삼봉 천장형 상승 시의 매수와 매도의 전략을 배웠다. 가장 중요한 원리는 이미 삼봉 천장형에서 배웠기 때문에 삼봉 바닥형은 스스로 연구해 봐도 쉽게 매매기법을 찾을 수 있을 것이다.

 그림 7 실전 패턴 분석 5

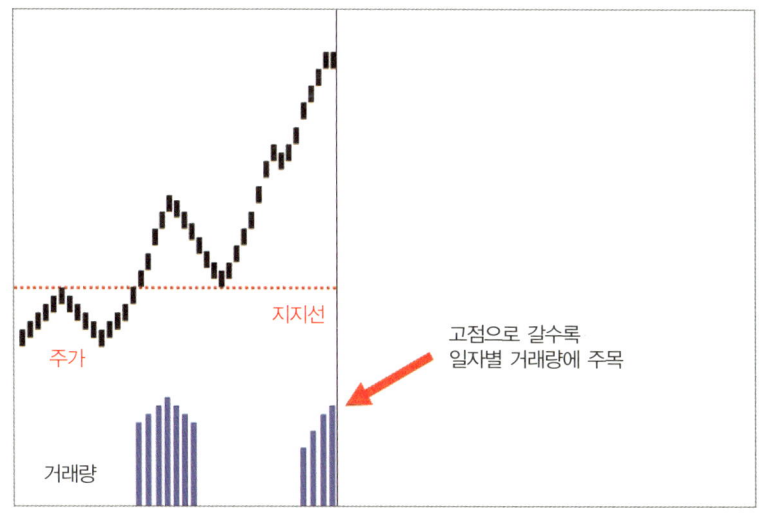

지지선

주가

거래량

고점으로 갈수록
일자별 거래량에 주목

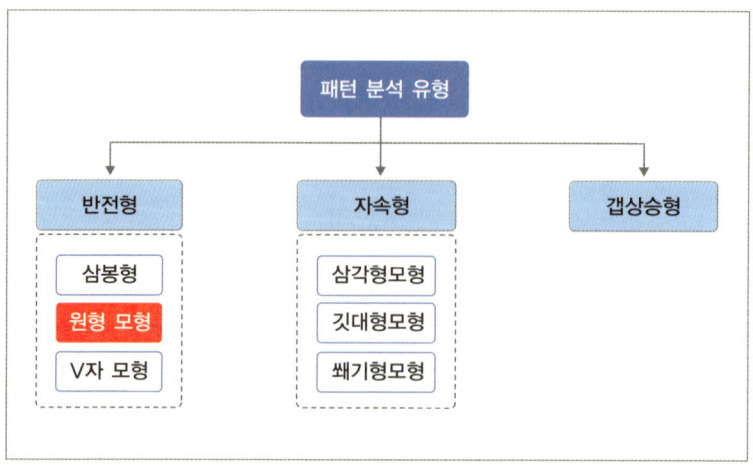
➡️그림 8　패턴 분석 유형 2

이제 원형 모형에 대해 알아보자. 원형 모형은 크게 원형 천장형과 원형 바닥형으로 구분할 수 있다. 여기서는 실질적인 대박을 만들어 내는 패턴인 원형 바닥형에 대해 알아본다. 원형 바닥형(Rounding Bottom Formation)은 원형 천장형을 거꾸로 뒤집은 형태이다. 주가가 큰 폭으로 하락한 후에 이 모형이 형성되면 이는 큰 폭의 상승 반전을 예고하는 것으로 진정한 대박을 노려볼 수 있다.

〈그림 9〉는 원형 바닥형 모형의 좋은 예로 선정한 차트이다. 실제로 이러한 원형 바닥형 모형은 주식시장에서 자주 등장한다. 이 차트에서 먼저 기준선(지지선 또는 저항선)을 그어 보고 각 특징을 한번 뽑아보도록 하자. 그리고 다음 〈그림 10〉과 비교해 보도록 한다. 기준선은 꼭 필요한 1개만 그린다.

앞서 배운 삼봉 천장형 모형에서 지지선과 저항선에 대한 개념을

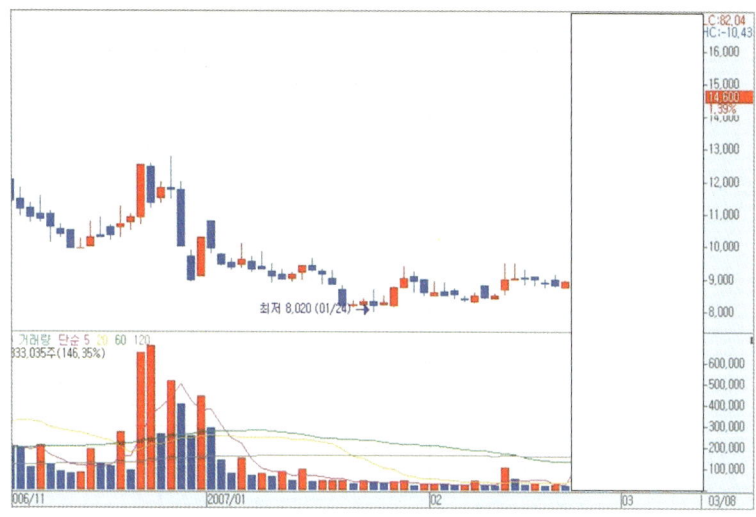

➡️ 그림 9 원형 바닥형

배웠으므로 원형 바닥형부터 앞으로 배우게 될 모든 내용은 스스로
생각해 보고 진행하는 방식을 택하도록 했다. 당신이 그린 기준선이
〈그림 10〉과 같은가? 먼저 (가)와 (나)의 지점으로 지지선을 파악하고
(다)와 (라)로 저항선을 파악할 수 있다. 앞서 설명했듯 지지선은 후에
저항선으로 변한다는 원리를 잘 기억하기 바란다.

　이제 기준선 설정이 끝났으면 거래량을 분석해 보자. (마)를 살펴
보면 거래량이 점선으로 표시된 것과 같이 원형을 그리기 시작한다.
이것은 이 종목이 시장의 관심으로부터 점차 소외되고 있음을 반증
한다.

　이러한 주식은 어떻게 대처해야 할까? 〈그림 11〉을 살펴보자. (A)
구간은 주가가 2달간 움직인 범위대를 표시한 것이다. 주가는 고점을

그림 10 실전 패턴 분석 5

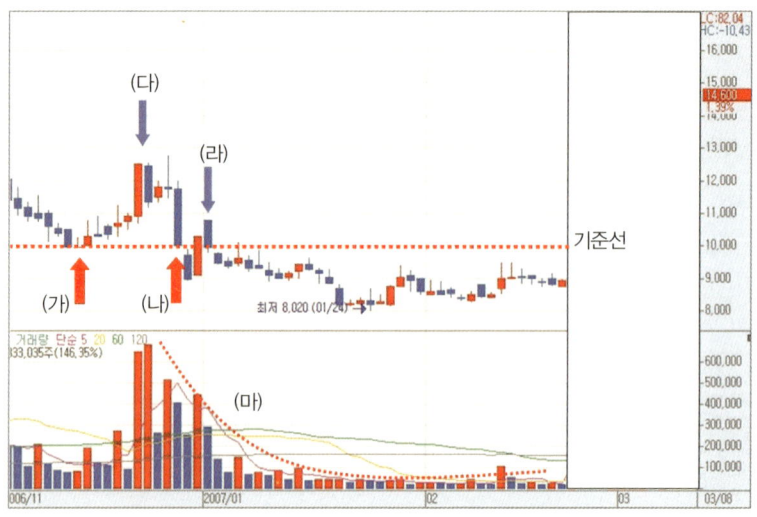

기준으로 −20% 이내에서 움직인다. 평균적으로 거래된 가격대에서 위아래 ±10%로 움직이면서 거래량은 거의 변동이 없다는 것이 또 다른 특징이다. 이것이 숨겨진 비밀이다. 이러한 상황이 유지되고 있다면 다음과 같은 전략을 짠다. 관심종목으로 등록해 두고 매일 꾸준히 관찰하면서 주가가 기존 저항선에 가까이 도달하는지 여부와 거래량이 횡보하는 기간 동안 볼 수 없었던 대량 거래가 이루어지는가를 예의주시한다. 그렇게 꾸준히 관찰하고 있으면 매수의 기회가 온다. '주식을 사기보다 때를 사라' 는 말은 바로 이와 같은 경우를 두고 하는 말이다. 기다리고 기다렸다면 대박을 맞이할 때를 사는 것이 이와 같은 것이다.

원형 바닥형은 급등 초기의 기본 모형이므로 실패의 확률이 적

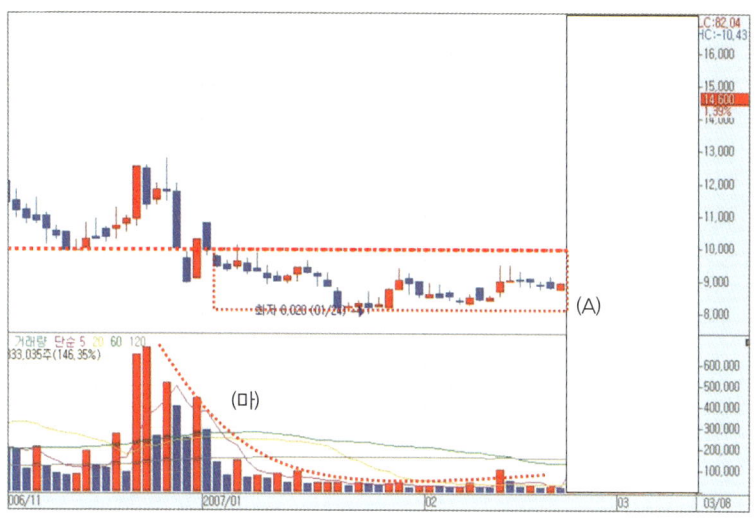

그림 11 실전 패턴 분석 6

고, 특징도 분명하게 드러난다. 〈그림 12〉에서 '기준선 돌파+대량
의 거래량+직전 횡보+직전 횡보 시 가격 및 거래량 유지'라는 공식
이 맞으면 무조건 1차 매수 타이밍이다. 이후에 주가가 기준선으로
다시 내려오면 손절로 손실을 짧게 가져간다. 이것도 반드시 기억
하자. 〈그림 10〉에서 (라)와 같이 무너질 수 있기 때문이다. 1차 매
수를 하고 난 뒤에는 다음 진행되는 결과를 보도록 하자.

〈그림 13〉에 나오는 공식은 무조건 외우도록 하라. 승률 90% 구간
이다. 〈그림 13〉의 (가)와 (나)를 살펴보자. 먼저 (가)는 기준선을 돌파
한 이후 주가의 움직임인데 기준선을 터치하고 다시 가격대를 유지
하고 있다. 이런 경우 저항선이 지지선으로 바뀌었다고 볼 수 있는데,
아직 며칠간의 거래로 단정 짓기엔 무리가 있다. 따라서 (나)의 주가

▶ 그림 12 실전 패턴 분석 7

▶ 그림 13 실전 패턴 분석 8

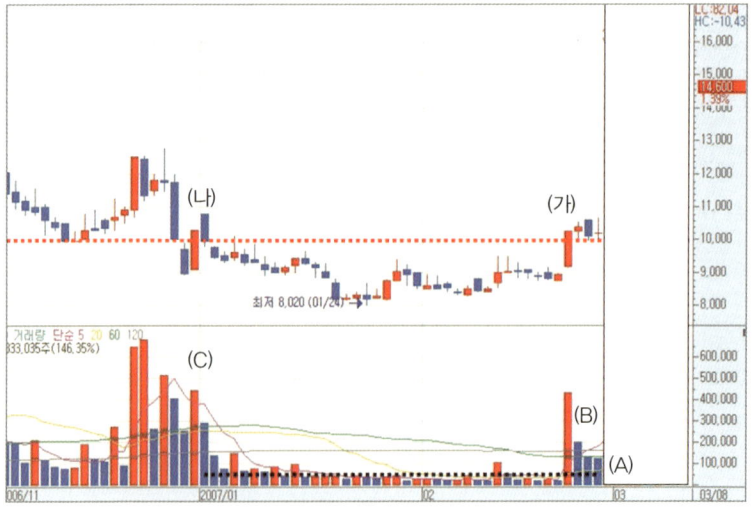

움직임을 참고하고 기억하도록 한다.

이번에는 거래량을 비교해 보자. (A)는 횡보 기간 중에 보여준 거래량의 평균선이다. (B)는 '대량 거래+기준선 돌파' 이후에 보이는 거래량이다. 확실히 (A)보다 3배 이상 많은 거래량이 유지되고 있음을 확인할 수 있다. 이러한 시점에서 (나)의 거래량인 (C)와 비교해 보면 (B)의 거래량이 조금 더 적은 것을 볼 수 있다. 이것은 매물대에 머물러 있던 물량들이 횡보 구간 중에 많이 소화되었음을 말해주는 것이다. 이러한 상황이 유지된다면 보유전략으로 대박을 맞이할 준비를 하면 된다.

〈그림 14〉는 원형 바닥형 패턴 투자의 결과이다. 원칙에 맞게 거래하되 고점에서의 징후를 파악하면 바로 이익실현하는 전략을 취함

■▶그림 14 **원형 바닥형의 결말**

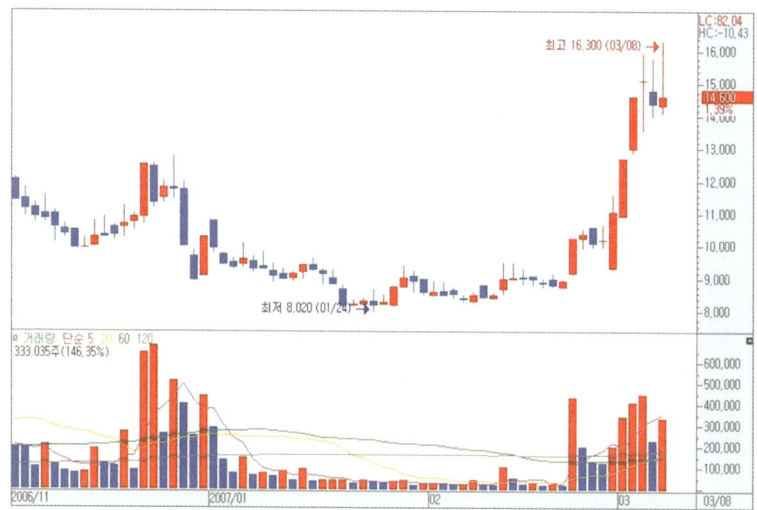

으로써 수익을 챙길 수 있다. 실제로 당신이 매수로 잡은 가격은 이 차트에서 1만 원인데 최고 1만 6,300원까지 올라감으로써 60% 넘는 수익이 단기간에 발생했다. 〈그림 14〉는 거래량이 원형으로 증가하면서 주가도 같이 원형으로 증가한다고 해서 '원형 바닥형'이라고 불린다.

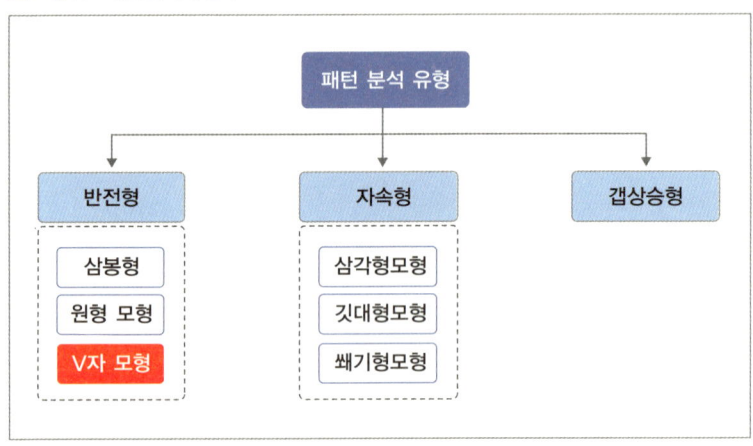

▶ 그림 15 **패턴 분석 유형 3**

이제 패턴 분석 유형의 반전형 중 마지막으로 공부할 V자 모형에 대해 알아보자. V자 모형(V Formation)은 매도세에서 매수세로 또는 매수세에서 매도세로 급변하는 패턴으로 단기간에 형성되는 특징이 있다. 실제로 이 모형은 급등락을 선호하는 개인투자자들이 자주 접근하는 패턴이지만 실제 수익 구간이 짧고 타이밍을 잡기가 어렵기 때문에 '보기 좋은 차트'일 뿐 필자가 '권하는 차트'는 아니다. 앞으로 다루게 될 고점과 저점 잡기 연습에 집중하면 V자 모형도 쉽게 응용할 수 있으므로 여기서는 개요 정도만 소개하고 넘어가도록 한다.

〈그림 16〉은 V자 모형의 예를 든 차트이다. 개인적으로 이 모형을 싫어하는 이유는 후행성만으로 모든 것을 설명하기 때문이다. 따라서 매수시점과 이익실현 시점을 잡는 데 중점을 두는 이 책과는 거리가 있다. 시간이 지난 후 60%도 각도를 이룬 차트를 어디에 쓰겠는가? 결국 지나봐야 'V자 급등 차트구나'라고 알 수 있는 것 아니겠는가? 만일 당신이 읽은 차트 관련 서적에서 'V자 급등' 부분을 설명할 때 과거 시점에 화살표 표시를 하면서 '여기서 사라'는 식으로 기술되어 있다면 모조리 쓰레기 통으로 버리길 바란다. 그런 책은 남에게 빌려줘서도 안 된다. '나도 망했으니 너도 한번 망해봐라'라고 권하는 것과 같기 때문이다. 앞서 배운 매수시점을 잡고 하나씩 매도 타이밍을 잡아

▶ 그림 16 **V자 모형 차트**

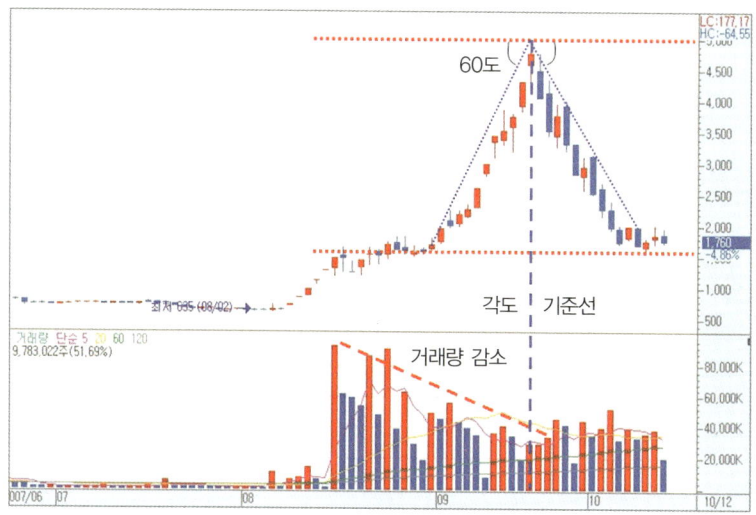

가는 연습을 하다 보면 급등 차트에서도 충분히 수익을 낼 수 있고 그러한 응용도 할 수 있으므로 지금 이 단계에서는 V자 급등 모형을 익히는 데 집착하지 않아도 된다. 따라서 V자 모형은 책의 마무리 부분에 가서 스스로 전략 수립이 자유자재로 가능할 때 활용하기로 하자.

◢ 그림 17 **패턴 분석 유형 4**

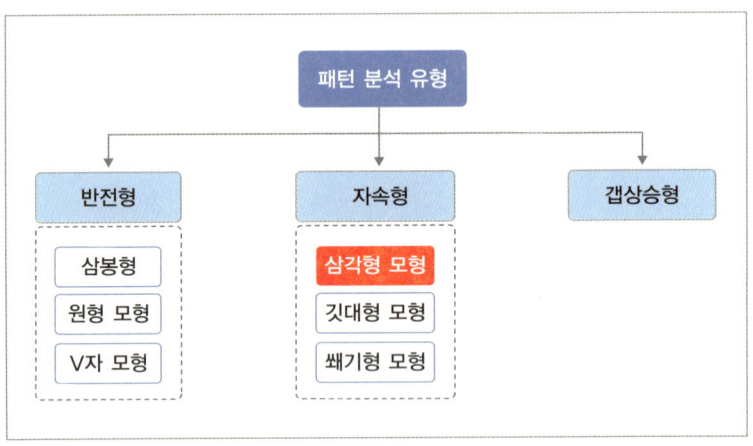

패턴 분석 유형의 2번째로 지속형 모형에 대해 알아보자. 이 패턴은 비교적 무난한 형태를 보임에 따라 수익 예측과 전략을 수립하기에 다른 패턴보다 상대적으로 쉬운 축에 속한다. 하지만 어디까지나 상대적으로 쉽다는 것을 기억해 두자. 지속형 패턴 분석에서 가장 중요한 것은 추세선이다. 추세선을 어떻게 긋고 분석하느냐가 성공과 실패의 전부가 될 수 있다. 앞서 공부한 내용을 다시 복습해 보자.

추세 분석은 주가가 일정한 기간 동안 일정한 추세를 그리며 움직이는 성질을 이용한 분석기법이라고 했다. 또 추세선은 한 번 형성된 이후에는 상당 기간 지속하는 성질이 있으며, 이러한 성질이 무너지게 되는 경우에는 새로운 추세선이 형성되면서 주가 변화의 기점이 되기도 한다고 했다. 이것을 조금 다른 시각으로 해석해 보자.

왜 지지선이 저항선이 될까? 또는 왜 저항선이 지지선이 될까? 이물음을 시작으로 지속형의 해답을 찾도록 한다. 많은 초보 투자자들은 주식투자를 처음 공부할 때 지지선이 저항선으로 바뀐다는 것만 외웠지 왜 그렇게 될 것인가를 생각하지는 않는다. 투자자들은 이익 실현과 보유전략, 손절매(손실 확대를 막기 위한 수단)와 같은 3가지 매매 방법을 적절하게 구사하기 위해 저마다 지지선과 저항선을 사용한다. 이제 다시 방금 전의 물음으로 돌아가 보자. '지지선이 왜 저항선이 될까?' 라는 질문에 대해 곰곰이 생각해 보자.

현재가가 1만 원인 A라는 주식을 당신이 매수했다고 가정하자. 당신은 이 주식이 상승할 것이라는 강한 확신을 갖고 있다. 그런데 주가는 1만 원에서 1만 500원까지 상승했다가 다시 당신이 매수한 가격인 1만 원으로 복귀하기를 여러 차례 반복하고 있다. 여기서 당신은 상승에 대한 확신이 있으므로 매수가 근처까지 주가가 내려올 때마다 추가 매수의 기회라 생각하고 매수에 가담할 것이다. 그런데 당신이 확신을 갖고 도달 시마다 추가 매수를 하던 그 믿음의 가격대가 어느 날 무참히 무너진다면 어떤 생각이 들겠는가? 초기에는 더 많은 주식을 싸게 사들일 수 있는 좋은 기회라 여기고 무리를 해서라도 추가 매수에 가담할지 모른다. 하지만 쉽게 매수가인 1만 원을 회복할 것이라는 예상과 다르게 9,500원 또는 9,900원까지 반등하다가 1만 원에 도달하지 못하고 9,000원 또는 8,000원대까지 하락하여 좀처럼 매수가로 복귀하지 않으면 어떤 심정이 될까?

애초의 확신은 점점 자기 자신에 대한 의문으로 바뀌고 그러한 의문은 불안심리로 이어져 결국에는 '본전심리'를 부추기게 될 것이다. 이제 1만 원에 도달하기만 하면 주식을 처분하고 싶어질 것이다. 당신이 투자 초기에 확고하게 믿던 1만 원의 가격대는 지지선이다. 또 당신이 공포를 느끼면서 정리하고 싶어지는 가격으로 바뀌는 1만 원은 곧 저항선이 된다. 지지선과 저항선이 무서운 것은 투자자들의 신념과 심리가 반영되기 때문이다.

이제 지지선 또는 저항선의 개념과 중요한 의의를 파악했으므로 추세선을 긋는 일이 얼마나 중요한지 인지했을 것이다. 사실 패턴 분석의 지속형만큼 지지선과 저항선 파악이 중요한 유형도 드물다. 지속형 패턴에서 지지선과 저항선 파악의 실패는 곧바로 투자손실로 연결되므로 철저한 파악과 함께 판단 오차의 손실 범위를 미리 정해 두는 것이 현명하다.

지금까지 이 책을 충실히 읽은 독자라면 여기서 어떤 물음을 던져야 할까? 당신이 끊임없이 스스로 연구하고 잘못된 오류에 빠지지 않도록 주의를 환기시키는 것이 이 책의 목적 중 하나이다. 질문이 떠올랐는가? 생각이 나지 않는다면 다음 줄을 읽지 말고 다시 한 번 앞을 천천히 읽어보자.

--| 여기서 잠깐! |

돈 버는 노하우

나의 경우에는 저항선과 주가의 허용 범위를 3%로 정한다. 3%의 기준은 수수료를 포함한 제세금 및 일시적 충격을 포함한 개념이다.

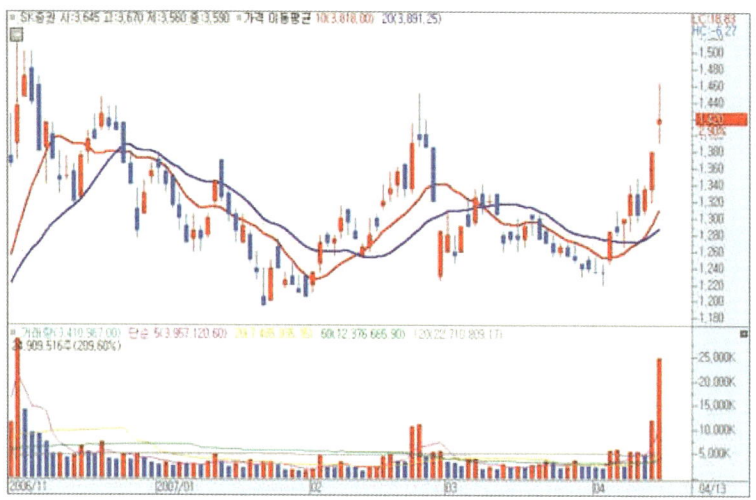

여기서 던져야 하는 질문은 '지지선 또는 저항선도 결국 후행성 지표가 아니냐?' 라는 것이다. 아직도 이해가 되지 않는다면 〈그림 18〉을 보도록 하자.

이 차트에서 마지막에 보이는 캔들이 저항선을 돌파할까, 아니면 다시 하락할까? 이 시점에서 주식을 사야 할까, 팔아야 할까? 당신이라면 어떤 결정을 내리겠는가?

차트를 보면 시간이 지나야 결국 '저항선이었구나' 하는 것을 알 수 있지 않을까? 시간이 지나서 지지선이나 저항선이 된 것을 확인하게 되면 매수 및 매도 타이밍이 늦을 수밖에 없을 것이다. 그렇다고 대충 차트에 선을 그어보고 자신이 그린 그 선이 무너졌다고 해서 지지선이 무너졌다고 믿는다면 큰 착오에 빠질 수 있다. 결론부터 말해 후행성을 최소화하면서 지지선 혹은 저항선으로 세울 수 있는 몇 가

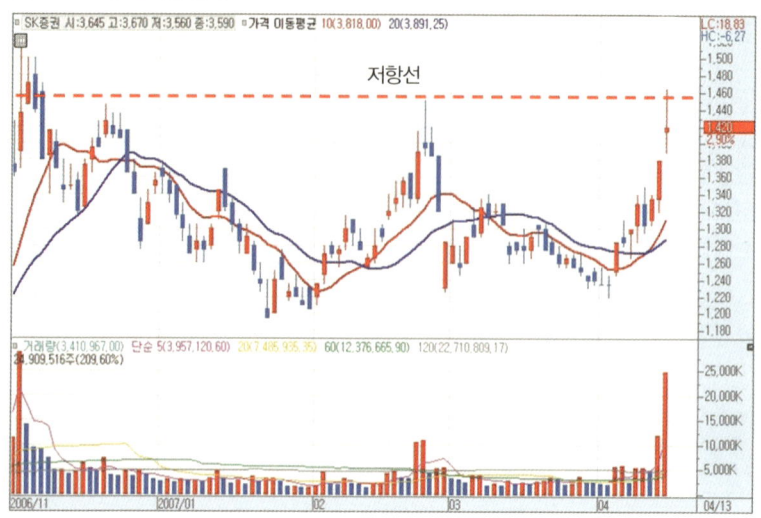

그림 19 실전 패턴 분석 10

지 분명한 기준이 있다.

먼저 어떤 차트든 직전 고점이 반드시 존재하며, 직전 고점은 저항선이 될 수 있다. 단, 신규 상장주식 같은 경우에 적용하기는 무리가 있다. 최소 1년 이상 거래가 진행된 경우에 기준선을 설정하는 것이 적합하다. 같은 원리로 어떤 차트든 저점이 존재하는데, 직전 저점은 지지선이 될 수 있다. 마찬가지로 신규 상장주식은 예외가 된다.

2번의 지지를 확인하면 지지선으로 인정해도 무방하다. 통상 주식거래에서 지지를 한다는 것은 이전 매수 형성 가격대에서 추가 매수 혹은 재매수가 이루어진다는 것을 의미한다. 따라서 2번 혹은 그 이상의 매수세 확인이 필요하다. 이와 반대로 지지선이 저항선이 되는 것도 같은 원리이다. 지지선과 저항선을 잘 설정하는 것이 패턴 분석의 핵심을 잡고 가는 것이다.

그림 20   실전 패턴 분석 11

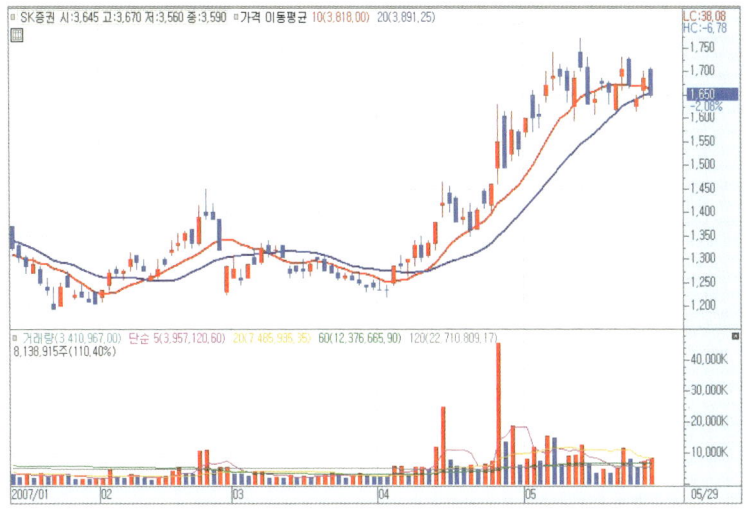

이 2가지 원칙에 다음과 같은 공식을 더하면 지지선 및 저항선 돌파 여부를 가늠할 수 있다. '최대 거래량을 보이면서 직전 고점을 터치했는가?' 하는 부분이다. 직전 고점을 터치할 때 유래 없는 최대 거래량을 보이면 향후 주가의 저항선 돌파를 예상할 수 있다. 여기에 직전 고점 터치 후 5일 동안 주가가 고점 대비 10% 이상 하락하지 않고 꾸준히 유지된다면 더욱 확신을 가져도 좋다.

〈그림 20〉은 〈그림 19〉의 해답이다. 역시 고점을 터치한 이후 5거래일 동안 10% 이상 하락하지 않고 주가 수준을 유지했다. 이후에 최대 거래량을 갱신하는 또 다른 대량 거래가 일어나는데 역시 마찬가지 원칙이 적용된다. 그럼 지지선과 저항선에 대한 이해를 높이기 위해 다음의 문제를 풀어보도록 한다.

Q1 다음 차트를 보고 지지선 및 저항선을 그어보고, 향후 주가가 상승 또는 하락할 것인지 예측하라.

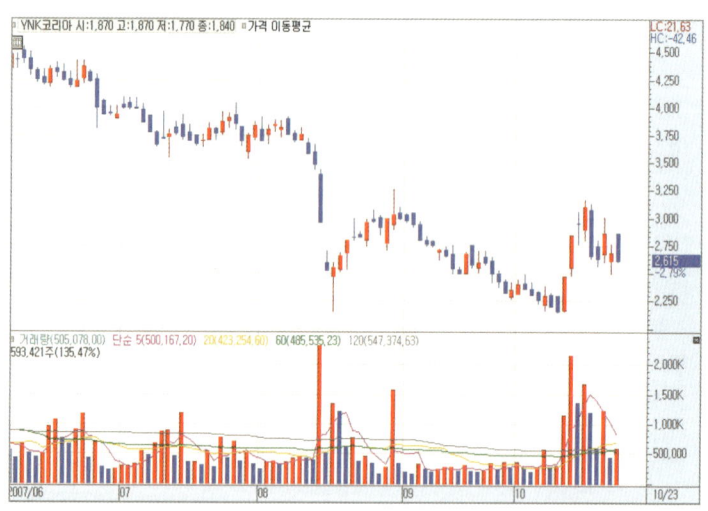

연습문제 풀이

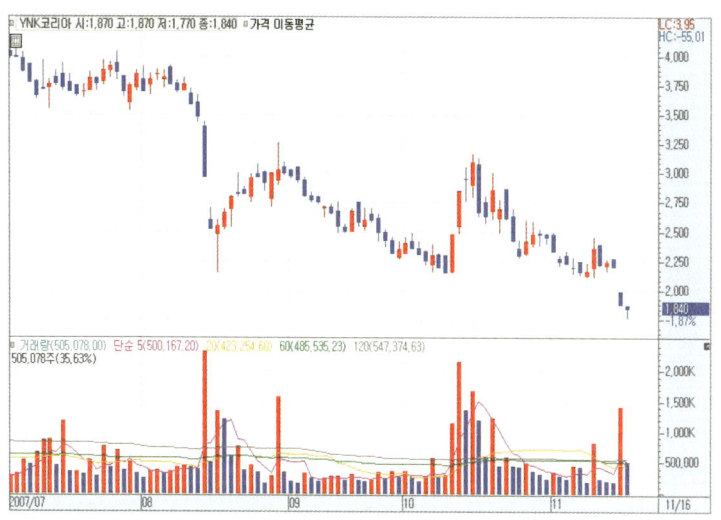

차트에 저항 기준과 지지 기준을 표시했다. 직전 고점이 저항선이 되고 직전 저점이 지지선이 된다. 앞서 설명한 것처럼 최대 거래량을 보이면서 저점을 형성했기 때문에 지지선은 강한 신뢰를 갖는다. 저항 기준을 보면 앞서 설명한 모든 공식이 다 적용된다. 고점에서 대량 거래가 이루어졌지만 5거래일 동안 주가가 허용 범위 내에 머물지 못하고 하락했다. 향후 주가가 어떻게 움직일까? 앞서 말한 공식을 그대로 적용해 보면 된다.

역시 5거래일을 채우지 못하면 하락하게 된다. 5거래일을 기준으로 잡은 것은 나의 노하우를 그대로 적용한 것이다. 통상 5거래일은 거래 일수로 5일이지만 주식투자에서는 일주일에 해당한다. 고평가든 저평가든 주식시장에서 평가가 이루어지기에 충분한 시간이다.

Q2 다음 차트를 보고 지지선 및 저항선을 그어보고, 향후 주가가 상승 또는 하락할 것인지 예측하라.

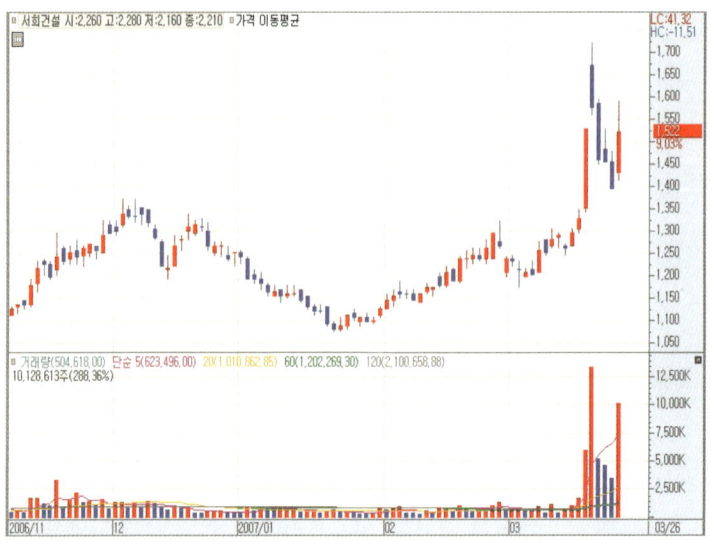

연습문제 풀이

저항 기준

지지 기준

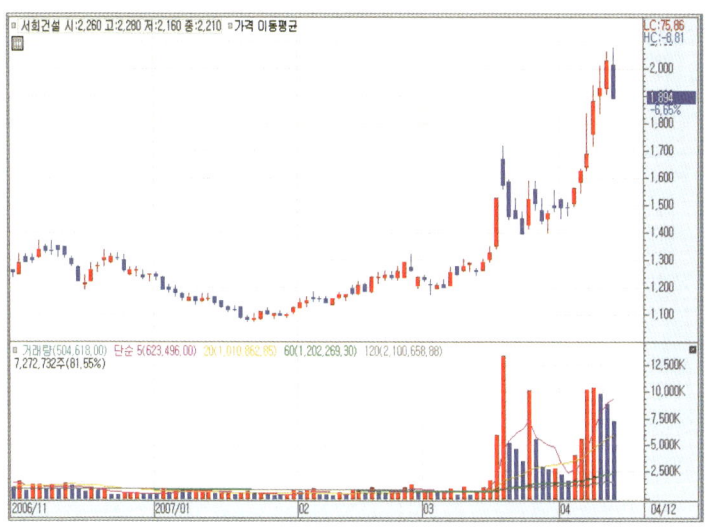

연습문제 풀이와 같이 그었다면 정답이다. 그러면 주가 예측은 맞았는가? 역시 직전 고점대비 5거래일을 기준으로 적용해 보면 매수가 유효한 범위에 있음을 알 수 있다. 그러면 주가의 상승 쪽에 무게를 두고 전략을 짜는 것이 유효하다. 참고로 5거래일 전략은 나만의 노하우이므로 당신도 거래일수별로 자신만의 매수 타이밍 잡기 노하우를 연구해 볼 것을 권한다.

이제 다시 지속형 모형에 대한 연구를 계속하자. 지속형 패턴의 삼각형 모형, 깃대 모형, 쐐기형 모형은 추세선이 지속되는 상황에서 나오는 패턴으로 사실 이를 구별하는 것은 현실적으로 큰 의미가 없다. 앞서 배운 지지선과 저항선에 대한 변형 및 응용이라 할 수 있다.

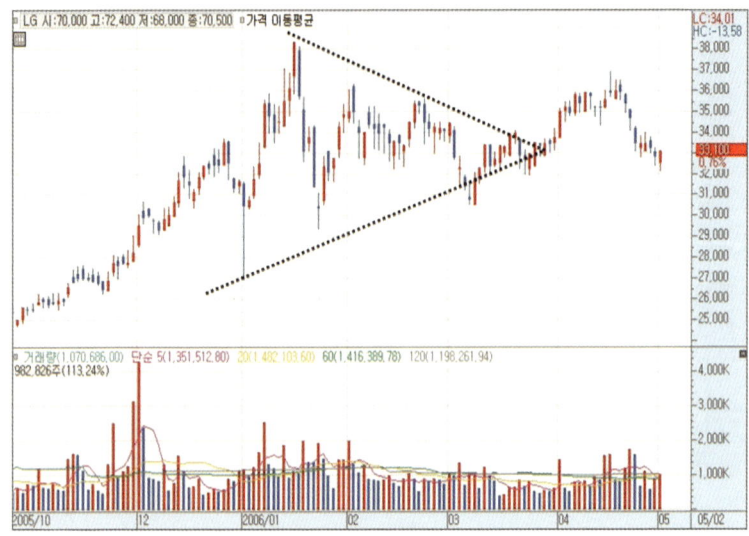

■> 그림 21 대칭삼각형 모형

　　삼각형 모형에는 대칭삼각형 모형과 직각삼각형 모형이 있다. 대칭삼각형 모형은 삼각형의 흔한 형태로 주가의 등락에 있어 먼저 발생한 가격 변화보다는 나중에 발생한 가격 변화의 변동폭이 감소하면서 우측 고점을 향해 수렴함에 따라 삼각형 모형을 이룬다고 해서 지어진 이름이다. 즉, 〈그림 21〉의 차트에서 보듯이 점점 고점과 저점이 수렴하는 것을 의미한다. 이것은 추세선과 추세선이 만나는 점에서 투자자들이 방향성에 대한 베팅을 하는 접점이 나온다는 의미를 갖는다.

　　이번에는 직각삼각형 모형에 대해 알아보자. 직각삼각형 모형은 상향 직각삼각형과 하향 직각삼각형으로 나눌 수 있는데, 〈그림 22〉의 차트는 상향 직각삼각형이다. 즉 지지선이 상향을 하느냐, 하향을

254

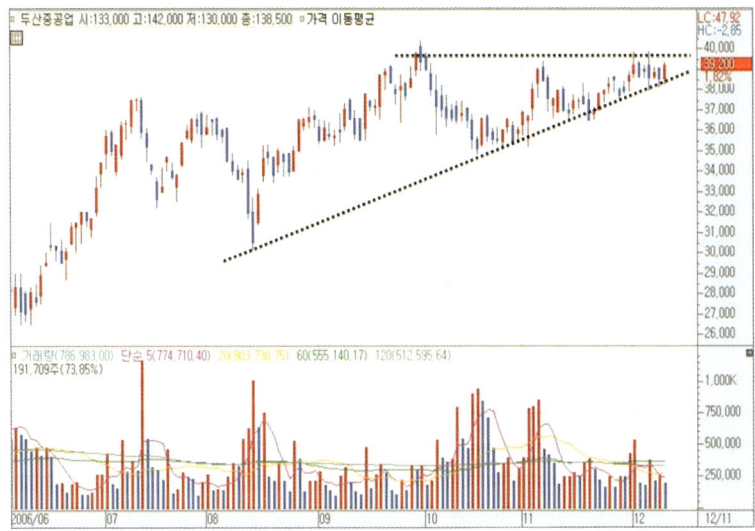

▶그림 22 직각삼각형 모형

하느냐에 따라 상향 직각 또는 하향 직각이라는 표현을 사용한다. 명칭에서 알 수 있듯이 상향 직각삼각형은 고점 경계선(저항 추세선)은 수평을 이루고, 저점 경계선(지지 추세선)은 상향 기울기를 갖는다.

　상향 직각삼각형은 어떤 고정된 가격대에서 대기하는 대기 물량이, 점점 증가하는 매수세에 의해 소화되어 가는 과정에서 형성된다. 따라서 매도 물량이 완전히 흡수되고 나면 주가는 고점 경계선(저항 추세선)을 돌파하여 본격 상승국면으로 돌입된다. 〈그림 22〉의 결과를 확인해 보자.

　〈그림 23〉에서 보듯 상향 직각삼각형 모형은 해당 교차점을 통과하면 큰 주가 상승을 보인다. 앞서 설명한 장기 대기 매물을 거두어낸 결과라 할 수 있다.

깃대형은 주가의 움직임이 직사각형처럼 형성되는 과정에서 깃대
모양의 박스권 패턴으로 나타나 모형의 폭이나 크기가 훨씬 작고 좁
은 특징을 갖는다. 〈그림 24〉는 깃대형의 대표적인 예이다. 앞서 설
명한 지지선과 저항선의 모양에 따른 해석의 차이가 약간씩 있을 뿐
본질과는 큰 차이가 없다.

쐐기형은 상승 쐐기형과 하락 쐐기형으로 구별할 수 있다. 〈그림
25〉는 하락 쐐기형이다. 직전 최저점의 지지선과 하락 추세선이 만나
는 시점에서 주가가 돌파하여 새로운 추세를 만든다. 주로 중기적으
로 큰 시세를 가져다주기 때문에 하락추세에 있는 주식이라도 이러
한 패턴이 보이면 지속적으로 관찰하다가 접점에서 매수하는 전략을
세워보자.

이제 패턴 분석 유형의 마지막인 갭상승형에 대해 공부하도록 한

그림 24 깃대형

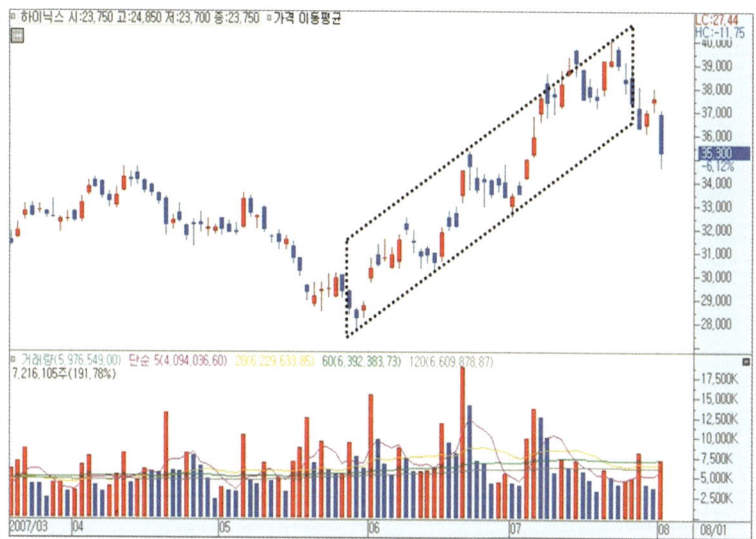

그림 25 하락 쐐기형

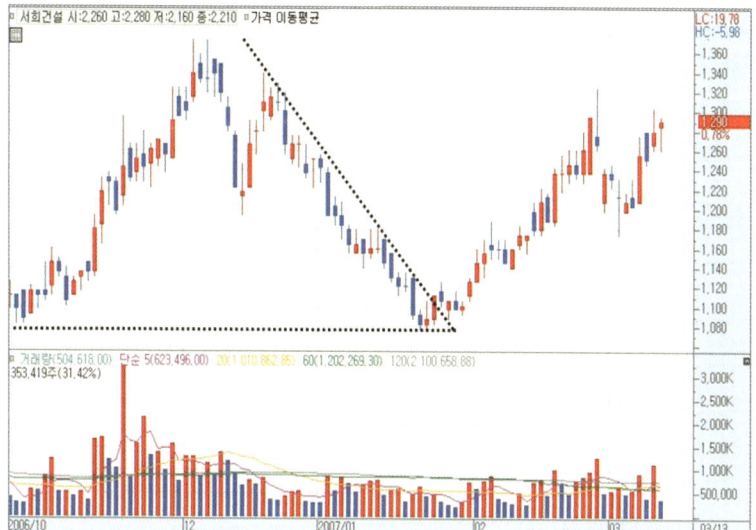

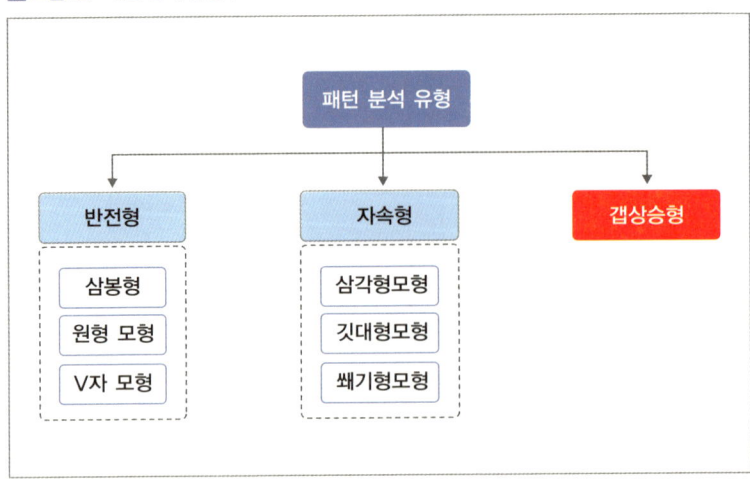

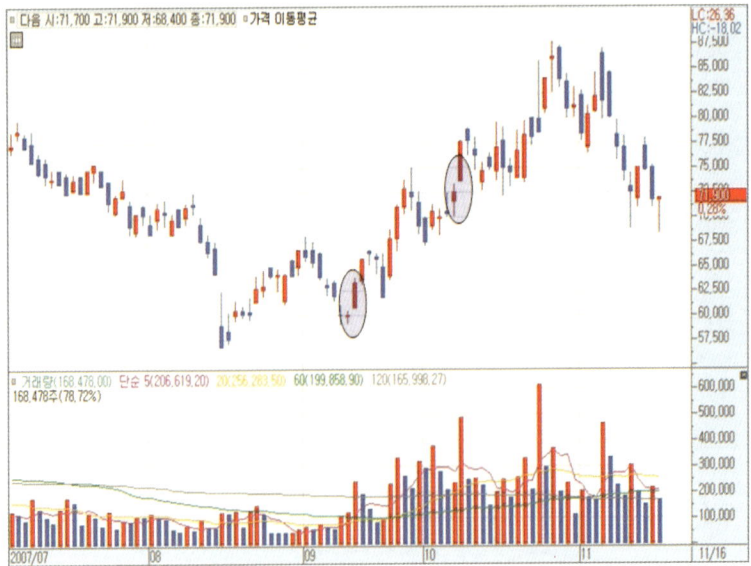

다. 갭(Gap)이란 어떤 주식이 특정한 전일의 고가보다 높이 시작하여 그대로 상승 또는 하락을 계속하는 것을 말한다. 보통 시장의 영향을 직접 받는 주식이거나, 기업의 개별적 이슈 발생으로 자주 나타나는 패턴이다. 갭에서 가장 중요한 것은 돌파갭이다. 주가가 어떤 흐름에서 완전히 벗어나 결정적인 돌파를 할 때 나타나는 것이다.

〈그림 27〉의 표시 부분에서 알 수 있듯 직전 고점을 완전히 벗어난 범위에서 그 다음날 시초가가 결정된다. 시초가가 전일 고점을 넘었다는 것은 강력한 매수세에 의해 추세가 반전 혹은 강화될 수 있음을 말해준다. 일반적인 상승갭과 돌파갭에 대한 구별이 중요하다. 전일 고점을 넘어서는 돌파갭에 대한 기억을 꼭 해두길 바란다. 반대로 하락 시에 전일 저점보다 더 아래에서 시초가가 형성되면 강력한 추세 하락 혹은 하락 강화를 의미한다고 할 수 있다.

이동평균과 보조지표

[주가 이동평균]

이동평균법은 매일의 주가흐름이 불규칙하므로 며칠간의 주가를 묶어 평균을 함으로써 일정 기간의 평균적인 주가흐름을 알고자 하는 것이다. 일정 기간의 주가 평균치의 진행 방향을 확인하고, 현재의 주가 진행 방향과 어떤 관계가 있는지를 분석함으로써 미래의 주가 움직임을 예측하는 지표라 할 수 있다.

이동평균선이란 매일의 종가(終價)를 기준으로 산출한 이동평균치를 도표에 옮겨놓은 연장선이다. 일정 기간 주가 평균값의 진행 방향을 확인하고, 매일의 주가가 이 진행 방향과 어떤 관련성이 있는지를 분석하여 앞으로의 주가 동향을 예측하는 투자지표이다. 즉, 주가를 일정 기간씩 평균해 나가면서 그 주가의 변화를 보여주는 선이라 할 수 있다. 즉, 정확한 주가 예측을 위해 주가변동의 불규칙성을 제거하고 일정한 기간 내의 변동치를 순차적으로 산술평균한 값을 해당 분석 기간의 값으로 나누어 계산된 평균주가를 선으로 나타낸 것이다. 5일 이동평균은 오늘을 기준으로 최근 5일간 주가의 평균값이다. 이동평균선은 여러 가지 종류를 만들 수 있다.

이동평균선의 계산은 다음과 같다. 여기서는 5일 이동평균선을 예로 들겠다. 이런 식으로 계산한 일련의 값들을 선으로 연결한 것이 바로 5일 이동평균선이다. 20일, 60일 등의 이동평균선 또한 이와 같은 방식으로 구할 수 있다.

$$5일\ 주가평균값 = \frac{주가1 + 주가2 + 주가3 + 주가4 + 주가5}{5}$$

이동평균선의 성질에 대해 확인해 보자. 강세장일 경우 주가는 이동평균선 위에서 파동을 지속하면서 상승하는 것이 보통이고, 약세장일 경우 주가는 이동평균선 아래에서 파동을 지속하면서 하락하는 것이 일반적이다. 또 상승하고 있는 이동평균선을 주가가 하향 돌파할 경우 곧 반전이 임박하여 하락할 가능성이 높고, 이동평균선을 주가가 상향 돌파할 때는 곧 반전이 임박하여 상승할 가능성이 높다. 이동평균의 기준이 길면 길수록 이동평균선은 더욱 완만해지고, 주가가 이동평균선으로부터 너무 멀리 떨어져 있을 때, 즉 이격도가 클 경우 회귀변화가 일어난다. 마지막으로 주가가 이동평균선을 돌파할 때는 매매신호로 볼 수 있고, 주가가 장기 이동평균선을 돌파할 때는 큰 추세의 반전을 기대할 수 있다. 주가 이동평균에 대한 좀 더 자세한 내용은 9장에서 다루게 되므로 여기서는 개요 정도만 확인하자.

[거래량 이동평균]

이동평균이 주가의 이동평균을 의미한다면, 거래량 이동평균은 거래량을 이동평균한 것이다. 거래량 이동평균을 사용하는 이유는 다음과 같다. 주가의 상승추세에서는 매수하려는 수요가 상대적으로 증가하므로 거래량이 늘어나는 경향이 있고, 하락추세에서는 매수하려는 수요가 줄기 때문에 거래량이 감소한다는 기본적인 원리에 입각하여 주가의 예측과 매매신호를 찾기 위한 것이다.

그러면 주가와 거래량 간의 상관관계를 알아야 하는데, 일반적인 주가와 거래량의 상관관계를 보면 다음과 같다. 먼저 거래량이 감소하는 추세에서 증가하는 추세로 전환되면 향후 주가가 상승할 것으로 예상하며, 거래량이 증가하는 추세에서 감소하는 추세로 전환되면 향후 주가는 하락할 것으로 예상한다. 또 주가가 천장권에 진입하면 주가가 상승함에도 불구하고 거래량은 감소하는 경향을 보이고, 주가가 바닥권에 진입하면 주가가 하락함에도 불구하고 거래량은 증가하는 경향을 보인다.

거래량 이동평균을 구하는 계산식은 다음과 같다. 분석하는 방법은 153쪽에서 설명하는 이동평균의 해석 방법과 동일하다. 먼저 9장의 이동평균선을 공부하고 다시 한 번 응용해 보도록 하자.

$$\text{거래량 이동평균} = \frac{\text{거래량}_1 + \text{거래량}_2 + \cdots \text{거래량}_n}{\text{거래일수}}$$

[추세 지표]

추세 지표에는 여러 가지가 존재하나 여기서는 대표적인 MACD, MACD OSC, 파라볼릭(Parabolic)에 대해 알아보자. 먼저 MACD(Moving Average Convergence and Divergence)는 단기 지수 이동평균값에서 장기 지수 이동평균값을 뺀 차이로 두 이동평균 사이의 관계를 보여주는 지표이다. 이 지표는 다음과 같이 활용할 수 있다. MACD의 n일 지수 이동평균을 시그널(Signal) 곡선이라 하는데 MACD 곡선이 시그널 곡선을 상향 돌파할 때를 매수시점으로, 하향 돌파할 때를 매도시점으로 판단한다. 또 MACD 값이 음(–)에서 양(+)으로 전환하면 상승추세로의 전환으로 보고, 양에서 음으로 변하면 하락추세로의 전환으로 본다.

MACD=단기 지수 이동평균 – 장기 지수 이동평균

MACD OSC(MACD Oscillator)는 MACD에서 시그널(Signal)을 뺀 값으로 MACD의 해석을 보다 용이하게 만든 지표이다. 시그널 곡선은 MACD의 n일 지수 이동평균을 말한다. 실제로는 HTS상에서 자동으로 표시되므로 해석만 정확하게 할 수 있도록 연습하면 된다. 해석 요령은 0선의 돌파에 따른 매매전략 수립으로 상향 돌파 시 매수, 하향 돌파 시 매도하는 전략이다. 한편, 디버전스(Divergence)는 MACD OSC에서 해석의 정교함을 높이기 위해 사용하는 것으로 주가는 전고점을 돌파하는데 오실레이터는 전고점을 돌파하지 못할 경우 하락할 것으로 판단한다.

파라볼릭(Parabolic)은 시장가격이 추세를 형성하고 움직일 경우 추세 진행의 가속력이 떨어지면 추세 전환의 가능성이 높아진다는 데 착안하여 만들어낸 지표이다. 주가가 추세를 형성하면 초기 진행 속도가 느리다가도 점차 가속도가 붙는다는 점을 이용했다. 시간이 지남에 따라 그에 부합하는 가속력이 붙지 않으면 추세 전환의 가능성도 높아진다는 점을 고려하여 시간 경과에 따른 시장가격의 움직임을 일정한 폭으로 정하지 않고 시간의 경과에 따라 변동폭이 커지도록 공식을 만들었다. 즉, 시간흐름에 따른 가속변수를 설정해 매매시점을 좀 더 엄밀하게 따지는 지표다. 파라볼릭과 주가 그래프가 만나면 보유 포지션을 청산(Stop)하고 반대 방향(Reverse)으로 포지션을 취하기 때문에 흔히 SAR(Stop–And–Reversal) 지표라 한다. 매매시점을 판단하는 데 중요한 잣대는 추세 전환이다. 그런 점에서 추세 전환 판단에 유용한 지표이다.

[모멘텀 지표]

모멘텀 지표는 AB Ratio, Mass Index, RSI(Relative Strength Index), 윌리암

스(Williams) %R, 이격도, 스토캐스틱 패스트(Stochastic-Fast) 등이 있다. 먼저 AB Ratio는 주가의 움직임을 강약 에너지의 대결로 파악하고 양자 간 균형의 변화를 포착함으로써 주가의 움직임을 예측하려는 지표이다. 이때 각기 다른 기준가격을 설정하여 강약의 에너지를 파악하는데, A Ratio는 당일의 시가를 기준가격으로, B Ratio는 전일의 종가를 기준가격으로 설정한다. 강 에너지는 기준가격에서 당일의 고가까지의 가격 변동폭으로 정의되고, 약 에너지는 기준가격에서 당일의 저가까지의 가격 변동폭으로 정의된다. 이 강약 에너지의 비율이 AB Ratio인데 일반적으로 매일의 비율을 사용하기보다 일정 기간으로 평균화시킨 비율(보통 28일을 사용)을 사용하여 분석한다. 계산식은 다음과 같다.

$$A\ Ration = \frac{거래일수\ 26일간의\ 강\ 에너지\ 합계}{거래일수\ 26일간의\ 약\ 에너지\ 합계} \times 100 = \frac{(당일\ 고가-당일\ 시가)의\ 26일\ 합계}{(당일\ 시가-당일\ 고가)의\ 26일\ 합계} \times 100$$

$$B\ Ration = \frac{거래일수\ 26일간의\ 강\ 에너지\ 합계}{거래일수\ 26일간의\ 약\ 에너지\ 합계} \times 100 = \frac{(당일\ 고가-전일\ 종가)의\ 26일\ 합계}{(전일\ 종가-당일\ 저가)의\ 26일\ 합계} \times 100$$

계산식에서 볼 수 있듯 A Ratio의 식에 강 에너지를 당일 시가로, B Ratio의 식에 약 에너지를 당일 저가로 넣어 계산했다. 이때 강 에너지와 약 에너지의 정의를 당신이 원하는 대로 조절하고, 평균화 일수를 26일이 아닌 다른 일수로 변경하여 최적값을 구할 수 있다. AB Ratio의 해석 방법은 다음과 같다.

A Ratio는 에너지의 크기를 측정하는 기준으로 당일 시가를 사용하므로 전일의 종가를 기준으로 하는 B Ratio보다 움직임의 폭이 작다. 따라서 강 에너지의 확장국면에서는 탄력이 큰 B Ratio가 A Ratio를 상향 돌파하게 되고, 약 에너지의 확장국면에서는 B Ratio가 A Ratio를 하향 돌파하게 되는 것을 볼 수 있다. B Ratio가 A Ratio를 상향 돌파하는 시점이 매수신호

이고, B Ratio가 A Ratio를 하향 돌파하는 시점이 매도신호로 사용된다. 또한 AB Ratio가 동반 상승 시에는 방향성이 강화되어 주가의 추가 상승이 예상되고, 동반 하락 시에는 방향성이 강화되어 추가 하락이 예상된다.

이번에는 이격도에 대해 살펴보자. 이동평균선은 계산 방법의 성격상 후행성 지표이므로 최고가권이나 최저가권에서 매매 결정의 근거로 삼기에는 시간적으로 다소 늦은 결점을 가지고 있다. 이를 극복하기 위해 개발된 투자기법이 이격도이다. 이격도는 이동평균선과 주가와의 괴리가 클 경우에는 단기적인 매수 또는 매도신호가 된다는 것을 응용한 기법이다. 이격도는 당일의 주가를 당일의 이동평균으로 나눈 백분율로 구한다.

$$이격도 = \frac{당일\ 종가}{당일\ 이동평균} \times 100$$

이격도는 매일의 주가가 이동평균선과 어느 정도 떨어지면 상승 또는 하락으로의 되돌림 현상이 일어날 가능성이 높은지를 알려준다. 이에 대한 해석 방법은 다음과 같다. 상황별 범위를 살펴보자.

① 상승국면의 경우 이격도는 다음과 같이 해석한다.
- 25일 이동평균선의 이격도 98%~106%
- 75일 이동평균선의 이격도 98%~110%

② 하락국면의 경우 이격도는 다음과 같이 해석한다.
- 25일 이동평균선의 이격도 92%~102%
- 75일 이동평균선의 이격도 88%~104%

스토캐스틱은 매일의 종가가 최근 일정 기간의 고가-저가 범위 내의 어느 곳에 위치하는지를 관찰함으로써 시장의 강약을 파악하는 지표이다. 최근의 주가변동폭과 당일 종가의 관계를 통해 지표를 분석한다. %K의 계산 시 표준기간은 보통 5일을 사용한다.

$$\%K = \left[\frac{당일\ 종가 - 선택된\ 기간의\ 최저가}{선택된\ 기간의\ 최고가 - 선택된\ 기간의\ 최저가} \times 100 \right] 의\ 이동평균$$

%D의 계산 시 %K를 평균화한 것으로 보통 3일의 기간이 사용된다. 평균화 방법은 여러 가지가 있으나 그중 하나는 다음과 같다.

$$\%D = \frac{\%\ 계산식에서의\ 분자의\ 3일\ 합계}{\%\ 계산식에서의\ 분모의\ 3일\ 합계} \times 100$$

스토캐스틱을 해석하는 방법으로는 과매수/과매도를 분석하는 방법, 괴리도를 분석하는 방법, %K와 %D의 교차를 이용한 방법이 있다. 먼저 과매수/과매도를 분석하는 방법으로 스토캐스틱은 0과 100 사이를 움직이는데, 과매수선과 과매도선은 80%와 20% 수준에 긋는다. 스토캐스틱이 과매도선을 아래에서 위로 돌파했을 때에는 매수신호, 과매수선을 위에서 아래로 돌파했을 때에는 매도신호를 나타낸다. 이러한 매매신호는 횡보장세에서는 잘 적용된다.

두 번째로 괴리도를 분석하는 방법이다. 가격은 신고가에 도달했으나 스토캐스틱은 이전보다 낮은 고점을 기록하고 하락할 때에는 약세 괴리로 강력한 매도신호를 나타낸다. 이때 첫 번째 고점이 과매수선 위에서 형성되고, 두 번째 고점이 과매수선 아래에 있다면 가장 확실한 매도신호가 된다. 물론 하락 구간에서는 그 반대의 경우로 해석한다.

마지막으로 스토캐스틱과 가격 간에 괴리가 발생한 상태에서 실제 행동으로 옮길 시점에 %K와 %D의 교차를 이용하는 것이 바람직한 방법이다. 단순히 %K와 %D가 교차했을 때 기계적으로 매매하는 것은 바람직하지 못하다. 즉, 스토캐스틱을 절대적으로 사용하지 말고 다른 지표를 함께 종합적으로 해석해야 한다.

[변동성 지표]

RSI(Relative Strength Index)는 상대강도지수(RSI)라 하여 웰레스 윌더(J. Welles Wilder)에 의해 개발된 오실레이터 지표로 현재 가장 많이 사용되고 있는 지표 중 하나이다. RSI는 모멘텀(Momentum)이 가지는 2가지 문제점으로부터 출발한다. 첫째는 현재의 가격 변화는 미미함에도 불구하고 지표가 급격한 등락을 할 수 있다는 것이며, 둘째는 지표의 두 값을 비교하기 위해서는 일정한 범위에서만 움직이는 지표가 필요하다는 점이다. RSI는 평균화를 통해 급격한 변화를 줄였을 뿐만 아니라, 0과 100 사이에서만 움직이므로 이러한 문제점을 어느 정도 해결했다. 계산식은 다음과 같다.

$$상대강도지수(RSI) = 100 - \cfrac{100}{\cfrac{N기간의\ 종가\ 순\ 상승분의\ 평균}{N기간의\ 종가\ 순\ 하락분의\ 평균}}$$

개발자인 윌더는 RSI의 계산 기간으로 원래 14일을 사용했다. 하지만 현재는 이보다 짧은 7일 혹은 9일을 사용하기도 한다. 이것 역시 자신에게 맞는 최적화된 값을 구해 자신만의 노하우를 갖출 수 있는 도구로 활용할 수 있다.

RSI를 해석하는 방법은 괴리도를 분석하는 방법, 패턴을 분석하는 방법, 과매수 및 과매도를 분석하는 방법이 있다. 먼저 괴리도(Divergence)를 분석하는 방법이다. 가격은 신고가에 도달했으나 RSI는 이전보다 낮은 고점을 기록하고 하락할 때에는 약세 괴리로 강력한 매도신호를 나타낸다. 또 가격은 신저가로 하락했으나 RSI는 이전보다 높은 저점을 기록하고 상승할 때에는 강세 괴리로 강력한 매수신호를 나타낸다.

　이번에는 패턴을 분석하는 방법이다. 추세선, 지지와 저항, 이중바닥 등 전통적인 차트 분석기법을 RSI에 적용하여 분석하는 것으로, RSI가 주가에 선행하여 이러한 패턴을 완성하기 때문에 적합하다.

　마지막으로 과매수/과매도에 대한 분석 방법이다. RSI는 30 이하면 과매도(Oversold) 상태, 70 이상이면 과매수(Overbought) 상태를 나타낸다. 따라서 RSI가 과매도선 아래에서 위로 상승할 때 매수하고, 과매수선 위에서 아래로 하락할 때 매도하는 전략을 구사할 수 있다.

[채널 지표]

채널 지표 중에서는 대표적으로 볼린저밴드(Bollinger Band)에 대해 알아보기로 한다. 엔빌로프(Envelope) 차트는 주가흐름을 봉투(Envelope) 안에 담아 유용한 매매신호를 제공해 주지만, 급격한 가격변동으로 주가가 봉투 밖으로 벗어나면 유효한 매매신호를 내지 못한다. 이러한 문제는 추세 중심선의 상·하한폭을 특정 비율로(예를 들면 10%) 고정시킴으로써 가격흐름을 밴드(Band) 안에서 제대로 수용하지 못하기 때문에 발생한다. 이러한 비탄력적인 가격 밴드를 보완하여 만들어진 기법이 바로 볼린저밴드이다.

　볼린저밴드는 이동평균을 이용한 밴드 분석의 일종으로 주가변동성을 이용하여 가격 밴드를 탄력적으로 변화시키는 기법이다. 볼린저밴드에 사용되는 추세 중심선은 일반적으로 이동평균선을 사용하며(주로 20, 21일 이동평균선) 상·하한 변동폭의 계산은 추세 중심선의 표준편차로 정한다.

$$추세\ 중심선 = n일의\ 이동평균선$$
$$상한선 = 추세\ 중심선 + 2\sigma$$
$$하한선 = 추세\ 중심선 - 2\sigma$$

　볼린저 밴드를 이용한 투자기법으로는 과매수/과매도를 분석하는 방법과 밴드의 폭에 따른 해석이 있다. 과매수/과매도의 지표로 볼린저밴드를 이용할 때 가장 중요한 것은 밴드의 폭이다. 즉, 밴드의 폭이 클 경우 주가는 계속 같은 추세로 움직인다는 의미하고, 폭이 적을 경우 주가는 현재까지 진행되어 온 추세가 약화되어 횡보한다는 의미다. 따라서 볼린저밴드를 과매수/과매도의 지표로 사용할 때는 밴드의 폭이 이전보다 상대적으로 크거나, 큰 상태에서 줄어들 때 이용해야 한다.

당 신 의 주 식 은 안 녕 하 십 니 까 ?

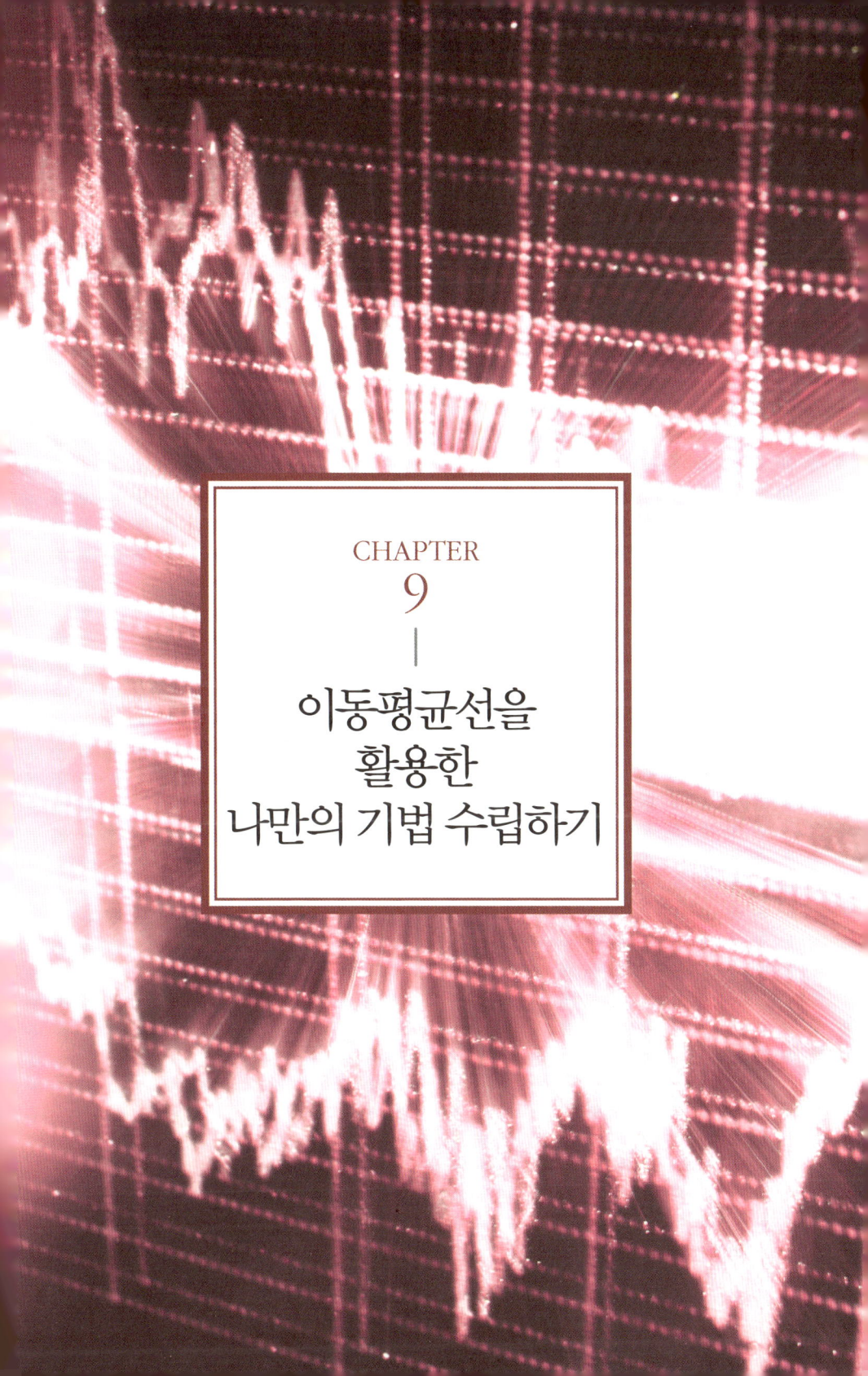

CHAPTER
9
—
이동평균선을
활용한
나만의 기법 수립하기

29

이동평균선 다시 알기

★ 이동평균법과 이동평균선 ★

이동평균법은 매일의 주가흐름이 불규칙하므로 주가를 며칠 동안 묶어 평균을 하여 일정 기간의 평균적인 주가흐름을 알기 위해 고안된 것이다. 일정 기간의 주가 평균치의 진행 방향을 확인하고 현재의 주가 진행 방향과 어떤 관계가 있는지를 분석함으로써 미래의 주가 움직임을 예측하는 지표라 할 수 있다.

이동평균선이란 매일의 종가(終價)를 기준으로 산출한 이동평균치를 도표에 옮겨놓은 연장선을 말한다. 일정 기간의 주가 평균값의 진행 방향을 확인하고, 매일의 주가가 이 진행 방향과 어떤 관련성이 있는지를 분석하여 향후 주가 동향을 예측하는 투자지표이다. 즉, 주가를 일정 기간씩 평균해 나가면서 그 주가의 변화를 보여주는 선이라 할 수 있다. 말하자면 정확한 주가 예측을 위해 주가변동의 불규칙성을 제거하고 일정한 기간 내의 변동치를 순차적으로 산술평균한 값을 해당 분석 기간의 값으로 나누어 계산된 평균주가를 선으로 나타낸 것이다. 5일 이동평균은 오늘을 기준으로 최근 5일간 주가의 평균값이다. 다음과 같은 식으로 계산한 일련의 값들을 선으로 연결한 것이 5일 이동평균선이다. 20일, 60일 등의 이동평균선 또한 이런 방식으로 구한다.

$$5일\ 주가평균값 = \frac{주가1 + 주가2 + 주가3 + 주가4 + 주가5}{5}$$

흔히 단기 지표로 5일, 20일 이동평균선을, 3개월가량의 중기 지표로는 60일 이동평균선을, 6개월 이상의 비교적 장기 지표로는 120일 또는 200일 이동평균선을 사용한다. 그러나 이 같은 기간 설정은 절대적인 기준은 아니며 사용자의 편의에 따라 조정할 수 있다.

이동평균선을 작성하는 이유는 일정 기간의 주가변동 방향을 확인하고, 현재 주가의 진행 방향과 어떤 관계인지를 분석하여 미래의 주가 방향을 예측하려는 데 있다. 이동평균법에는 기간의 개념이 포함되어 있어 기간이 짧을수록, 즉 단기 이동평균값일수록 시장가격에 민감하고 장기 이동평균 값일수록 시장가격에 둔감해지는 특징이 있다. 그러나 단기 이동평균값은 시장가격에 민감하여 후행성이 줄어

들지만 추세 반영에 대한 정확성이 떨어지고, 장기 이동평균값은 시장가격에 둔감하여 후행성은 커지지만 추세 반영에 대한 정확성은 높아진다.

　이동평균선의 단점은 크게 2가지로 압축된다. 먼저 과거 주가의 평균값을 나타낸 선으로 미래의 주가를 예측하려는 한계를 갖는다. 또 매매신호가 현재와는 다소 시차를 두고 나타난다. 즉, 시장가격과 이동평균값과의 괴리가 궁극적으로 추세 전환시점에서 시차를 발생시키는 후행성의 문제가 존재한다. 이해를 돕기 위해 다음의 예제를 풀어보자. 〈표 1〉은 A 주식의 거래일에 따른 주가표이다.

▶ 표 1 **A 주식의 거래일에 따른 주가 표**

거 래 일	주 가
1일째	10,000원
2일째	10,400원
3일째	10,900원
4일째	10,500원
5일째(현재)	10,700원

　현재 시점에서 5일 이동평균선을 작성한다고 하면 차트와 주가는 하나의 점으로 표시될 것이다. 5일째인 현재 시점에서 보면 5일만큼 주가의 평균이 현재 시점보다 후행한다는 것을 알 수 있다. 이해가 잘 되지 않는다면 10일간의 거래일과 주가를 임의로 써보고 한번 그려보길 바란다. 이 부분에 대해서는 반드시 이해해야 하므로 자신이 잘 이해하고 있는지 여러 번 확인 절차를 거치도록 하자.

　후행성이란 단점에도 불구하고 이동평균선이 투자자들이 꼭 알아야 하는 필수사항으로 인정받는 것은 단점보다 장점의 효용성이 더 크기 때문이다. 이동평균선의 장점은 이동평균값을 계산하는 과정에서 알 수 있듯 추세 변화를 하나의 대표값으로 나타낸다는 것이다. 즉, 이동평균값이 가격흐름을 일관성 있게 표현하여 비정상적이고 일시적인 급등락으로부터 투자자의 혼란을 막아준다. 또한 이동평균법은 누구나 쉽게 계산할 수 있고, 객관적으로 계산이 가능하여 결과값이 명쾌하므로 손쉽게 매도 및 매수신호를 도출할 수 있는 장점이 있다.

이제 이동평균선의 종류에 대해 알아보도록 하자. 차트상의 이동평균선은 크게 단기 지표로 5일, 10일, 20일 이동평균선을 사용하며, 중기 지표로는 60일, 100일 이동평균선을, 장기 지표로는 120일, 200일, 300일 등을 주로 사용하지만 앞서 말했듯 이 기간들은 절대적인 기준이 아니며 사용자의 편의에 따라 언제든 조정할 수 있다.

먼저 단기 이동평균선들은 주로 금리 등 시장 상황과 밀접한 관계를 가지고 있다. 단기 이동평균선이 하락에서 상승으로 전환하면 주가의 단기 상승이 예상된다. 반면에 주가가 단기 이동평균선 밑에 놓여 있다면 주가의 단기 하락이 예상된다. 우리는 이것을 각각 골든크로스와 데드크로스라고 한다. 또한 이격도라는 것이 있는데, 이격도가 커지게 되면 이격을 좁히려는 반등이 나오기 마련이다. 따라서 그 반등을 잘 이용하면 단기 수익을 노려볼 수 있다.

다음으로 중기 이동평균선은 주로 시장의 수급과 관련이 있다. 흔히 유동성이 좋다 나쁘다는 이야기를 하곤 하는데, 시장의 유동성이 좋은 상황이라면 중기 이동평균선을 깨지 않는 상황에서 주가의 오름세가 이어진다. 유동성이 좋다는 것은 시장에 매수 여력이 있는 주체가 많이 존재한다는 뜻이다. 단기 이동평균선이 밑에서 위로 올라오며 중기 이동평균선을 뚫어낼 경우 단기와 중기 추세가 확고히 자리 잡았다고 볼 수 있으며, 돌발 악재가 없는 한 꾸준한 오름세로 수익을 거둘 수 있다. 단기 이동평균선과 중기 이동평균선의 교차가 단기 이동평균선 간의 교차보다 더욱 강력한 의미를 갖는다고 할 수 있으며, 현실적으로도 그러한 매매가 가장 효과적이다.

마지막으로 장기 이동평균선은 주식의 장기적인 평균값을 의미하는 것이므로 경기와 밀접한 관계가 있다. 경기가 좋다면 주가는 장기 이동평균선을 깨지 않는 것이 보편적이다. 이때 이동평균선을 깬다는 표현은 주가가 이동평균선 이하로 하회한다는 의미다. 만일 주가가 이동평균선을 하회한다면 그것은 주가가 현저히 저평가된 것으로 판단해도 무방하며, 조만간 주가는 탄력적인 상승을 시도할 가능성이 크다. 하지만 장기 이동평균선으로 매매를 하려면 해당 기업의 실적 등 기업가치를 우선적으로 고려해야 한다. 장기 이동평균선으로 매매하는 것은 장기적인 보유 목적에 적합하므로 단기 투자용으로는 실패할 가능성이 매우 높다.

돈 버는 노하우 | 나도 남도 모두 사용할 수 있는 이동평균선을 활용해 매매전략을 구사한다면 마치 헌 창을 들고 전쟁터에 나가는 것과 마찬가지로 승리를 장담할 수 없을 것이다. 그렇다면 어떻게 남들이 가지지 않은 무기를 손에 쥘 수 있을까? 나만의 이동평균선을 만드는 것이 바로 돈 버는 노하우라 할 수 있다. 나만의 이동평균선을 만든다는 것은 2가지 의미로 구분할 수 있다. 하나는 자신에게 맞게 이동평균선의 값을 설정하는 것이다. 다른 하나는 한 걸음 더 나아가 응용된 이동평균선을 만드는 것이다.

❶ 이동평균선 값을 설정하라.

보통 사람들은 초기에 HTS에 지정되어 있는 이동평균선을 그대로 사용한다. 5일선, 20일선, 60일선 등이 그것이다. 하지만 어느 HTS 화면을 들어가든 이동평균선은 자신이 원하는 대로 설정할 수 있도록 되어 있다. 즉, 단기 이동평균선을 10일 이동평균선, 중기 이동평균선을 25일 이동평균선 하는 식으로 입맛에 맞게 설정해 사용할 수 있다.

❷ 이동평균선을 응용하라.

이동평균서의 속성을 들여다보면 종가를 이어 계산한 평균값이다. 그런데 반드시 종가만 사용하라는 법은 없다. 매일 발생하는 장중 고가의 값들을 이어 평균을 만들 수도 있고, 매일 발생하는 저가의 값들을 이어 평균을 만들 수도 있다. 이것들이 갖는 의미는 일반 종가를 이어 만든 이동평균선과 확연한 차이가 난다.

매일 발생하는 장중 고가의 값들을 이어 이동평균선을 만들면 점점 고가가 높아지고 있는지, 낮아지고 있는지를 한눈에 파악할 수 있다. 반대로 저가의 값들을 이이 이동평균선을 만들면 점점 저가가 높아지고 있는지, 낮아지고 있는지를 쉽게 파악할 수 있다. 이렇게 고가 이동평균선과 저가 이동평균선을 활용해 이 장에서 배우게 될 활용법에 더해 스스로의 노하우를 만들어 보도록 하자.알고 있는 코스닥 시장이 설립되었다.

30

이동평균선을 응용한
나만의 기법 만들기

이동평균선의 의미와 종류에 대해 알았으면 이제 이를 활용해 어떻게 수익을 얻을 것인지 연구해 보자. 이동평균선을 활용한 분석 방법은 이동평균선과 주가와의 이격도 분석이 주를 이룬다. 이동평균선 자체 분석 방법으로는 방향성 분석, 지지선 및 저항선 분석, 배열도 분석, 밀집도 분석, 크로스 분석 등 5가지 정도가 있다.

먼저 이동평균선을 활용한 방향성 분석에 대해 알아본다. 이동평균선 분석의 기본이라 할 수 있는 방향성 분석은 각각의 이동평균선이 상승 중인지, 하락 중인지를 분석하는 방법이다. 통상 상승장세에서는 단기→중기→장기 이동평균선 순으로 상승 방향이 전환되곤 한다(5일선→20일선→60일선→120일선). 그런 뒤에 5일선이 가장 위에 위치하고, 그 밑으로 20일선, 60일선, 120일선 순으로 배열이 이루어지면

이를 이동평균선의 '정배열'이라 한다. 일반적으로 이동평균선의 정배열은 견고한 또는 강한 상승의 의미를 내포한다. 그만큼 정배열 상황에서는 수익이 가능한 구간이 많다. 하지만 정배열이라고 하여 항상 지속적인 수익을 보장하지는 않는다.

하락장세에서도 마찬가지다. 단기 이동평균선→중기 이동평균선→장기 이동평균선 순으로 하락을 시작한다. 이때 5일 이동평균선이 가장 밑에 위치하고, 그 위에 20일선, 60일선, 120일선 순으로 배열이 이루어지면 이를 이동평균선의 '역배열' 상태라 한다. 정배열과 순서가 반대로 되어 있다고 생각하면 이해하기 쉽다. 역배열 상태는 지속적 또는 강한 하락장세를 암시하는 신호로 받아들일 수 있다.

지지선/저항선 분석은 말 그대로 지지선과 저항선을 분석하는 것이다. 주가가 상승 중일 때는 각각의 이동평균선들이 지지선 역할을 하고, 하락 중일 때는 저항선 역할을 한다는 데 착안한 분석 방법이다. 보통 단기 이동평균선보다 중기 이동평균선의 지지력과 저항력이 더 강력하다. 또 중기 이동평균선의 지지력과 저항력보다 장기 이동평균선의 지지력과 저항력이 더 강력하다. 그 이유는 이동평균선의 작성원리를 생각하면 이해하기 쉽다. 즉, 5일간의 평균값은 쉽게 변화하지만, 100일 또는 200일간의 평균값은 쉽게 변화하지 않기 때문이다. 지지선/저항선 분석을 통해봤을 때, 경험적으로 대세 하락장일 경우에는 반등이 나온다고 하더라도 장기 이동평균선을 돌파하기 어렵고, 반대로 대세 상승장일 경우에는 반락이 나온다고 하더라도 장기 이동평균선을 하향으로 뚫기는 어렵다. 따라서 이를 이용한 매매전략으로 대응해 나가면 위험을 최소화하면서 수익을 극대화할 수 있을 것이다.

배열도 분석은 크게 정배열과 역배열로 나누어진다. 정배열은 정상적인 상승추세에서 나타나는데 위로부터 단기 이평선, 중기 이평선, 장기 이평선 순으로 배열된 상태이다. 즉, 주가가 정배열로 전환됐다는 것은 장기 이동평균선(120일)이 제일 밑에 위치하고 중기 이동평균선(60일)이 중앙에, 단기 이동평균선(20일)이 제일 위에 위치한 상태를 말한다. 역배열이란 하락추세에서 나타나며 위로부터 장기 이평선, 중기 이평선, 단기 이평선 순으로 배열된 상태를 말한다. 즉, 장기 이동평균선(120일)이 제일 위에 위치하고 중기 이동평균선(60일)이 중앙에, 단기 이동평균선(20일)이 제일 밑에 위치한 상태를 말한다. 이렇게 각각의 이평선의 배열된 순서에 따라 상승추세인가 하락추세인가를 분석하는 방법을 배열도 분석이라고 한다. 통상 주가 이동평균선은 '정배열(상승추세)→역배열(하락추세)→정배열(상승추세)→역배열(하락추세)' 과정을 반복하는 경향이 있다. 즉, 주가의 상승시기와 주가의 하락시기가 반복되는 것과 같이 이동평균선도 주가에 따라 상승시기와 하락시기가 반복되는 것을 말한다. 따라서 역배열 상태에서 정배열로 전환되는 초기 시점을 찾아 매수하고, 반대로 정배열 상태에서 역배열로 전환되는 시점에서 주식을 매도하거나 관망하는 전략이 유효하다.

밀집도 분석이란 각각의 이동평균선 간의 거리를 측정하여 매매시점을 분석하는 방법이다. 이동평균선들은 통상 모였다가 흩어지는 현상을 반복한다는 가정을 기초로 개별 주가의 과거 특성을 분석해 규칙적인 밀집과 분산 현상을 연구, 이를 이용하여 매매전략을 취하는 분석 방법을 말한다. 일반적으로 이동평균선 간격이 멀어질수록 기존 추세가 계속되고, 멀어지던 간격이 좁혀지기 시작하면 추세 전환이 가까워짐을 예고한다. 특히 밀집도가 높은 상황에서 얽혀 있는 모습을 나타낸다면 그만큼 불확실성이 높다는 것이며, 주가가 방향성을 잡지 못하고 있음을 나타낸다. 이때는 매매를 하지 않고 추이를 지켜보는 전략이 유효하다.

크로스 분석은 각각의 이동평균선들이 서로 교차될 때를 노려 매매시기로 잡는 분석 방법이다. 크로스 분석은 골든크로스와 데드크로스로 나누어 분석하는데, 보통 배열도 분석과 병행하여 분석하는 것이 일반적이다. 골든크로스는 단기 이동평균선이 중·장기 이동평균선을 아래에서 위로 교차하는 시점을, 데드크로스는 단기 이동평균선이 중·장기 이동평균선을 위에서 아래로 교차하는 시점을 의미한다. 골든크로스가 발생하면 매수신호, 데드크로스가 발생하면 매도신호로 인식한다.

다음은 20일 이동평균선과 60일 이동평균선의 골든크로스 및 데드크로스에 대한 차트이다. 20일 이동평균선은 파란색 선, 60일 이동평균선은 붉은색 선으로 표시되었다. 〈그림 1〉의 차트에서 보듯 단기 이동평균선이 중기 이동평균선을 돌파할 때, 주식을 매수하면 수익을 얻을 수 있음을 보여준다. 물론 지금은 후행성 지표를 가지고 보여준다는 문제점이 있으나 나중에 연습하게 될 이동평균선 실전 문제는 이와 다른 형태이므로 여기서는 일단 골든크로스 발생 시 주가가 어떻게 움직이는지 확인해 두자. 〈그림 2〉의 차트에서 보듯 데드크로스가 발생하면 중기적으로 주가가 하락세를 면치 못함을 알 수 있다.

그림 1 20일 이동평균선과 60일 이동평균선을 활용한 골든크로스 투자전략

그림 2 20일 이동평균선과 60일 이동평균선을 활용한 데드크로스 투자전략

282

크로스 분석은 통상 단기 이동평균선을 20일로, 중장기 이동평균선을 60일로 사용하지만, 반드시 그렇게 해야 하는 것은 아니다. 필자는 단기 이동평균선을 15일, 중기 이동평균선을 30일로 설정해 사용하기도 한다. 자신에게 맞는 이동평균선을 찾는 것도 중요한 연습 중 하나이다.

지금까지 이동평균선의 원리와 활용 방법에 대해 공부했다. 이제 공부한 내용을 실전에서 활용하기 위해 HTS 내 이동평균선에 대해 알아보자. 이동평균선 연습을 위해 각자 사용하는 HTS의 조건식 설정 기능을 충분히 활용하도록 한다.

이동평균선은 일일이 그려가면서 확인하기가 힘들다. 따라서 이동평균선 설정하는 방법에 대해 먼저 습득하도록 하자. 우리나라에는 많은 증권사가 있고 HTS 내에서 화면구성도 조금씩 다르다. 여기서는 대표적으로 이트레이드 증권사의 HTS 내 종목검색 기능을 활용하는 방법에 대해 알아보겠다. 종목검색, 설정 기능은 어느 증권사나 유사하므로 자신이 사용하는 HTS가 아니라고 하더라도 다음의 내용으로 충분히 활용할 수 있으니 절대로 건너뛰지 말고 습득하도록 하자.

먼저 이트레이드 증권사의 대표적인 HTS인 씽큐(Xing-Q)를 활용해 조건식을 설정하는 법을 배우고 스스로 문제를 풀어보도록 하자. 그러기 위해서는 먼저 이트레이드 증권사 홈페이지에서 HTS를 다운로드해야 한다. 모든 준비가 되었으면 HTS에 접속해 보자. 이트레이드 증권계좌가 없는 사람은 인터넷으로 회원가입을 마친 다음 HTS에 접속하면 된다. 이트레이드 증권 HTS에 접속하면 상단 메뉴에 '주식>주식시세>종목검색'을 통해 해당 내용을 접할 수 있다.

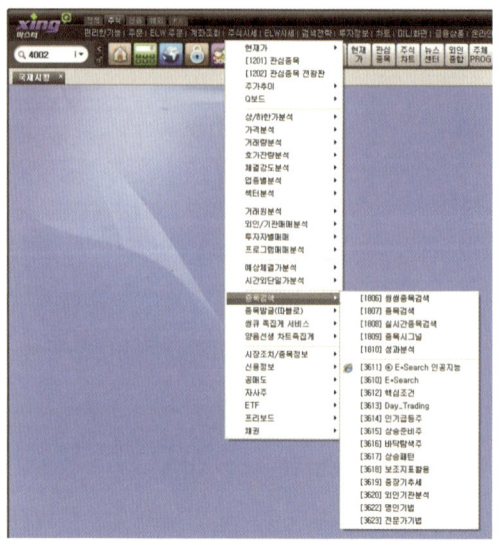

이트레이드 증권사 HTS에 접속하여 메뉴를 찾으면 다음과 같은 위치에 있다. [1807] 종목검색을 누르면 다음과 같은 화면이 나온다.

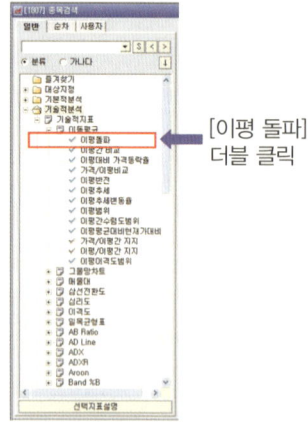

[이평 돌파]
더블 클릭

'이평 돌파'를 누르면 다음과 같은 화면을 볼 수 있다.

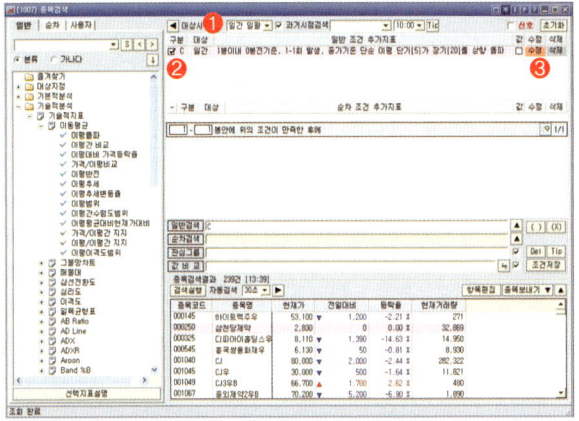

이와 같은 화면이 나오면 먼저 ❶을 부분을 눌러 '일간 일괄' 이라는 조건으로 설정한다. 설정이 완료되었으면, ❷의 체크박스에 체크를 한다. 그리고 ❸의 '수정' 을 누른다.

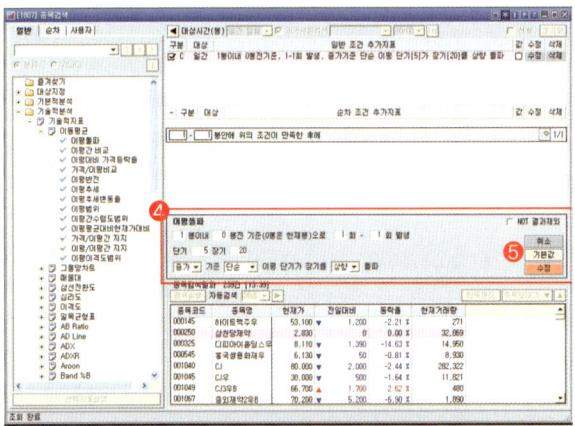

그러면 중간에 새로운 메뉴가 하나 열린다. ❹ 부분에서 원하는 조건식을 설정할 수 있다. 그럼 조건식을 한번 설정해 보도록 하자.

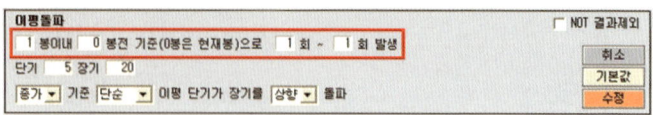

먼저 HTS 화면에서 '[ ]봉 이내 [ ]봉전 기준(0봉은 현재봉)으로 [ ]회~[ ]회 발생'이란 조건을 볼 수 있다. 이것이 의미하는 것은 며칠부터 며칠까지의 검색조건으로 삼을 것인가에 대한 정의를 내려 달라는 것이다. 만일 '[20]봉 이내 [0]봉전 기준'이라고 한다면, 현재 시점부터 거래일수로 20일 이전에 발생한 것을 찾으라는 조건을 넣는 셈이다. 그 뒤에 '[ ]회~[ ]회 발생'이라는 것은 설정 기간 내에 그러한 조건이 몇 번 발생했는지를 체크해 조건식에 만족하는 결과를 찾으라고 하는 것이다. 보통 1회를 넣고 사용하는 것이 일반적이다.

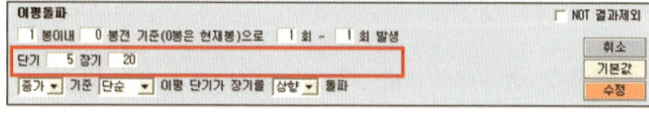

두 번째 줄을 보게 되면 '단기 [ ] 장기 [ ]'라는 조건 설정 기능을 볼 수 있다. 이것은 어떤 이동평균선을 사용할 것인지 설정하는 것이다. 단기 이동평균선으로 5일선을 사용하고 싶다면 5를 입력하고 10을 입력하고 싶으면 10을 입력하면 된다. 단기 이동평균선을 몇으로 설정하든 그것은 당신의 자유이다. 마찬가지로 '장기'라는 글자 옆의 숫자도 임의로 설정할 수 있다.

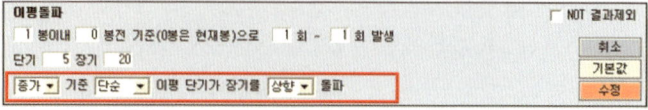

마지막으로 설정해야 할 조건식이다. 앞서 '나만의 노하우' 코너에서 공개한 부분이다. 종가 이동평균선을 사용할 것인지, 시가, 고가, 저가, 거래량 이동평균선을 사용할 것인지 설정할 수 있다. 그 다음으로 단순 이동평균선인지 지수 이동평균선인지, 또는 가중 이동평균선인지를 설정할 수 있다. 일반적으로 우리가 사용하는 이동평균선은 단순 이동평균선이다. 이 책에서 설명하는 이동평균선 역시단순 이동평균선을 말한다.

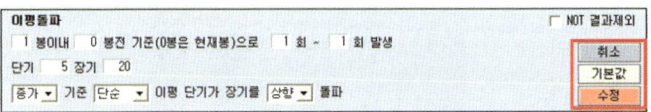

마지막 부분이 중요하다. '단기가 장기를 상향 혹은 하향 돌파'에 체크하자. 상향은 골든크로스를 의미하고 하향은 데드크로스를 의미한다. 모두 완료되었다면 마지막으로 우측에 있는 '수정' 버튼을 눌러 저장한다. 이제 종목을 검색해 보자.

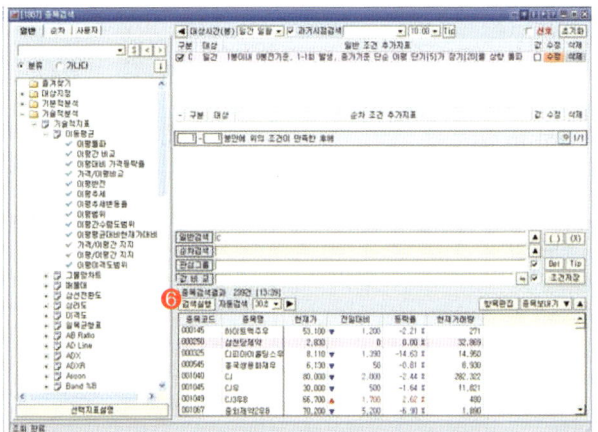

위와 같은 조건식이 설정이 되었다면, ❻ 부분의 '검사실행'이라는 버튼을 눌러보자. 그러면 해당 조건에 맞는 종목들이 하단의 리스트로 정리되어 나온다. 이것이 끝이 아니다. 실제로 종목이 제대로 검색되었는지 확인해야 하고, 필요 없는 주식을 가려내는 작업을 거쳐야 한다. 여기까지 작업을 실행하고, 다시 상단에 있는 메뉴 부분에서 차트를 찾아 비교해 본다.

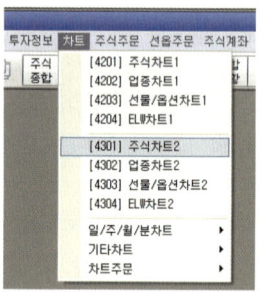

상단 메뉴 부분에 보면 '차트'의 그룹 안에 '[4301] 주식차트2'를 볼 수 있다. 해당 메뉴를 클릭한다. 그러면 차트 화면이 나타나는데 여기서 차트에 대해 한 번 더 설정해 주자.

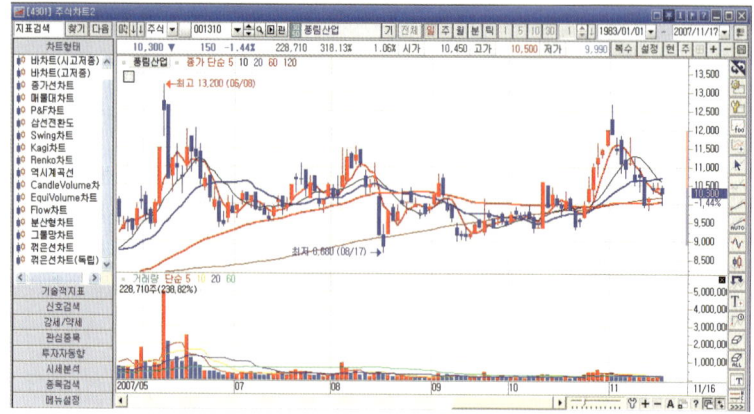

이러한 차트 화면이 나오는 것을 확인했다면, 여기서 각각의 이동평균선들이 현란하게(?) 엉켜있는 것을 볼 수 있다. 이러한 이동평균선을 자신이 보고 싶은 대로 정리하는 작업을 해야 한다. 먼저 차트 화면 속에 표시되어 있는 이동평균선을 더블클릭한다. 그러면 다음과 같은 설정 화면이 나온다.

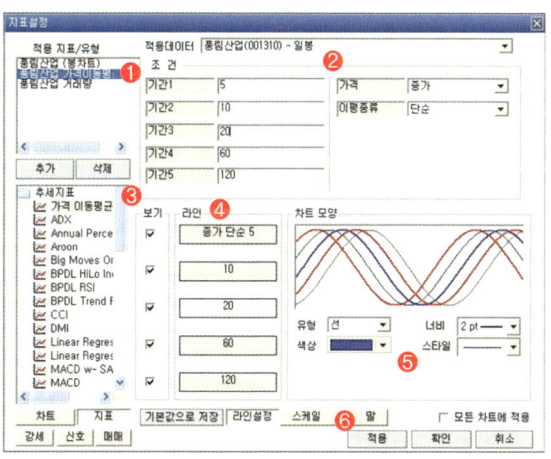

우선 ❶번을 보면 조건을 설정하는 것이다. 먼저 차트 화면 내에서 이동평균선을 설정하는 것이다. 기본은 총 5개의 이동평균선으로 되어 있고 5일, 10일, 20일, 60일, 120일 이동평균선으로 구성되어 있다. 자신이 사용하고자 하는 이동평균선이 있다면 숫자를 수정하면 된다. 그리고 ❷는 앞서 설명한 부분과 동일하게 설정하도록 한다.

❸은 차트 화면 내에서 사용할 이동평균선을 선택하는 것이다. 만일 20일 이동평균선과 60일 이동평균선만 보고 싶다면 20일 이동평균선, 60일 이동평균선만 체크해 두면 차트 화면에 2가지만 표시된

다. 사용한 이동평균선을 설정했으면 ❹ 부분을 눌러 자신이 원하는 색상과 굵기를 설정한다. 먼저 ❹를 클릭하면 ❺ 부분이 현재 설정되어 있는 상황에 대해 보여주게 되는데 이를 보고 원하는 스타일로 설정하면 된다. 마지막으로 모든 설정이 완료되었다면 ❻의 적용을 눌러 최종 완성을 한다.

이제 차트가 설정되었다. 마지막으로 원하는 종목을 빠르고 쉽게 찾는 방법에 대해 알아보자. 설정이 완료되면 다음과 같이 2가지의 화면이 떠 있을 것이다. 이러한 화면의 크기를 조절해 빠르게 확인해 본다.

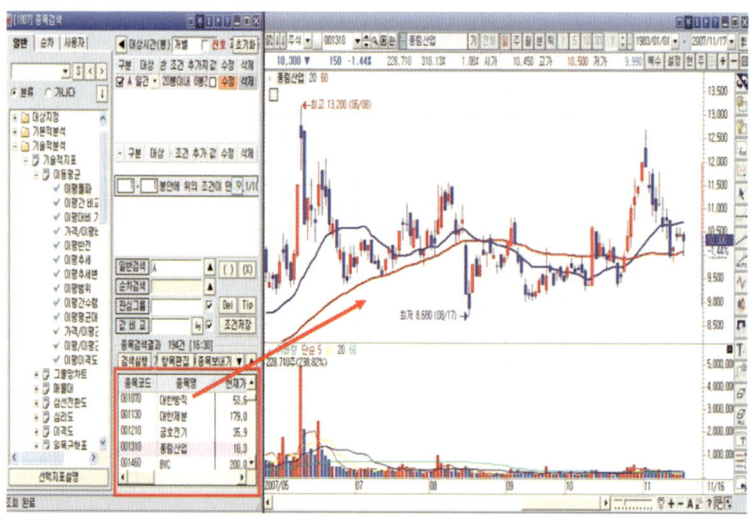

종목검색 화면과 차트 화면을 겹쳐두고, 종목검색 화면이 위로 오도록 크기를 조절한다. 이때 좌측 하단에 있는 검색 결과로 나온 종목 리스트가 보이게 한다(종목 리스트만 보이면 사이즈는 상관없다). 이렇게 해 놓으면 종목검색 결과 리스트에 있는 종목명을 클릭하면 차트

화면이 같이 연동되어 검색결과를 빠르게 확인할 수 있다. 보통 이러한 조건식을 사용해 2000여 개 가까이 되는 종목들을 손쉽게 찾아낼 수 있다.

당신의 주식은 안녕하십니까?

주식시장의 블루오션, IPO 장외주식 투자

국내 장외주식시장의 규모는 2,000조 원에 달한다. 매년 신규로 상장되는 IPO 기업은 평균 60여 개 업체에서 많게는 100여 개 업체에 달한다. 이들은 대부분 짧게는 3년, 또는 그 이상의 업력을 가지고 한 가지 또는 특화된 자기만의 사업에 몰두하여 고속으로 성장해 온 기업들이다. 이 기업들은 거래소위원회 등을 통해 신규 상장에 필요한 적법한 심사절차를 거쳐 신규로 증권시장에 진입하게 된다. 투자자들에게는 투자할 주식으로서 첫선을 보이는 셈이다. 일반 투자자들은 신규 상장일에 비로소 새롭게 상장된 이들 기업의 주식을 처음 알게 된다.

장외주식 투자는 '선취매'의 투자 기술이다

장외주식 투자의 핵심은 '선점한다'는 데 있다. 이를 두고 증권시장에서는 '선취매'라는 용어를 사용한다. 이것은 특정 기업이 상장하기 이전에 그 기업의 내용과 사업성, 성장성, 또는 예상 공모가, 상장일 이후의 예상 주가 등을 미리 연구하고 파악하여 해당 기업의 주식을 선(先)투자하는 형태로, 상장 당일 대비 철저히 저렴한 시세에 해당 주식을 미리 매수하는 투자 방법을 일컫는 말이다.

장외주식 투자는 투자 주식의 신규 상장일 이전에 얼마나 저렴한 시세에 해당 주식을 원하는 만큼 미리 매입하여 상장일 또는 상장일 이후 원하는 목표가에 매도하느냐의 게임이다. 해당 기업이 신규 상장하는 당일, 일반 투자자들은 해당 주식을 매수하여 매도해야 하지만 장외주식 투자자는 이미 해당 주식을 매입해 놓은 상태이므로 스스로 정해놓은 목표가에 매도하여 수익을 추구하는 선점의 게임이라는 것이다.

만일 공모가가 1만 원인 주식을 1년 전 5,000원에 미리 매입해 놓은 상태라면 신규 상장 당일에 공모가 대비 100% 이상의 수익이 보장되어 있는 셈이다. 이러한 의미에서 장외주식 투자는 반드시 제대로 알고 투자해야 하는 주식시장의 사이드 마켓이며, 고수익이 수시로 발생하는 주식시장의 블루오션이다.

IPO 장외주식은 무엇인가?

큰 맥락에서 장외주식은 유가증권시장(거래소 시장)이나 코스닥 시장에 상장되어 있지 않은 주식을 사고파는 비공식 주식시장으로 크게 프리보드와 엔젤투자, IPO 주식투자로 나뉘어져 있다.

① **프리보드** : 제3시장이라 하며 이곳의 기업들은 상장기업이라 하지 않고 등록기업이라 한다. 등록 심사가 간편하여 주로 소형 기업들이나 주식시장에서 퇴출된 기업들이 등록되어 거래된다.

② **엔젤투자** : 투자기간을 향후 3년 정도로 잡고 투자한 기업이 유가증권시장이나 코스닥 시장에 상장할 것이라는 전제하에 미래의 사업성과 성장성에 대한 전망과 분석을 근거로 투자하는 형태이다. 이때 투자시점에서 재무구조나 사업연혁 등은 고려하지 않는다. 매입 주식의 단가는 저렴하

게 구입이 가능하여 향후 고수익이 가능하지만 리스크가 많은 투자 형태이다.

③ IPO 장외주식 투자 : 유가증권시장 또는 코스닥 시장 상장이 1년 내외로 가시화된 기업의 주식을 매입하는 투자 형태이다. 주식을 매입한 후 상장일 또는 상장 전에 장외시장에서 주가 상승 시 수익을 내고 매도하는 방식이다. 상장요건이 충족된 주식이므로 어느 정도 주가 상승을 기대할 수 있어 엔젤투자에 비해 리스크는 훨씬 적으나 상대적으로 매입 주가가 비싼 편이다. 이와 같이 장외주식시장은 투자시점과 상장시점의 잔여기간에 따라 주가가 큰 폭의 차이를 보이며 상장시점이 가까울수록 리스크는 작아지고 매입 주가는 올라가게 된다.

장외주식 투자는 너무 위험하다?

앞서 장외주식 투자는 프리보드, 엔젤투자, IPO 주식투자로 나뉜다고 했다. 프리보드란 거래소나 코스닥에 상장되어 있지는 않지만 한국금융투자협회에서 장외주식의 원활한 거래를 위해 마련한 장외주식의 호가 중개 시스템으로 장외주식에서는 가장 거래가 원활한 시장이다. 하지만 우량기업의 등록이 제한적인 데다 상장폐지 기업에 유동성을 주기 위해 만들어진 시장이라는 한계가 있어 현재 원활한 시장 기능을 발휘하지는 못하고 있다.

또 엔젤투자는 기업의 발생에서부터 초기 성장성과 가능성을 두고 투자하는 것으로 고수익이 가능하지만, 기업공개(IPO)에 이르기까지 상당히 시일이 소요될 뿐만 아니라 리스크가 너무 크다는 단점이 존재한다.

이에 반해 IPO 장외주식 투자는 상장기일이 1년 내외로 비교적 투자금의 회수기간이 단기간이고, 상장을 진행하는 해당 기업의 상장기준에 적합한 시점이 되었을 때 투자하는 형태이다. 고수익 대비 하이리스크 투자 방법인 엔젤투자와는 대비되는 부분이다. 특히 IPO 장외주식 투자는 해당 기업의 재무실적이 어느 정도 뚜렷하고 사업성, 미래가치 등을 정확히 예측하면서 투자할 수 있는 투자 방법이다. IPO 장외주식은 해당 기업이 어느 정도 상장 진입 단계에 도달해 있고, 사업성이 확연하게 나타나기 때문에 엔젤투자보다 주식 매입가격이 비싸지만 안정성 면에서는 엔젤투자보다 탁월하다는 장점을 가진 투자 대상이다.

2000년 초반 일명 벤처 붐이라는 주식시장의 이상 과열현상이 나타나자 이를 노린 기업들은 인터넷 공모라는 신주 발행절차에 따라 소액공모를 한다는 광고를 앞 다투어 광고매체에 게재했다. 당시 대박을 꿈꾸던 수많은 투자자들은 기업의 내용이나 회사의 사업 내용, 향후 성장성 등은 무시하고 일단 벤처 기업 주식을 사두면 대박이 날 것이라는 착각에 빠져 무작정 투자를 했다가 커다란 투자손실을 보고 말았다. 이러한 경우의 투자를 엔젤투자라고 하는데 같은 장외주식 투자라는 맥락에서 IPO 장외주식 투자와는 안전성이나 환금성 측면에서 상당한 차이가 있음을 알아야 한다. 물론 엔젤투자라 하더라도 향후 사업성과 성장성, 그리고 재무 안정성을 고루 갖춘 회사의 주식을 매입할 행운이 생긴다면 1000% 이상의 수익도 가능하다.

장외주식 거래의 안전성

장외주식 투자에서 프리보드를 제외한 엔젤투자와 IPO 장외주식 투자는 개인들의 직접거래로 이루어진다. 개인 간의 장외주식 매매는 일명 장외주식 중개업자라고 하는 개인 또는 개인 기업체들이 일정 사이트나 홈페이지에 연락처를 기재하여 매수인과 매도인의 중개 역할을 하는 게 보편적이다. 부동산 중개업과 마찬가지인 셈이다.

문제는 주식을 보유하고 있는 매도 예정인이나 주식을 매수하려는 매수 예정인이 이 중개인을 믿고 주식을 먼저 보내주거나 현금을 먼저 송금해야 하는 불편함이 따른다는 점이다. 더구나 지인이나 신뢰성 있는 기관이 중개를 하는 경우가 전무해 장외주식 투자의 거래에 있어 상당한 리스크를 내포한다. 다행히 최근에는 일부 소형 증권사에서 장외주식 거래의 불편을 해소하고자 나름 대로 장외주식에 대한 호가 중개 시스템을 제공하면서 장외주식을 중개하고 있어 향후 이러한 불편이 점차 개선될 전망이다.

IPO 장외주식 투자는 대박이다?

IPO 장외주식 투자는 대박의 조건을 많이 내포하고 있지만, 해당 기업의 신규 상장(IPO) 가능성이나 정보의 부족 및 비대칭성 등 개인 투자자들에게는 진입 장벽이 높은 편이다. 하지만 우량기업을 잘 선점하여 상장 단계까지 이루어진 다면 전반적으로 대박의 사례를 안겨주는 것이 통설이다. 주로 2011년에 이러한 대박 종목들이 많이 탄생했다. 예를 들어 2011년 8월에 신규로 상장했던 AMOLED 장비업체인 아이씨디의 경우 상장하기 1년 전인 2010년의 장외주가는 7,000원 내외였지만 신규로 상장한 날의 주가는 7만 원을 기록하여 투자대비 수익이 10배인 1000%의 수익률을 기록했다.

또한 2011년 11월에 신규로 상장했던 엔터테인먼트 업체인 와이지엔터테인먼트는 소속 가수 빅뱅의 뜻하지 않은 사건으로 상장 승인이 연기되면서 장외 시장에서 1만 5,000원에 거래되었으나 상장한 날의 주가는 7만 8,000원을 호가하면서 단기간에 투자 대비 5.5배인 550%의 수익률을 기록했다.

종합적으로 볼 때 장외주식 투자, 특히 IPO 장외주식 투자는 부동산 투자의 장점인 안정성을 갖추고 있으며 일반적인 주식투자의 장점인 단기 고수익성을 겸비한 제3의 매력적인 투자처로 투자자들에게 부각되고 있다.

또한 최근에는 신규 상장심사에 있어 상장 예정 기업들의 재무구조나 사업 형태, 향후 매출의 안정성 등을 철저히 심사하는 한편, 장외주식 투자자들의 투자자산에 대해 사전 관리 및 감독이 엄격히 이루어지는 추세다. 따라서 투자자들이 투자시점에서 해당 기업을 면밀히 검토하여 향후 신규 상장 이후 적정한 주가를 제대로 분석할 수 있다면 대박의 조건을 충분히 갖추고 있다고 할 수 있다.

정리하면 IPO 장외주식을 장외시장에서 매입할 때에는 가장 먼저 신규 상장까지 남은 기간이 얼마나 남았는지 반드시 고려해야 한다. 또한 예상 공모가 대비 매입할 주식의 단가가 적정한지, 해당 주식의 재무상태와 향후 성장성, 돌발변수 여부 등에 대해 전문가와 충분히 상의한 후 주식을 매입해야 한다.

| IPO 장외주식 유망주 |

■ 대형주 : 삼성SNS, LGCNS, 현대엔지니어링, 보광훼미리마트, 미래에셋생명, 롯데홈쇼핑
■ 중소형주 : 카카오, 필옵틱스, 이코니, 보타메디, 네파, 블랙야크, 실리콘마이터스
■ 장외주식 정보 제공 : (주)인베스탁(www.investock.co.kr), 02-713-7003

당신의 주식은 안녕하십니까

지 은 이 독고 최진석 · 김영석
펴 낸 이 김병은
기획편집 서진
펴 낸 곳 프롬북스

등록   제313-2007-000021호.(2007.2.1.)
1판 1쇄 인쇄 2013년 1월 10일
1판 1쇄 발행 2013년 1월 17일

주소 경기도 고양시 일산동구 장항동 867 웨스턴타워 1동 717호
문의 031-931-5990
팩스 031-931-5992
홈페이지 www.frombooks.co.kr
전자우편 edit@frombooks.co.kr

ISBN 978-89-93734-25-6 13320
정가 16,000원